2800

동인랑

neues 프리마 독일어 단어장 ① 2800

Hochschule Mainz 임범준 저

1판 3쇄 2022년 9월 1일
발행인 김인숙
Designer Illustration 김소아
Printing 삼덕정판사

발행처 ㈜동인랑

139-240
서울시 노원구 공릉동 653-5

대표전화 02-967-0700
팩시밀리 02-967-1555
출판등록 6-0406호
ISBN 978-89-7582-589-7

인터넷의 세계로 오세요!
www.donginrang.co.kr

㈜동인랑 에서는 참신한 외국어 원고를 모집합니다. e-mail : webmaster@donginrang.co.kr

대한민국 최초 독일 대학입학시험을 위한
B2-C1 독일어 단어장

독일로 유학을 가는 학생들이 점점 많아지고 있고 그에 따라 독일어 회화책이나 기초 문법책이 계속 출판되고 있다. 하지만 정작 독일 대학에 필요한 고급 과정의 교재는 찾기가 힘들고 한국에서 독일어 시험 준비에 도움이 될 만한 교재가 없어서 정작 학생들은 독일어로 된 원서로 공부하는 경우가 많다.

본 교재는 대한민국 최초로 독일 대학입학을 위한 DSH, TestDaf, Telc, Goethe 시험의 B2-C1 등급 독일어 시험을 위한 단어장이다.

책을 만들기 위하여 독일 마인츠 대학의 독일어 코스(ISSK) 교수님들과 독일 독문과 학생들과 함께 수십권의 독일어 시험 원서를 참고하였으며, 그 중 오직 대학 입학 기준에 충족이 되는 독일어 시험 B2-C1에 합격하기 위한 중요한 단어 2800개를 선출하였다. 한국에서 독일 유학 및 대학 입학을 준비하는 학생들에게 도움이 되길 바라고, 이 책으로 인하여 독일 유학의 큰 꿈을 성공적으로 펼칠 수 있기를 바란다.

어느 언어 시험이든 단어의 양은 절대적으로 필요하다. 특히 시험 유형 중 읽기(Lesen) 부문은 단어 암기가 필수적이다. 이 책의 특징은 독일어 B2-C1 레벨의 시험을 위한 2800개의 단어장을 하루에 100개씩 외워서 독학도 가능할 수 있게 만들어져 있다. 프로그램에 따라 스스로 암기한 단어를 각 챕터마다 체크하게 되어있어서 단어를 암기할 때 유용하다.

시험용 독일어 단어장이기 때문에 독일어 기초 문법을 알고 독일어 B1 레벨 이상을 공부하는 학생들에게 이 책을 권한다.

저자 강추 단어 암기학습 방법

4주 완성 계획표

	1주차	2주차	3주차	4주차
1일	Kapitel 1 (1~100)	Kapitel 8 (701~800)	Kapitel 15 (1401~1500)	Kapitel 22 (2101~2200)
2일	Kapitel 2 (101~200)	Kapitel 9 (801~900)	Kapitel 16 (1501~1600)	Kapitel 23 (2201~2300)
3일	Kapitel 3 (201~300)	Kapitel 10 (901~1000)	Kapitel 17 (1601~1700)	Kapitel 24 (2301~2400)
4일	Kapitel 4 (301~400)	Kapitel 11 (1001~1100)	Kapitel 18 (1701~1800)	Kapitel 25 (2401~2500)
5일	Kapitel 5 (401~500)	Kapitel 12 (1101~1200)	Kapitel 19 (1801~1900)	Kapitel 26 (2501~2600)
6일	Kapitel 6 (501~600)	Kapitel 13 (1201~1300)	Kapitel 20 (1901~2000)	Kapitel 27 (2601~2700)
7일	Kapitel 7 (601~700)	Kapitel 14 (1301~1400)	Kapitel 21 (2001~2100)	Kapitel 28 (2701~2800)

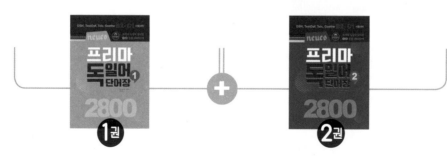

1권과 2권 통합 대표 단어 2800

**처음 단어를 외울 때는 단어와 뜻만 외우고
매일 단어를 100개씩을 외운다.**

그러면 이 책 한권을 보는데 약 2주의 시간이 걸리며, 1·2권을 다 보는데 약 한 달의 시간이 걸린다. 시간이 지나면서 외운 단어를 조금 까먹어도 괜찮다. 일단 처음에는 단어를 매일 외우는 버릇을 들이고 이 책을 한 바퀴 도는 것을 목표로 한다. 두번째 외울 때는 까먹은 단어가 있겠지만 아무래도 한 번 본 단어이기 때문에 어느정도 수월할 것이다.

두번째 외울 때는 단어와 뜻 그리고 동의어 (Synonym)을 같이 외우기를 추천한다.

예문까지 외울 필요는 없다. 예문은 단어의 활용이나 격변화를 참고할 때 보면 도움이 될 것이다. 이렇게 두바퀴를 돌면 단어에 대한 여유가 생길 것이고 시험 보는데 자신이 생길 것이다.

이런 방식으로 이 단어장을 2-3 바퀴 돌면서 암기를 하면 어떤 독일어 시험 이든 (특히 읽기 Lesen 부문) 합격할 수 있을 것이다.

앞서 언급했지만 매 챕터마다 그날 외운 독일어를 체크할 수 있게 맨 뒤에 체크 리스트를 만들어 놓았다. 독학으로 독일어 시험을 준비하는 사람은 꼭 스스로 시험을 보듯이 혼자 체크하면서 단어를 외우길 바란다.

물론 독일어로 독일 생활을 위해서는 단어장으로 단어를 외우는 것보다 회화책 으로 회화공부를 하는 것이 나을 수도 있다. 하지만 **독일어 시험에 합격하여 유 학을 목적으로 하는 사람에게는 독일어 단어의 양이 절대적이다.** 이 단어장 으로 인하여 학생들이 한국에서도 독일 유학에 필요한 독일어 시험을 수월하게 준비할 수 있기를 바란다.

- 독일에서 저자 임범준 -

단어장은 다음과 같이 구성되어 있다.

단, 명사에는 동의어(Synonym) 대신
명사의 성(Genus), 2격(Genitiv), 복수(Pl.) 가
차례로 표기 되어있으니 이 점 참고하며
함께 암기하길 바래.

설 명

| 단어 | 발음기호 | 품사 | 뜻 |

erteilen [ɛɐ̯'taɪ̯lən]   *v.* 나누어 주다, 승낙하다
⊜ erlauben, gewähren

Ich kann Ihnen in der Angelegenheit leider keine Auskunft **erteilen**.
나는 당신에게 그 일에 관한 어떤 정보도 줄 수 없습니다.

동의어   예문   예문 해석

- *v.* → Verb 동사
- *a.* → Adjektiv 형용사
- *adv.* → Adverb 부사
- *n.* → Nomen 명사
- *konj.* → Konjunktion 접속사

- *präp.* → Präposition 전치사
- *phr.* → Phrase/Redewendung 관용구
- ⊜ → Synonym 동의어
- Ⓖ → Genus 성, Genitiv 2격, Plural 복수

|차 례|

1권

▶▶15~28 Tag 1401~2800 는
2권에 이어집니다.

2권

01

0001~0100

Tag

Fachschaft ['faxʃaft]
ⓖ f - en

ⓝ 동업 단체, 학생회, (학과) 단체

Ich gehöre der **Fachschaft** Phonetik an. 나는 음성학 학생회에 속해 있다.

---

sich wandeln ['vandl̩n]
⊜ sich ändern, wechseln

ⓥ 변화하다, 바뀌다

Er **wandelte** sich über die Jahre sehr. 그는 수년 동안 많이 바뀌었습니다.

---

im Hinblick auf

phr. ~을 고려하여, ~에 관하여

Er strengt sich **im Hinblick auf** die zu erwartende Beförderung besonders an. 그는 희망하는 승진을 위해 특히 노력합니다.

---

im Zusammenhang mit

phr. ~을 고려하여, ~에 관하여

Hier können Fragen **im Zusammenhang mit** dem Studium gestellt werden. 여기에서 연구와 관련하여 질문할 수 있습니다.

---

bezüglich [bə'tsy:klıç]
⊜ betreffend, hinsichtlich

präp. ~을 고려하여, ~에 관하여

Wir müssen uns **bezüglich** der Planungen noch genauer verständigen. 우리는 그 계획들에 대해 더 정확히 합의해야 합니다.

Nebentätigkeit
['ne:bn̩tɛ:tıçkaıt]
ⓖ f - en

ⓝ 부업, 겸업

Um sich den ersten Urlaub mit Freunden oder das Studium zu finanzieren, suchen sich viele Menschen eine **Nebentätigkeit**. 많은 사람들이 친구들과 첫 휴가 또는 학자금 조달을 위해서 부업을 찾고 있습니다.

---

verlängern [fɛɐ̯'lɛŋɐn]
⊜ ausdehnen, ausweiten

ⓥ 늘이다, 길게 하다, (기간) 연장하다

Die Einschreibefrist wird bis zum 15. August **verlängert**. 등록 마감일은 8 월 15 일까지 연장됩니다.

---

hilfreich ['hılfʀaıç]
⊜ brauchbar, nützlich

ⓐ 도움이 되는, 유용한, 돕기를 좋아하는

Die Beschreibung der Aussprache jedes Wortes ist für Ausländer sehr **hilfreich**. 각 단어의 발음에 대한 설명은 외국인에게 매우 유용합니다.

---

sich einschränken
['aɪnʃʀɛŋkn̩]
⊜ sich mit etwas begnügen, sich beschränken

ⓥ 절약하다, 긴축하다, 아끼다, 절제하다

Durch den Verdienstausfall musste ich **mich** stark **einschränken**. 수입 결손으로 인해 나는 심각하게 절약해야 했습니다.

---

meteorologisch
[meteoʀoˈloːgɪʃ]

a. 기상의, 기상학의

Meteorologisch passiert es nur zwei bis drei Mal im Monat, dass eine Luftmasse vom Gardasee die Alpen herüberzieht.
기상학적으로 한 달에 2-3 번 정도 가다 호수에서 온 공기가 알프스로 움직입니다.

---

vertikal [vɛʁtiˈkaːl]
⊜ lotrecht, senkrecht

a. 수직의

Der kleine Wandroboter kann in wenigen Minuten ein Bild auf eine beliebige **vertikale** Fläche malen.
그 작은 로봇은 단 몇 분만에 수직면에 그림을 칠할 수 있습니다.

---

verfügbar [fɛɐ̯ˈfyːkbaːɐ̯]
⊜ erhältlich, erreichbar

a. 유효한, 마음대로 되는, 처리 할 수 있는, 이용 가능한

Es sind noch nicht alle benötigten Mittel **verfügbar**.
모든 필요한 자금이 아직 제공되지는 않습니다.

Klausur [klaʊ̯ˈzuːɐ̯]
Ⓖ f - en

n. 시험, 필기시험, 격리

Da Kimmy das Studium viel Freude bereitete und ihr das Lernen der Inhalte dementsprechend leicht fiel, bestand sie im fünften Semester alle **Klausuren**. Kimmy는 공부를 즐겁게 준비했고 그에 따라 내용을 쉽게 익혔기 때문에 5학기 안에 모든 시험에 합격했습니다.

---

absichern durch [ˈapˌzɪçɐn]
⊜ garantieren, stützen

v. 안전 조치를 하다, 안전장치를 하다, 보증하다

Ist Ihre These **durch** Literaturrecherche **abgesichert**?
당신의 논문은 문헌 연구로 보증됩니까?

Begriff [bəˈgʀɪf]
Ⓖ m (e)s e

n. 개념, 지식, 이해, 상상

Dieser **Begriff** sollte noch besser erläutert werden.
이 개념은 더 잘 설명되어야 합니다.

---

darlegen [ˈdaːɐ̯ˌleːgn̩]
⊜ erläutern, ausführen

v. 명시하다, 설명하다, 진술하다, 앞에 놓다

Unser Vorsitzender wird uns jetzt **darlegen**, was für die nächste Zeit geplant ist. 지금 우리의 의장은 무엇이 다음으로 계획되어 있는지 설명할 것입니다.

Gegenstand [ˈgeːgn̩ʃtant]
Ⓖ m (e)s ä-e

n. 대상, 표적, 주제, 사람, 물품

Räume bitte all deine **Gegenstände** aus meinem Zimmer.
내 방에 모든 당신의 물건을 치우십시오.

---

lauten [ˈlaʊ̯tn̩]
⊜ heißen, tönen

v. ~의 내용이다, 소리나다, 발음하다

Wie soll der genaue Gesetzestext **lauten**?
정확한 법적 텍스트는 어떤 내용이어야 합니까?

---

sich befassen mit [bəˈfasn̩]
⊜ treiben, sich auf etwas einlassen

v. ~와 관계가 있다, 다루다

Der berühmte Naturforscher **befasste sich** Jahre lang **mit** Bäumen.
그 유명한 자연학자는 수년간 나무 연구에 전념하였다.

übergehen [ˈyːbɐˌgeːən]
⊜ umschlagen, wechseln

v. 간과하다, 뛰어넘다, 제외하다, 넘어가다, 바뀌다, 변하다, 능가하다, 통과하다

Im Zuge der Erbschaft ist der Hof auf den ältesten Sohn **übergegangen**.
상속 과정에서 농장은 장남에게 넘어갔습니다.

abschließen [ˈapˌʃliːsn̩]
⊜ abriegeln, versperren

(v.) 잠그다, 폐쇄하다, 끝내다, 완료하다, 계약을 체결하다

Wenn wir die Studie nicht rechtzeitig **abschließen**, erhalten wir dafür keinen Schein. 정시에 연구를 완료하지 않으면 우리는 증명서를 받지 못 합니다.

---

abschließend [ˈapˌʃliːsn̩t]
⊜ definitiv, endgültig

(a.) 최종의, 확정적인

Die Feuerwehr führte mit Atemschutzgeräten eine **abschließende** Überprüfung des Motorraumes durch.
소방서는 호흡기 보호 장비로 기관실을 최종 검사했습니다.

---

offenbleiben [ˈɔfn̩ˈblaɪbn̩]
⊜ dahingestellt sein,
  im Raum stehen

(v.) 열린 채로 있다, 미결인 상태로 있다

Im Zusammenhang mit einem so großen Fest dürften keine Spekulationen **offenbleiben**.
그런 큰 파티와 관련하여 어떠한 예고도 공개되지 않는다.

---

zuletzt [tsuˈlɛtst]
⊜ endlich, letztlich

(adv.) 마지막에, 최후에, 마침내, 드디어, 마지막으로

Unter den **zuletzt** schwierigen Wetterverhältnissen war eine Rettung kaum mehr zu erwarten.
그 마지막 까다로운 기상 조건에서는 구출이 거의 기대되지 않았습니다.

---

zusammenfassend
[tsuˈzamənˌfasn̩t]
⊜ synthetisch, weitgehend

(a.) 종합적인, 총괄한, 결론적인

Zusammenfassend ist die Wertsteigerung auf das Verhältnis von Angebot und Nachfrage zurückzuführen.
요약하면 가치의 증가는 수요와 공급 간의 관계 때문이다.

---

vor allem [foɐ̯ˈʔaləm]
⊜ besonders, insbesondere

(adv.) 특히, 특별히, 무엇보다도

In den Wüsten gibt es nur wenig Leben, **vor allem** dort nicht, wo weniger als 5 cm Regen pro Jahr fallen.
사막에는 겨우 적은 생명만 있습니다. 특히 1 년에 5 cm 이하의 비가 내리는 곳에는 특히 없습니다.

---

im Rahmen

(phr.) ~의 테두리 안에, ~의 범위 내에서

Im Rahmen des Projekts konnte auch dieses Problem behandelt werden. 이 프로젝트 범위 내에서 또한 이 문제를 다룰 수 있었습니다.

---

sowohl ~ als auch
[zoˈvoːl als ˈʔaʊχ]
⊜ ebenso wie, gleichwie

(konj.) ~뿐만 아니라 ~도

Sowohl meine Mutter, **als auch** mein Vater kommen aus den Niederlanden. 어머니와 아버지는 모두 네덜란드 출신입니다.

---

im Auftrag

(phr.) ~의 위임으로, 명령으로, 부탁으로, 용무로

Ich hole das Paket **im Auftrag** meiner Eltern ab.
나는 부모님을 대신하여 소포를 가지러 간다.

---

befragen [bəˈfʀaːgn̩]
⊜ konsultieren, Fragen stellen

(v.) 문의하다, 자문을 구하다, 참조하다

Der Richter **befragte** die Zeugen. 판사가 증인에게 질문했다.

Liniendiagramm
['li:niəndia,ɡʀam]

G *n* *s* *e*

n. 선 그래프

Als Vorbereitung für die Abiturprüfung zeichnete er ein **Liniendiagramm** zur Darstellung einer Funktion.
수능 시험 준비로써 그는 함수를 나타내는 선형 그래프를 그렸습니다.

---

x-Achse ['ɪks,ʔaksə]

G *f* - *n*

n. x축

Der Wert kann auf der **x-Achse** abgelesen werden.
이 값은 x 축에서 읽을 수 있습니다.

Säulendiagramm
['zɔɪləndia,ɡʀam]

G *n* *s* *e*

n. 막대 그래프, 기둥 그래프

Im Mathematikunterricht zeichnete der Lehrer ein **Säulendiagramm** an die Tafel. 수학 수업에서 선생님은 칠판에 막대 그래프를 그렸습니다.

---

stagnieren [ʃta'gni:ʀən]

⊜ stocken, stillstehen

v. 정체하다, 중지하다

Die Verkaufszahlen **stagnieren** auf hohem Niveau.
판매 수치는 높은 수준에서 정체되어 있습니다.

Höhepunkt ['hø:ə,pʊŋkt]

G *m* *(e)s* *e*

n. 최고점, 정점, 절정, 클라이맥스

Einer der **Höhepunkte** dieses Konzertes war sicher das Duett der beiden Sängerinnen. 이 콘서트의 하이라이트 중 하나는 확실히 두 가수의 듀엣이었습니다.

---

gemäß [gə'mɛːs]

⊜ zufolge, entsprechend

präp. ~에 따라서, ~에 의거하여

a. 적합한, 적당한

Sie sucht eine ihren Qualifikationen **gemäße** Arbeitsstelle.
그녀는 그녀의 능력에 적합한 직업을 찾고 있습니다.

---

angeben ['an,ge:bn̩]

⊜ anführen, ausweisen

v. 진술하다, 명시하다, 지시하다, 밀고하다, 정하다, 떠벌리다

Bei der Versicherung **gab** er seine neue Adresse **an**.
그는 보험에 그의 새로운 주소를 주었다.

---

anmerken ['an,mɛʀkn̩]

⊜ markieren, erkennbar machen

v. 표시하다, 알아채다, 깨닫다

Man hat dabei die Annehmlichkeit, durch Unterschrift und Randzeichen wichtige Stellen **anmerken** zu können.
서명과 가장자리에 쓰인 표시를 통해 중요한 지점을 알아챌 수 있는 이점을 지니고 있다.

Abschnitt ['apʃnɪt]

G *m* *(e)s* *e*

n. 절단, 단편, (책) 장, 절, 단락, 부분

Dieser **Abschnitt** darf nicht betreten werden.
이 구역에 들어가면 안됩니다.

Darstellung ['daːɐ̯ʃtɛlʊŋ]

G *f* - *en*

n. 표현, 명시, 묘사, 서술, 제시, 명시

Die **Darstellung** des Todes auf diesem Bild ist sehr gelungen.
이 그림에서 죽음의 묘사는 매우 성공적입니다.

Exkurs [ɛks'kʊʀs]

G *m* *es* *e*

n. 부록, 부설

Die Reise nach Pompeii war wie ein historischer **Exkurs** für mich.
폼페이 여행은 나에게는 마치 역사적 여담과 같았다.

Abnahme [ˈapˌnaːmə]
ⓖ f - n

   n. 제거, 감소, 감퇴, 구입, 검열

   Die **Abnahme** der Temperatur steht im Zusammenhang mit den Schäden am Material. 온도의 감소는 재료의 손상과 관련이 있습니다.

Aktivität [aktiviˈtɛːt]
ⓖ f - en

   n. 활동력, 적극성, 활동, 행동, 활성

   Ein Mann sucht eine Freizeitpartnerin für sportliche **Aktivitäten**. 한 남자가 스포츠 활동을 위한 레저 파트너를 찾고 있습니다.

Defekt [deˈfɛkt]
ⓖ m (e)s e

   n. 결함, 하자, 고장, 결손

   Der **Defekt** an der Oberfläche hat den Schaden ausgelöst. 표면의 결함으로 인해 손상이 발생했습니다.

---

grafisch [ˈɡʀaːfɪʃ]
⊜ zeichnerisch, graphisch

   a. 그래픽의, 도식의, 기호의

   Wir sollten uns zu dieser Planung zunächst einmal ein **grafisches** Modell erstellen. 우선 우리는 이 계획을 위한 먼저 그래픽 모델을 만들어야 합니다.

Gleichung [ˈɡlaɪçʊŋ]
ⓖ f - en

   n. 방정식

   In diese **Gleichung** hat sich ein Fehler eingeschlichen. 이 방정식에 오류가 발생했습니다.

---

insbesondere
[ɪnsbəˈzɔndəʀə]
⊜ vor allem, besonders

   adv. 특히, 특별히

   Die Europäer, **insbesondere** die Deutschen, begrüßten die Rede des US-Präsidenten. 유럽인, 특히 독일인들은 미국 대통령 연설을 환영했다.

---

lateinisch [laˈtaɪnɪʃ]

   a. 라틴의, 라틴어의

   Ich habe wieder ein paar **lateinische** Wörter gelernt. 나는 라틴어 단어 몇 개를 다시 배웠다.

---

oberhalb [ˈoːbɐhalp]
⊜ darüber, höher als

   präp. ~의 위에, ~의 상부에

   adv. 위에, 위쪽에

   Die Nase befindet sich **oberhalb** des Mundes. 코는 입 위에 있다.

---

organisch [ɔʀˈɡaːnɪʃ]
⊜ biologisch, körperlich

   a. 유기의, 유기체의, 기관의

   Inzwischen ist bekannt, dass psychisches Unbehagen sich als **organische** Krankheit niederschlagen kann. 정신적인 불편함은 유기적 질병으로 반영될 수 있다는 것은 그 동안 잘 알려진 사실이다.

---

primär [pʀiˈmɛːɐ]
⊜ anfänglich, ursprünglich

   a. 처음의, 최초의, 원래의, 본질적인, 주요한

   Die **primäre** und unverzichtbare Funktion der Zentralbanken ist die Stabilisierung des Finanzsystems. 중앙 은행의 주된 필수적인 역할은 금융 시스템의 안정입니다.

---

physikalisch [fyziˈkaːlɪʃ]
⊜ stofflich, natürlich

   a. 물리학의, 물리적인, 자연의

   Wasser hat besondere **physikalische** Eigenschaften, sodass es bei normalem Druck und +4 °C die höchste Dichte aufweist. 물에는 특수한 물리적 성질이 있어서 입력과 +4 °C에서 최고 밀도를 나타냅니다.

proportional

[ˌpʀopɔʁtsi̯oˈnaːl]

⊜ abgestimmt, ausgeglichen

ⓐ 비례의, 비례하는, 균형잡힌

Im Bereich der quantitativen Vorgaben zu Eigenmitteln und Liquidität funktioniert diese **proportionale** Differenzierung gut.

이 비례적 세분화는 자기 자금과 유동 자산을 위한 양적 유효 범위에서 잘 기능하고 있습니다.

---

quadratisch [kvaˈdʀaːtɪʃ]

⊜ eckig, viereckig

ⓐ 정사각형의, 정방형의

Ein Schachbrett ist **quadratisch** und besitzt 64 quadratische Felder.

체스 판은 사각형이고 64 개의 사각형 칸이 있습니다.

---

sogenannt [ˈzoːɡəˌnant]

⊜ zubenannt, namens

ⓐ 이른바, 소위

Aus dem Finanzdebakel erwächst eine tiefgreifende Krise der **sogenannten** Realwirtschaft.

금융 붕괴로부터 이른바 실물 경제의 극심한 위기가 자라나고 있다.

Übergang [ˈyːbɐˌɡaŋ]

Ⓖ m (e)s ä-e

ⓝ 이행, 변화, 경과, 건너기, 건널목, 임시방편, 과도

Nehmen sie bitte den **Übergang** rechts. 오른쪽으로 전환하십시오.

Alternative [ˌaltɛʁnaˈtiːvə]

Ⓖ f - n

ⓝ 대안, 양자택일

Sie stand vor der **Alternative**, durch die linke oder durch die rechte Tür zu gehen. 그녀는 왼쪽 문이나 오른쪽 문으로 가는 양자택일에 직면했습니다.

---

bestehen [bəˈʃteːən]

⊜ existieren, durchkommen

ⓥ 합격하다, 주장하다, 있다, 존재하다, 구성되다, 견디다

Nach einem Kauf **besteht** ein Vertrag zwischen Käufer und Verkäufer.

구매 후 구매자와 판매자 간에 계약이 있습니다.

---

vorantreiben

[foˈʀanˈtʀaɪbn̩]

⊜ befördern, beschleunigen

ⓥ 재촉하다, 촉진시키다, 가속화하다

Wir werden den Breitbandausbau **vorantreiben**.

우리는 광대역 확장을 추진할 것입니다.

---

ungeachtet [ˈʊnɡəˌʔaχtət]

⊜ obwohl, obgleich

konj. ~에도 불구하고

präp. 불구하고

Ungeachtet der letzten Rückschläge, gibt er die Hoffnung auf einen Sieg beim Marathon nicht auf.

최근의 좌절에도 불구하고, 그는 마라톤에서 우승을 포기하지 않았다.

Rohstoff [ˈʀoːʃtɔf]

Ⓖ m (e)s e

ⓝ 원료, 원료품, 천연 자원, 재료

Kohle, Stein und Eisen sind **Rohstoffe** für die Industrie.

석탄, 석재 및 철은 산업 원료입니다.

---

nachvollziehen

[ˈnaːχfɔlˌtsiːən]

⊜ verstehen, begreifen

ⓥ 공감하다, 이해하다

Es bedurfte längerer Überlegung, um seine Argumentation **nachzuvollziehen**. 그의 논증을 이해하는 데 오랜 시간이 걸렸다.

---

pendeln [ˈpɛndl̩n]

⊜ schlenkern, baumeln

ⓥ 진동하다, 흔들다, 흔들리다

Der Ast **pendelte** schon bedrohlich im Wind und drohte jederzeit herunterzufallen.

나뭇가지가 바람에 위협을 받고 있으며 언제든지 떨어질 위험에 처했습니다.

entgrenzen [ɛntˈʦiːən]
⊖ sich von etwas lösen, befreien

(v.) 한계를 없애다, 경계가 없다

Schicksal überschreitet die bloße Biographie, wie Drogen oder Liebe das Bewusstsein **entgrenzen**.
운명은 마약이나 사랑이 의식의 벽을 허무는 것처럼 단순한 일대기를 초월한다.

---

unangefochten [ˈʊnangəˌfɔxtn̩]
⊖ unbestritten, erwiesen

(a.) 귀찮게 하지 않는, 논쟁의 여지가 없는, 확실한

Mit einem Anteil von elf Prozent an den insgesamt gebuchten Reisen steht die Türkei 2018 **unangefochten** auf Platz 1.
총 예약된 여행의 11 %를 차지하는 터키는 2018 년 확실하게 1 위를 차지했습니다.

---

trostlos [ˈtʀoːstloːs]
⊖ reizlos, hoffnungslos

(a.) 위안거리가 없는, 절망적인, 따분한, 황량한

Der Mann hatte leider ein **trostloses** Leben.
그 남자는 불행히도 절망적인 삶을 살았습니다.

---

reizvoll [ˈʀaɪʦˌfɔl]
⊖ faszinierend, anziehend

(a.) 자극적인, 관심을 끄는, 매혹적인

Ihre **reizvolle** Erscheinung lässt mir keine Ruhe.
그녀의 섹시한 모습에 나는 진정되지 않는다.

Pulsfrequenz [ˈpʊlsfʀeˌkvɛnʦ]
Ⓖ f - en

(n.) 맥박수

Die **Pulsfrequenz** gibt an, wie oft das Herz pro Minute schlägt. Mit dem Blutdruck hat das jedoch nichts zu tun.
맥박수는 분당 심장 박동 빈도를 나타냅니다. 그러나 이것은 혈압과 아무 관련이 없습니다.

Sinneseindruck [ˈzɪnəsˌʔaɪndʀʊk]
Ⓖ m (e)s ü-e

(n.) 감각적인 인상

Durch die Einnahme von Rauschgift werden widersprüchliche **Sinneseindrücke** erzeugt. 마약을 섭취하면 모순적인 감각적 느낌이 생성된다.

---

erachten als [ɛɐ̯ˈʔaxtn̩]
⊖ halten für, betrachten als

(v.) ~로 간주하다, 고려하다

Das ist ein Farbstoff, der **als** für die Gesundheit ungefährlich zu **erachten** ist. 이것은 건강에 무해한 것으로 간주되는 염료입니다.

---

autonom [aʊ̯toˈnoːm]
⊖ eigenständig, selbstständig

(a.) 자주적인, 자율적인, 자발적인, 독립적인

Der erste **autonom** fahrende Bus im öffentlichen Straßenverkehr rollt seit Freitag durch Mainz.
금요일부터 마인츠를 지나는 대중교통에서 첫 번째 자율 주행 버스가 나옵니다.

---

bizarr [biˈʦaʀ]
⊖ seltsam, grotesk

(a.) 기괴한, 괴상한, 엉뚱한, 어색한, 이상한

Wir gerieten in eine **bizarre** Situation. 우리는 기괴한 상황에 처했다.

Endlichkeit [ˈɛntlɪçkaɪ̯t]
Ⓖ f - en

(n.) 유한, 유한성, 무상한 것, 현세

Erst durch die **Endlichkeit** werde das Leben zu etwas Kostbarem.
유한성을 통해서만 생명은 소중한 존재가 될 것입니다.

---

erkunden [ɛɐ̯ˈkʊndn̩]
⊖ entdecken, erforschen

(v.) 조사하다, 탐색하다, 정찰하다

Am Zielort angekommen machte man sich umgehend auf den Weg, die berühmte Partnachklamm zu **erkunden**.
목적지에 도착하자 마자 유명한 협곡 Partnach 로 탐험하러 즉시 길을 떠났다.

mitreißend [ˈmɪtˌʁaɪ̯sənt]
● aufregend, berauschend

a. 감동적인, 열광시키는

Wir erleben heute ein **mitreißendes** Spiel der deutschen Fußballnationalmannschaft gegen Brasilien.
오늘 우리는 브라질과의 독일 축구 대표팀과의 열광적인 경기를 경험할 것이다.

---

seitens [ˈzaɪ̯tn̩s]
● vonseiten, aufseiten

präp. ~측에서, ~쪽에서

Seitens der Genehmigungsbehörde gab es keine Bedenken gegen das Vorhaben. 승인 당국 측에서는 그 계획에 반대하지 않았습니다.

Bionik [biˈoːnɪk]
Ⓖ *f* - *x*

n. 생물과학, 생체공학

Die methodische Vorgehensweise der AI wird **Bionik** genannt und besteht in der analytischen Zerlegung des menschlichen Körpers in seine einzelnen motorischen, sensorischen und Denk-Fähigkeiten.
인공 지능의 방법론적 접근법은 생체 공학이라고 불리며, 인체가 개별적으로 운동, 감각 및 사고 능력으로 분석적으로 나뉘는 것입니다.

---

lästern über [ˈlɛstɐn]
● schlechtmachen, abfällig reden über

v. 비방하다, 신성 모독하다

Warum **lästern** immer alle **über** Angela Merkels Frisur?
왜 모두 항상 Angela Merkel 의 헤어 스타일에 대해 비방하는 거야?

---

provisorisch [pʁoviˈzoːʁɪʃ]
● vorläufig, vorübergehend

a. 일시적인, 잠정의, 임시의

Das Gebilde aus Alufolie und Kabelbinder ist nur eine **provisorische** Lösung, damit der Betrieb weitergehen kann.
알루미늄 호일 및 케이블의 형성은 작업을 계속하기 위한 임시 해결책일 뿐이다.

---

missionieren
[mɪsi̯oˈniːʁən]
● bekehren, etwas verbreiten

v. 선교하다, 전도하다

Jahrelang hatte er unter den Stämmen am oberen Nil **missioniert**.
수년 동안 그는 나일강 줄기에서 전도했다.

---

verherrlichen [fɛɐ̯ˈhɛʁlɪçn̩]
● verehren, anbeten

v. 칭송하다, 찬미하다, 기리다, 영광을 주다

Es ist unsinnig, die "gute alte Zeit" so zu **verherrlichen**. Früher war bei weitem nicht alles besser. 그렇게 좋은 옛 시절을 찬미하는 것은 무의미합니다.
과거에는 모든 것이 월등하게 더 나은 것은 아니었습니다.

Mittelalter [ˈmɪtl̩ˌʔaltɐ]
Ⓖ *n s x*

n. 중세, 5세기–15세기

Im Geschichtsunterricht befassen wir uns gerade mit dem **Mittelalter**.
역사 수업에서 우리는 중세 시대를 막 다루고 있습니다.

Stimmrecht [ˈʃtɪmˌʁɛçt]
Ⓖ *n (e)s e*

n. 선거권, 투표권

Ich gehöre dem Gremium als Beisitzer an, habe aber kein **Stimmrecht**.
나는 위원회 위원에 속해 있지만 투표권이 없습니다.

---

soziologisch [zotsi̯oˈloːgɪʃ]
● Soziologie betrefend, soziales Leben betreffend

a. 사회학의, 사회학적인

Ich meine das auf **soziologischer** Ebene, nicht auf philosophischer.
나는 그것이 사회적 차원에서의 의미이지 철학적인 것이 아니다.

Digitalisierung
[ˌdigitaliˈziːʁʊŋ]

Ⓖ *f* - *en*

Ⓝ 디지털화

Die **Digitalisierung** in der deutschen Gesundheitswirtschaft geht nur langsam voran. 독일 의료 산업의 디지털화는 점진적으로 진행되고 있습니다.

---

verkümmern [fɛɐ̯ˈkʏmɐn]

⊜ schrumpfen, eingehen

Ⓥ 쇠약해지다, 수척해지다, 방해하다

Bei schlechter Ernährung **verkümmern** alle Lebewesen.
영양 상태가 좋지 않으면 모든 생물은 쇠약해집니다.

---

störanfällig [ˈʃtøːɐ̯ˈʔanfɛlɪç]

⊜ labil, wackelig

Ⓐ 고장나기 쉬운, 고장이 잘 나는

Die Heizung ist sehr **störanfällig**, deswegen bereitet sie uns jeden Winter Sorgen. 난방은 고장이 잘 나기 때문에 겨울마다 우리는 걱정이 됩니다.

---

treffsicher [tʁɛfˈzɪçɐ]

⊜ genau, treffend

Ⓐ 정확한, 백발 백중의, 정곡을 찌르는

Umso wichtiger ist es, die Rentenpolitik auf Maßnahmen zu konzentrieren, die den Bedürftigen **treffsicher** helfen.
빈곤층을 정확하게 돕는 것에 연금 정책 조치가 집중하는 것은 무엇보다도 중요합니다.

---

universell [univɛʁˈzɛl]

⊜ allgemein, global

Ⓐ 다방면에 걸친, 일반적인, 보편적인

Manche Rechte sollten **universell** gültig sein.
일부 권리는 일반적으로 유효해야 합니다.

Raster [ˈʁastɐ]

Ⓖ *m* *s* -

Ⓝ (판단) 틀, 체계, 기준

Die Plattformen für jeweils zwei Rutschen sind im **Raster** von fünf Metern angebracht. 슬라이드 2 개당 플랫폼은 5 미터의 틀로 설치되었습니다.

Metapher [meˈtafɐ]

Ⓖ *f* - *n*

Ⓝ 은유, 비유

In der **Metapher** wird ein Ausdruck aus dem Sinnbereich, in dem er gewöhnlich gebraucht wird, in einen anderen übertragen.
은유 표현은 일반적으로 사용되는 의미의 영역에서는 다른 표현으로 옮겨 씁니다.

---

inflationär [ɪnflatsi̯oˈnɛːɐ̯]

⊜ übermäßig, unstillbar

Ⓐ 인플레이션의

Die **inflationären** Tendenzen veranlassten den Präsidenten der Europäischen Zentralbank, am Markt Wertpapiere zu verkaufen und so die Geldmenge zu verringern.
인플레이션 경향은 유럽 중앙 은행 총재가 시장에 증권을 팔아서 통화 공급을 줄이게 자극시켰다.

---

sich häufen [ˈhɔɪ̯fn̩]

⊜ aufspeichern, sich eindecken

Ⓥ 쌓이다, 모이다, 산적하다

Am Waldrand finden sich oft andere Bäume als innen, auch Heckengewächse, Himbeeren und niedrigwüchsige Pflanzen **häufen sich** dort.
숲의 가장자리에는 종종 다른 나무들이 있고 헤지 식물, 복분자 및 저지 식물도 거기에 모여 있습니다.

Emigration [emigʁaˈtsi̯oːn]

Ⓖ *f* - *en*

Ⓝ 이주, 이민, 망명

Deutschland hat in der Zeit des Nationalsozialismus viele Intellektuelle durch **Emigration**.
국가 사회주의 시대에 독일은 이민을 통해 많은 지식인을 잃었다.

zurückdrängen
[ʦuˈʀʏkˌdʀɛŋən]
⊖ niederhalten, abwehren

v. 억누르다, 억제하다, 밀어 되돌리다

Wegen des Meeresmülls will die EU Einmalprodukte verbieten und Verpackungen **zurückdrängen**.
해양 쓰레기 때문에 EU는 일회용 제품을 금지하고 포장재를 억제하려고 한다.

---

getreu [gəˈtʀɔɪ]
⊖ gemäß, nach

präp. ~에 맞게, ~에 부합하는, 일치하는
a. 신뢰할 수 있는, 충실한, 일치하는

Getreu dem Motto "Der frühe Vogel fängt den Wurm", war er stets der erste am Arbeitsplatz.
"이른 새는 벌레를 잡는다" 라는 그의 모토에 맞게 그는 항상 직장에서 일등이었다.

Privileg [ˌpʀiviˈleːk]
Ⓖ n (e)s ien/e

n. 특권, 우선권, 특전

Er hat dieselben **Privilegien** wie der andere.
그는 다른 것과 같은 특권을 가집니다.

Ironie [iʀoˈniː]
Ⓖ f - n

n. 아이러니, 반어, 풍자

Jemand erzählt einen schlechten Witz. Darauf reagiert eine andere Person mit **Ironie**: "Sehr witzig!"
누군가가 나쁜 농담을 합니다. 거기에 다른 사람은 반어로 반응합니다. "아주 재미있네!"

Globalisierung
[ˌglobaliˈziːʀʊŋ]
Ⓖ f - en

n. 세계화, 보편화

Die **Globalisierung** ist das moderne Universalargument der Politik.
세계화는 오늘날 정치의 총괄적인 주제이다.

---

herausarbeiten
[hɛˈʀaʊ̯sˌʔaʀbaɪ̯tn̩]
⊖ hervorheben, deutlich machen

v. 두드러지게 하다, 강조하다, 만들어 내다

Zur Lösung des Problems solltest du das ganze etwas besser **herausarbeiten**. 너는 문제를 해결하려면 조금 더 잘해야 한다.

---

versorgen mit [fɛɐ̯ˈzɔʁɡn̩]
⊜ besorgen, unterhalten

v. 제공하다, 급여하다, 대주다

Dieses Rohr **versorgt** ganz Europa **mit** russischem Öl.
이 파이프는 모든 유럽에 러시아 석유를 공급합니다.

---

langfristig [ˈlaŋˌfʁɪstɪç]
⊜ anhaltend, dauerhaft

a. 장기의, 장기간의

Die Straße ist wegen Bauarbeiten **langfristig** gesperrt.
도로는 공사 때문에 장기간 폐쇄됩니다.

Gelassenheit [ɡəˈlasn̩haɪ̯t]
Ⓖ *f - x*

n. 침착한, 태연한, 평정함

Die **Gelassenheit** ist eine anmutige Form des Selbstbewusstseins.
평정함은 자아 인식의 우아한 형태입니다.

---

belehren [bəˈleːʁən]
⊜ lehren, über etwas informieren

v. 지도하다, 가르치다, 깨우치게 하다

Der Angeklagte wurde über seine Rechte **belehrt**.
피고는 자신의 권리에 대해 들었다.

---

hapern [ˈhaːpɐn]
⊜ mangeln, fehlen

v. 부족하다, 결핍되다

Seine schriftlichen Sprachkenntnisse waren gut, es **haperte** jedoch noch mit der Aussprache. 그의 작문 실력은 좋았지만 여전히 발음은 부족하였습니다.

---

leistungsfähig
[ˈlaɪ̯stʊŋsˌfɛːɪç]
⊜ arbeitsfähig, belastbar

a. 능력있는, 수완있는, 성능이 좋은

Für Elektroautos fehlen noch immer **leistungsfähige** Akkus.
전기 자동차를 위한 성능 좋은 배터리는 아직 없다.

---

einhergehen mit
[aɪ̯nˈheːɐ̯ˈɡeːən]
⊜ begleiten, zusammenhängen

v. ~와 동반하여 나타나다

Es gibt eine Entwicklung, die ganz klar mit dem Umbruch im Verein **einhergeht**. 그 단체 내부의 격변을 수반하는 아주 명확한 발전이 하나가 있습니다.

---

unbedenklich
[ˈʊnbəˌdɛŋklɪç]
⊜ harmlos, bedenkenlos

a. 안전한, 위험하지 않은, 주저할 필요없는

Auch bei einer schweren Grippe, sind diese Tropfen für den Körper völlig **unbedenklich**. 또한 심한 독감일때 이 방울들은 몸에 전혀 무해합니다.

---

definieren durch
[defiˈniːʁən]
⊜ deuten, erklären

v. 정의하다, 설명하다, 규정하다

Eine Arbeit sei existenziell wichtig, da man sich **durch** den Beruf **definieren** kann. 사람은 작업을 통해 정의될 수 있기 때문에 일은 존재적 중요성을 지닌다.

---

krankschreiben

['kʁaŋkʃʁaɪ̯bn̩]

⊜ Arbeitsunfähigkeit bescheinigen lassen, krank melden

v. 진단서를 발급하다

Wer krank ist und nicht zur Arbeit gehen kann, muss sich **krankschreiben** lassen. 아프거나 일할 수 없는 경우 병가를 받아야 합니다.

---

statistisch [ʃtaˈtɪstɪʃ]

⊜ durch Zahlen belegt, Statistik betreffend

a. 통계의, 통계학의

Das sind statistisch gesehen 6 Menschen von 10.000, wie das Landesamt für **Statistik** anführt.
통계청이 말한 것처럼 통계적으로 10,000 명 중 6 명입니다.

Belegschaft [bəˈleːkʃaft]

G *f - en*

n. 종업원 일동, 거주자 일동

Die **Belegschaft** ist in einen Warnstreik getreten.
종업원 일동이 경고 파업에 돌입했습니다.

---

andeuten [ˈanˌdɔɪ̯tn̩]

⊜ sich ankündigen, anklingen

v. 드러나다, 암시되다

Sollte sich **andeuten**, dass die Schule für diesen Betrag nicht im gewünschten Maß erweitert werden kann, müsse man umplanen.
원하는 금액으로 학교를 확장할 수 없다는 것이 예상되면 일정을 변경해야 합니다.

---

belächeln [bəˈlɛçl̩n]

⊜ bespötteln, lächeln

v. 미소짓다, 미소를 보내다, 비웃다

Lange Zeit wurde die Umweltschutzbewegung **belächelt**, heute ist sie in der Mitte der Gesellschaft angekommen.
오랫동안 환경론적 운동은 조롱을 받았지만 오늘날에는 사회의 한 가운데에 도착했다.

---

provozieren [pʁovoˈtsiːʁən]

⊜ reizen, auslösen

v. 선동하다, 고무하다, 유발하다, 야기하다

Jugendliche **provozieren** ihre Lehrer gern und testen so ihre und deren Grenzen aus. 청소년들은 선생님을 자극하고 한계를 테스트하기를 좋아합니다.

---

umstellen [ʊmˈʃtɛlən]

⊜ adaptieren, anpassen

v. 적응하다, 전환하다

Daraufhin wird sich auch meine Familie auf die neue Ernährung **umstellen** müssen. 결과적으로 우리 가족은 새로운 식단으로 전환해야 할 것입니다.

---

warnen vor [ˈvaʁnən]

⊜ abmahnen, abraten

v. 주의하다, 경고하다

Die Meteorologen **warnen vor** der starken Wärmebelastung.
기상 학자들은 강한 열 부하에 대해 경고합니다.

---

sich etablieren [ˌetaˈbliːʁən]

⊜ sich ansiedeln, sich einleben

v. 자리 잡다, 개업하다

Bachelor und Master sind noch dabei, **sich** als anerkannte Abschlüsse zu **etablieren**.
학사와 석사 과정은 여전히 인정받는 학위로 자리 매김하고 있습니다.

---

florieren [floˈʁiːʁən]

⊜ prosperieren, blühen

v. 꽃이 피다, 번영하다, 번창하다

Leider **floriert** auch der illegale Handel mit Waffen.
불행히도, 무기의 불법 거래 또한 번성하고 있습니다.

---

gnadenlos [ˈgnaːdn̩loːs]

⊜ abgestumpft, grausam

a. 무자비한, 극심한, 가차 없는

Der König galt als **gnadenlos**, wenn es um die Verfolgung seiner Feinde ging. 그 왕은 적을 추격할 때 무자비한 것으로 여겨진다.

aufwendig [ˈaʊ̯fˌvɛndɪç]
● teuer, kostspielig

a. 사치스러운, 소모되는, 비용이 많이 드는

Für den Kongress sind **aufwendige** Vorbereitungen erforderlich.
의회를 위해 많은 준비가 필요합니다.

---

praxisnah [ˈpʀaksɪsˌnaː]
● wirklichkeitsnah, anschaulich

a. 실제와 가까운, 실무와 밀접한

Dieses Institut bietet eine äußerst **praxisnahe** Form der Ausbildung an. 이 학원은 매우 실용적인 형태의 교육을 제공합니다.

---

sich verbauen [fɛɐ̯ˈbaʊ̯ən]
● verpatzen, verschandeln

v. 건축이 망하다, 잘못 건축하다

Ob der Schüler nicht wisse, welche Zukunftschancen er **sich verbauen** könne, fragte er.
그는 학생이 장래 어떤 가능성들이 그를 막을 것인지 아는지 모르는지 물었다.

---

sich einlassen auf
[ˈaɪ̯nˌlasn̩]
● umgehen, zusammenkommen

v. ~에 관여하다, 간섭하다

Wer **sich auf** diesen Sport **einlässt**, trägt ein hohes Risiko.
이 스포츠에 참가하는 자는 위험부담을 감수한다.

---

sich arrangieren mit
[aʀãˈʒiːʀən]
● verabreden, eine Einigung erzielen

v. ~와 화해하다, 화합하다

Mit der Situation muss ich **mich** nun irgendwie **arrangieren**.
나는 지금 어떻게든 이 상황을 정리해야 한다.

---

verblüffend [fɛɐ̯ˈblʏfn̩t]
● erstaunlich, überraschend

a. 놀라운, 놀랄 만한

Es ist **verblüffend**, wie viele Gemeinsamkeiten es eigentlich zwischen Fußball und dem Glauben gibt.
축구와 신앙 사이에 얼마나 많은 공통점이 있는지 놀랍습니다.

Anteilnahme [ˈantaɪ̯lˌnaːmə]
Ⓖ *f* - x

n. 관여, 참여, 관심

Hiermit drücken wir Ihnen unsere **Anteilnahme** am tragischen Tod Ihres Sohnes aus. 이렇게 우리는 당신 아들의 비극적인 죽음에 애도의 말을 전합니다.

Verlässlichkeit [ˌfɛɐ̯ˈlɛslɪçkaɪ̯t]
Ⓖ *f* - x

n. 신빙성, 신뢰성, 신용도

Es komme in dieser Zeit verstärkt auf gelebte Werte, **Verlässlichkeit** und Zusammenhalt an. 이 시기에 가치, 신뢰성 및 결속력이 점차 생겨났습니다.

Zurückhaltung [tsuˈʀʏkˌhaltʊŋ]
Ⓖ *f* - x

n. 자중, 자제, 자숙, 극기, 억제, 겸양

Er sollte etwas **Zurückhaltung** üben. 그는 약간의 억제를 해야 한다.

---

bildhaft [ˈbɪlthaft]
● anschaulich, bildlich

a. 구상적인, 그림같은, 비유적인, 명료한

Bildhaft beschreibt er die verschiedenen Bewegungen, welche die Kinder im Wasser machen.
그는 비유적으로 물 속에서 아이들을 만드는 다양한 움직임을 설명합니다.

---

sich auszeichnen
[ˈaʊ̯sˌtsaɪ̯çnən]
● herausheben, kennzeichnen

v. 탁월하다, 뛰어나다, 두드러지다, 출중하다

Das Wikiwörterbuch **zeichnet sich** dadurch **aus**, dass jeder es bearbeiten kann, auch ohne angemeldet zu sein.
위키 사전은 가입하지 않고도 누구나 편집할 수 있다는 특징이 있습니다.

Schablone [ʃaˈbloːnə]
G *f - n*

n. 틀, 본, 판, 모형, 관습적 방식

Zuerst machst du dir eine **Schablone** für die Formen, die du auf den Hut zeichnen möchtest. 먼저 모자에 그리고 싶어하는 도형의 틀을 만듭니다.

Sensibilisierung
[zɛnzibiliˈziːʀʊŋ]
G *f - en*

n. 민감함, 예민함

Nur mithilfe einer **Sensibilisierung** der Bildträger konnte die Aufnahme gemacht werden.
오직 이미지 매체의 민감함을 통해서만이 사진이 촬영될 수 있다.

Stereotyp [steʀeoˈtyːp]
G *n s e*

n. 진부함, 틀에 박힌 생각, 고정관념

"Bayern tragen Lederhosen" ist ein Beispiel für ein **Stereotyp**.
"바이에른 사람들은 가죽바지를 입는다." 는 고정 관념의 한 예입니다.

Vorwissen [ˈfoːɐ̯ˌvɪsn̩]
G *n s x*

n. 사전 지식, 예지, 예감

Ich hatte überhaupt kein **Vorwissen**. 나는 전혀 예상하지 못했다.

---

mangeln [ˈmaŋl̩n]
⊜ fehlen, hapern

v. 결핍되다, 부족하다, 모자라다

Es **mangelt** an politischer Intelligenz. 정치적인 지식이 부족합니다.

---

feilschen [ˈfaɪ̯lʃn̩]
⊜ schachern, handeln

v. 값을 깎다

Ich will doch nicht um ein paar Euro **feilschen**!
나는 조금도 깎아주고 싶지 않다!

---

abschaffen [ˈapˌʃafn̩]
⊜ abwickeln, annullieren, auflösen

v. 폐지하다, 처분하다, 처리하다

Wir mussten die Hunde leider wieder **abschaffen**, weil ich eine Allergie bekam. 불행히도 나는 알레르기가 있어서 우리는 그 개를 다시 보내야 했습니다.

---

elliptisch [ɛˈlɪptɪʃ]
⊜ ellipsenförmig, eirund

a. 타원의, 생략의

Elliptische Auslassungen lassen sich mit Hilfe des sprachlichen oder situativen Kontextes rekonstruieren.
생략은 언어적 또는 상황적 문맥에 따라 재구성될 수 있습니다.

---

idiomatisch [idi̯oˈmaːtɪʃ]
⊜ eigentümlich, sprichwörtlich

a. 관용적인

Wir suchen ein Wörterbuch der **idiomatischen** Wendungen.
우리는 관용어 사전을 찾고 있습니다.

---

fatal [faˈtaːl]
⊜ tödlich, zerstörend, letal, ungut

a. 불길한, 성가신, 난처한

Es wäre wirklich **fatal**, wenn der Antrag abgelehnt wird.
신청서가 거부되면 정말 난처할 것이다.

---

tagsüber [ˈtaːksˌʔyːbɐ]
⊜ untertags, während des Tages

a. 낮의, 온종일

Tagsüber ist das Baby ruhig, nur nachts schreit es noch oft.
낮에는 아기가 조용하지만 밤에는 자주 운다.

---

infizieren [ɪnfiˈtsiːʀən]
⊜ anstecken, übertragen

v. 전염시키다

Die Leute hatten sich während eines Urlaubs in Afrika mit Malaria **infiziert**. 사람들은 아프리카에서 휴가를 보내면서 말라리아에 감염되었습니다.

einstellen [ˈaɪnˌʃtɛlən]
⊜ einordnen, beschäftigen

ⓥ 놓다, 종결하다, 고용하다, 조정하다

Nachdem das Thermostat richtig **eingestellt** war, hatte sie es endlich warm in der Wohnung.
온도 조절 장치가 올바르게 설정된 후에, 드디어 그녀는 따뜻한 집을 가졌다.

offensichtlich [ˈɔfn̩ˌzɪçtlɪç]
⊜ klar, offenbar

ⓐ 분명한, 명백한

Es ist **offensichtlich**, dass die Zahl der Arbeitslosen ansteigt.
실업자 수가 증가하고 있는 것은 분명하다.

vorliegen [ˈfoːɐ̯ˌliːɡn̩]
⊜ entstehen, da sein

ⓥ 제출되어 있다, 존재하다

Es **liegen** uns noch nicht alle Unterlagen **vor**.
아직 모든 서류가 우리에게 제출되지 않았습니다.

zusammenfassen
[tsuˈzamənˌfasn̩]
⊜ integrieren, zurückgreifen auf

ⓥ 요약하다, 총괄하다

Sie **fasste** ihre Ansichten zum Schluss in zwei Thesen **zusammen**.
그녀는 두 개의 논문의 마지막에 자신의 견해를 요약했습니다.

genetisch [geˈneːtɪʃ]

ⓐ 유전학의, 유전의

Wir haben die **genetische** Information in den Körperzellen gefunden. 우리는 체세포에서 유전 정보를 발견했습니다.

erläutern [ɛɐ̯ˈlɔɪtɐn]
⊜ erklären, aufdecken

ⓥ 설명하다, 해석하다

Sie hat ihren Studenten die neue Theorie ausführlich **erläutert**.
그녀는 학생들에게 새로운 이론을 자세히 설명했습니다.

zurückgehen auf
[tsuˈʀʏkˌɡeːən]
⊜ stammen von, sich berufen auf

ⓥ ~로부터 연원하다, 소급하다

Diese Redensart **geht auf** Schiller **zurück**.
이 말은 쉴러에게서 왔습니다.

rasant [ʀaˈzant]
⊜ rasch, rapid

ⓐ 빠른, 신속한

Das **rasante** Wachstum der industriellen Produktion hat Vor- und Nachteile. 산업 생산의 급속한 성장에는 장단점이 있습니다.

gestikulieren
[ɡɛstikuˈliːʀən]
⊜ sich mit Gesten ausdrücken, mit den Händen reden

ⓥ 몸짓으로 나타내다

Weil ich sie von der anderen Straßenseite aus nicht hören konnte, begann sie wild zu **gestikulieren**.
내가 길 건너에서 그녀의 말을 들을 수 없었기 때문에, 그녀는 몸짓을 하기 시작했다.

plündern [ˈplʏndɐn]
⊜ ausrauben, ausbeuten

ⓥ 약탈하다

Viele Geschäfte wurden bei den Unruhen **geplündert**.
폭동으로 많은 상점들이 약탈당했습니다.

zerschlissen [tsɛɐ̯ˈʃlɪsən]
⊜ abgenutzt, ausgedient

ⓐ 닳은, 해진

Er trug eine zerschlissene Hose und ein genauso **zerschlissenes** Hemd. 그는 해진 바지와 마찬가지로 해진 셔츠를 입고 있었습니다.

fruchtbar [ˈfʀʊxtbaːɐ̯]
⊜ ergiebig, fertil

a. 비옥한, 유익한

Wann sind die **fruchtbaren** Tage einer Frau? 가임기는 언제 입니까?

---

erodieren [eʀoˈdiːʀən]
⊜ abtragen, wegfressen

v. 침식하다

Der Wind **erodiert** die Berghänge. 바람은 산 비탈을 침식합니다.

---

stolpern [ˈʃtɔlpɐn]
⊜ straucheln, taumeln

v. 걸려 비틀거리다

Er **stolperte** über einen Stein und fiel hin.
그는 돌에 걸려서 넘어졌습니다.

---

furchtbar [ˈfʊʀçtbaːɐ̯]
⊜ grausig, eklig

a. 무서운, 끔찍한

Der Sturm kam mit **furchtbarer** Gewalt. 폭풍은 무서운 힘으로 왔습니다.

---

ausgesprochen
[ˈaʊsgəˌʃpʀɔxn̩]
⊜ ausgeprägt, beeindruckend

a. 명백한, 뚜렷한, 특별한

Das ist eine **ausgesprochene** Rarität! 저것은 명백한 진품이다!

---

beeinflussen [bəˈʔaɪ̯nˌflʊsn̩]
⊜ führen, einwirken

v. 영향을 미치다

Natürlich **beeinflusst** die Umweltverschmutzung das Klima.
물론 환경 오염은 기후에 영향을 줍니다.

---

zurückführen auf
[tsuˈʀʏkˌfyːʀən]
⊜ sich entwickeln aus,
   stammen von

v. ~의 원천에서 소급하다, 결과로 돌리다

Die Krankheit ist **darauf zurückzuführen**, dass er sich zu wenig
bewegt. 그 질병은 그가 너무 적게 움직여서 발생할 수 있다.

---

vorkommen [ˈfoːɐ̯ˌkɔmən]
⊜ existieren, geschehen

v. 일어나다, 현존하다

Eisbären **kommen** nur in der Arktis vor. 북극곰은 북극에서만 발견됩니다.

---

erzeugen [ɛɐ̯ˈtsɔɪ̯gn̩]
⊜ anfertigen, erschaffen

v. 발생시키다, 생산하다

Gewalt **erzeugt** wieder Gewalt. 폭력은 다시 폭력을 일으킨다.

---

verzeichnen [fɛɐ̯ˈtsaɪ̯çnən]
⊜ registrieren, indizieren

v. 적다, 기록하다, 잘못 그리다

Die Preise sind ebenfalls in der Liste **verzeichnet**.
가격은 또한 리스트에 기록되었다.

---

absehen [ˈapˌzeːən]
⊜ annehmen, vernachlässigen

v. 예측하다, 중지하다, 커닝하다

Das Ende des Streiks ist noch nicht **abzusehen**.
파업의 종식은 아직 예측할 수 없다.

---

umstritten [ʊmˈʃtʀɪtn̩]
⊜ strittig, diskutiert

a. 논쟁 여지가 있는

Diese Theorie ist ziemlich **umstritten**. 이 이론은 꽤 논란의 여지가 있다.

---

schwerwiegend
[ˈʃveːɐ̯ˌviːgn̩t]
⊜ wichtig, belastend

a. 중대한, 심각한

Wir standen damals vor **schwerwiegenden** Problemen.
그때 우리는 심각한 문제에 직면했습니다.

beitragen [ˈbaɪˌtʀaːɡn̩]
⊜ beteiligen, unterstützen

🔵 *v.* 기여, 공헌하다

Wir haben alle unseren Teil dazu **beigetragen**.
우리 모두는 우리의 역할을 수행했습니다.

---

auftreten [ˈaʊfˌtʀeːtn̩]
⊜ auftauchen, antreten

🔵 *v.* 디디다, 발생하다, 등장하다

Bei höheren Temperaturen kann dieser Effekt nicht **auftreten**.
고온에서 이 효과는 발생하지 않습니다.

---

betroffen [bəˈtʀɔfn̩]
⊜ bestürzt, konsterniert

🔴 *a.* 놀란, 당황한

Sie machte ein **betroffenes** Gesicht. 그녀는 당황한 얼굴을 보였다.

---

besiedeln [bəˈziːdl̩n]
⊜ bevölkern, bewohnen

🔵 *v.* 이주시키다, 살다

Menschen **besiedelten** die Inseln bereits vor über 2000 Jahren.
인간은 2000 년 이상 전에 이미 이 섬에 서식했다.

---

gefährden [ɡəˈfɛːɐ̯dn̩]
⊜ riskieren, verwickeln

🔵 *v.* 위태롭게 하다

Durch seinen Leichtsinn hat der Busfahrer die Fahrgäste unnötig
gefährdet. 버스 기사가 부주의로 승객들을 불필요하게 위태롭게 했다.

---

verschärfen [fɛɐ̯ˈʃɛʁfn̩]
⊜ vervielfältigen, erhärten

🔵 *v.* 날카롭게하다, 강화하다

Der anhaltende Regen **verschärft** die Situation in den
Hochwassergebieten. 지속적인 비는 홍수 지역의 상황을 악화시킨다.

---

anhaltend [ˈanˌhaltn̩t]
⊜ andauernd, beständig

🔴 *a.* 지속적인, 끊임없는

Es regnet **anhaltend**. 비가 계속 내린다.

---

erwerbstätig [ɛɐ̯ˈvɛʁpsˌtɛːtɪç]
⊜ bedienstet, beschäftigt

🔴 *a.* 생업에 종사하는

Er ist derzeit nicht **erwerbstätig**. 그는 현재 일하고 있지 않습니다.

---

gefährdet [ɡəˈfɛːɐ̯dət]
⊜ ungeschützt, bedroht

🔴 *a.* 위험한, 위태로운

Im Zuge der geschichtlichen Entwicklung kam es auch zur
Herausgabe Roter Listen **gefährdeter** Pflanzen.
역사적 발전의 일환으로 위험한 식물들의 금지 리스트가 발간되었다.

---

sich anpassen an [ˈanˌpasn̩]
⊜ harmonisieren, festlegen

🔵 *v.* 어울리게 하다, 조화시키다, 적응하다

Es fällt ihm schwer, **sich anzupassen**. 그는 적응하기가 어렵다.

---

berücksichtigen
[bəˈʀʏkˌzɪçtɪɡn̩]
⊜ verwerten, berechnen

🔵 *v.* 고려하다, 참작하다

Auch Behinderte werden für diese Stelle **berücksichtigt**.
장애인도 또한 이 일자리에 참작됩니다.

---

basieren auf [baˈziːʀən]
⊜ beruhen auf, fußen

🔵 *v.* ~에 기초하다, 근거하다

Der Film **basiert auf** einem Drama von Shakespeare.
그 영화는 셰익스피어의 드라마를 기반으로 합니다.

opfern ['ɔpfɐn]
● hingeben, aufgehen

v. 바치다, 희생하다

Sie **opferten** eine Ziege, um die Götter gnädig zu stimmen.
그들은 신에게 자비를 구하기 위해 염소 한 마리를 제물로 바쳤다.

---

ungewöhnlich ['ʊngəˌvøːnlɪç]
● apart, ausnahmsweise

a. 비범한, 이례적인

Das ist aber ein **ungewöhnlicher** Ausdruck! 하지만 그건 이상한 표현입니다!

---

ausführen ['aʊsˌfyːʀən]
● bearbeiten, veranschaulichen

v. 연주하다, 시행하다, 수출하다

Der Taskmanager zeigt an, welche Programme gerade vom Computer **ausgeführt** werden. 작업 관리자는 컴퓨터에서 현재 실행중인 프로그램을 표시합니다.

---

erweitern [ɛɐ̯'vaɪ̯tɐn]
● ausbauen, verbessern

v. 넓히다, 확장하다

Reisen **erweitert** den eigenen Horizont. 여행은 자신의 시야를 넓혀줍니다.

---

rauben ['ʀaʊ̯bn̩]
● ausbeuten, entwenden

v. 빼앗다, 약탈하다

Der Frau wurde von bewaffneten Jugendlichen ihre Handtasche **geraubt**. 여자는 무장한 젊은이들에 의해 핸드백을 빼앗겼다.

---

unablässig [ˌʊnʔap'lɛsɪç]
● fortdauernd, endlos

a. 끊임없는, 부단한

Meine Frau redet **unablässig**. 제 아내는 끊임없이 이야기합니다.

---

verknüpfen [fɛɐ̯'knʏpfn̩]
● anhängen, anbinden

v. 매다, 연결시키다

Wir sollten die beiden Gedankengänge einfach **verknüpfen**. 우리는 이 두 가지 사고 과정을 단순하게 연결해야 합니다.

---

gewiss [gə'vɪs]
● gegenständlich, wahrhaft

a. 확실한, 어떤, 어느 정도의

adv. 확실한, 틀림없이

Es ist nicht **gewiss**, ob sie kommen kann. 그녀가 올 수 있는지는 확실하지 않습니다.

---

feindlich ['faɪ̯ntlɪç]
● entgegengesetzt, abgeneigt

a. 적의의, 적대적인, 적군의

Über Jahrtausende hinweg waren Frauen Opfer **feindlicher** Übergriffe. 천년 동안 여성들은 적군의 침입의 희생자였습니다.

---

auslösen ['aʊ̯sˌløːzn̩]
● anrichten, bewirken

v. 작동시키다, 유발하다

Das Erdbeben hat eine Flutwelle **ausgelöst**. 지진으로 해일이 발생했습니다.

---

chronisch ['kʀoːnɪʃ]
● fortwährend, andauernd

a. 만성의, 지속적인

Sein Husten ist bereits **chronisch**. 그의 기침은 이미 만성적입니다.

---

tragisch ['tʀaːgɪʃ]
● bedauerlich, furchtbar

a. 비극의, 비극적인

Sie kam bei einem **tragischen** Unfall ums Leben.
그녀는 비극적인 사고로 사망했습니다.

---

ergreifen [ɛɐ̯'gʀaɪ̯fn̩]
● aufsuchen, anfallen

v. 움켜쥐다, 체포하다, 엄습하다, 감동시키다

Die Nachricht vom Tod seines Freundes hat ihn tief **ergriffen**.
그의 친구의 죽음에 대한 소식에 그는 깊은 충격에 빠졌다.

seelisch ['ze:lɪʃ]
⊜ emotional, mental

a. 영혼의, 정신적인

Der Dreiklang von körperlichem, **seelischem** und geistigem Wohlbefinden steht hinter allen unseren Maßnahmen.
육체적, 정신적, 영적인 안녕의 3 중 화음은 우리의 모든 행동의 기초가 됩니다.

---

rastlos ['ʀast,lo:s]
⊜ unablässig, ruhelos

a. 쉬지 않는, 끊임없는

Er will nicht mehr **rastlos** umherwandern.
그는 더 이상 끊임없이 방랑하고 싶지 않다.

---

komponieren [kɔmpo'ni:ʀən]
⊜ anordnen, vertonen

v. 작곡하다, 조립하다, 구상하다

Wann **komponierte** Beethoven seine fünfte Sinfonie?
언제 베토벤이 다섯 번째 교향곡을 작곡했습니까?

---

loben ['lo:bn̩]
⊜ anpreisen, ehren

v. 칭찬하다, 찬양하다

Der Firmenchef **lobte** den Mitarbeiter für seinen Fleiß.
회사 사장은 직원의 근면함을 칭찬했습니다.

---

beachtlich [bə'ʔaχtlɪç]
⊜ diskutabel, bemerkenswert

a. 주목할 만한, 현저한, 중요한

Der Film hatte einen **beachtlichen** Erfolg.
이 영화는 상당한 성공을 거두었습니다.

überwältigend [y:bɐ'vɛltɪgn̩t]
⊜ eindrucksvoll, fesselnd

a. 위압적인, 웅대한

Der Anblick der Berggipfel war **überwältigend**.
산 꼭대기의 광경은 웅장했다.

---

vielfältig ['fi:l,fɛltɪç]
⊜ vielfach, divers

a. 다양한

Das Lokal bietet ein **vielfältiges** Angebot kalter und warmer Speisen.
그 음식점에서는 다양한 종류의 차갑고 따뜻한 요리를 제공합니다.

---

sich beschränken auf [bə'ʃʀɛŋkn̩]
⊜ isolieren, einschränken

v. ~을 제한하다, 한정하다

Ich **beschränke mich auf** 5 Zigaretten am Tag.
나는 하루에 담배 5개로 제한한다.

hinweisen auf [ˈhɪnˌvaɪzn̩] ⊜ anspielen, deuten	*v.* ~을 암시하다, 가리키다 Die Anzeichen **weisen darauf hin**, dass der Winter hart wird. 그 징조는 가혹한 겨울을 암시합니다.
fiktiv [fɪkˈtiːf] ⊜ vermeintlich, angenommen	*a.* 허구의, 가공적인 Die Geschichte spielt in einem **fiktiven** Land. 그 이야기는 가상의 나라를 다룬다.
fördern [ˈfœʁdɐn] ⊜ unterstützen, aufbauen	*v.* 촉진하다, 장려하다 Musik **fördert** die geistige Entwicklung von Kindern. 음악은 어린이의 정신 발달을 촉진합니다.
konfrontieren [kɔnfʁɔnˈtiːʁən] ⊜ gegenüberstellen, abwägen	*v.* 직면, 대조하다, 대결하다 Sie **konfrontierte** ihren Vater damit, dass sie Schauspielerin werden wollte. 그녀는 아버지와 그녀가 배우가 되고 싶다는 사실과 대립했다.
stehen vor [ˈʃteːən] ⊜ gegenüberstehen, betreffen	*v.* ~앞에 서있다, 직면하다 Wir **standen** damals **vor** enormen Problemen. 그 당시에 우리는 엄청난 문제에 직면했습니다.
durchführen [ˈdʊʁçˌfyːʁən] ⊜ nachkommen, realisieren	*v.* 실행하다, 완성하다, 개최하다, 지나다 Das Gelände ist für zwei Tage vollständig gesperrt, weil Physiker der Universität hier ein Experiment **durchführen**. 대학의 물리학자가 여기에서 실험을 하기 때문에 이틀 동안 이 부지는 완전히 차단합니다.
herrschen [ˈhɛʁʃn̩] ⊜ dominieren, befehlen	*v.* 지배, 통치하다, (상태) 지속되다 Nach der langen Trockenheit **herrscht** nun eine große Hungersnot. 긴 가뭄 후에 지금은 큰 기근이 있습니다.
bestrafen [bəˈʃtʁaːfn̩] ⊜ aburteilen, maßregeln	*v.* 처벌하다, 징계하다 Der Verkauf von Zigaretten an Kinder wird mit Geldbußen **bestraft**. 어린이에게 담배를 판매하는 것은 벌금으로 처벌됩니다.
verzichten [fɛʁˈtsɪçtn̩] ⊜ erdulden, abstehen	*v.* 포기하다, 단념하다 Wenn das so ist, dann **verzichte** ich lieber. 그것이 그렇다면, 나는 차라리 포기하겠습니다.

ignorieren [ɪɡnoˈʁiːʁən]
● missachten, ausklammern

v. 무시하다

Bei dem Fest hat sie mich total **ignoriert** und so getan, als kenne sie mich gar nicht. 그녀는 파티에서 나를 모르는 사람처럼 완전히 나를 무시하는 행동을 했다.

---

spontan [ʃpɔnˈtaːn]
● fakultativ, freiwillig

a. 충동적인, 즉흥의

Wir haben diesen Entschluss ganz **spontan** gefasst.
우리는 즉흥적으로 그 결정을 했다.

---

verfügen über [fɛɐ̯ˈfyːɡn̩]
● disponieren, besitzen

v. 처리하다, 조치를 취하다

Das Hotel **verfügt über** vierzig Doppelzimmer.
호텔에는 40 개의 더블 룸이 있다.

---

verwandt [fɛɐ̯ˈvant]
● zusammengehörig, in Relation zu

a. 친척의, 같은 혈통의

Wir sind weder **verwandt** noch verschwägert.
우리는 친척도 아니고 인척도 아니다.

---

sich verständigen [fɛɐ̯ˈʃtɛndɪɡn̩]
● bekanntmachen, benachrichtigen

v. 알려 주다, 의사소통을 하다, 타협하다

Wir konnten uns kaum mit den Einheimischen **verständigen**.
우리는 그 원주민과 거의 의사소통 할 수 없었다.

---

dienen [ˈdiːnən]
● betätigen, arbeiten

v. 근무하다, 유익하다, 사용되다, 헌신하다

Die Fortschritte in der Medizin **dienen** der Gesundheit der Menschen. 의학 발전은 사람들의 건강을 위한 것입니다.

---

abzielen [ˈapˌtsiːlən]
● anstreben, beabsichtigen

v. 겨냥하다, 목표로 하다

Die Maßnahmen **zielen** darauf **ab**, die Arbeitslosigkeit einzudämmen. 이 조치는 실업을 줄이는 것을 목표로 한다.

---

beeindrucken [bəˈʔaɪ̯nˌdʁʊkn̩]
● betören, imponieren

v. 깊은 인상을 주다

Er versuchte seinen Chef mit guten Leistungen zu **beeindrucken**.
그는 사장에게 좋은 성과로 깊은 인상을 주려고 애썼다.

---

schätzen [ˈʃɛtsn̩]
● abwägen, veranschlagen

v. 평가하다, 어림잡다

Der Händler **schätzte** das gebrauchte Auto auf zweitausend Euro.
그 딜러는 그 중고차를 2 천 유로로 추정했습니다.

---

erleiden [ˌɛɐ̯ˈlaɪ̯dn̩]
● erleben, aushalten

v. 견디다, 참다, 당하다

Das Opfer **erlitt** schwere innere Verletzungen.
희생자는 심각한 내부 부상을 입었습니다.

---

liefern [ˈliːfɐn]
● verfrachten, verschicken

v. 인도하다, 공급하다

Er konnte keine Beweise für seine Theorie **liefern**.
그는 그의 이론에 대한 증명을 제시할 수 없었다.

---

fehlen [ˈfeːlən]
● mangeln, wegfallen

v. 부족하다, 없어지다

Warum hast du gestern **gefehlt**? 왜 어제 빠졌어?

---

entsprechen [ɛntˈʃpʀɛçn̩]
⊜ harmonieren, übereinstimmen

v. 상응하다, 일치, 동등하다

100 Euro **entsprechen** ungefähr 195 D-Mark.
100 유로는 약 195 마르크와 같습니다.

sich beziehen auf
[bəˈtsiːən]
⊜ anknüpfen, zurückführen

v. ~에 관련되다

Dein Beispiel **bezieht sich** nicht **auf** dein Argument.
당신의 예는 그 논증과 관련이 없다.

bedrohlich [bəˈdʀoːlɪç]
⊜ gefährlich, folgenschwer

a. 위협하는, 협박적인

Das Hochwasser nahm **bedrohliche** Ausmaße an.
홍수는 위협적인 범위를 차지 했습니다.

geraten in [gəˈʀaːtn̩]
⊜ verwickelt werden,
  dazwischen geraten

v. 빠지다, 이르다, 도달하다

Unverhofft **geriet** die Expedition **in** Schwierigkeiten.
예기치 않게 원정대가 곤경에 처했습니다.

sich ergeben aus
[ɛɐ̯ˈgeːbn̩]
⊜ basieren, folgen

v. ~결과로서 나타나다, 발생하다

Aus seiner neuen Tätigkeit **ergaben sich** auch Veränderungen in seinem Privatleben. 그의 새로운 직업은 또한 그의 사생활을 변화시켰습니다.

zitieren [ˌtsiˈtiːʀən]
⊜ anführen, belegen

v. 인용하다, 소환하다

In beiden Artikeln **zitierte** er ausführlich aus dem Entwurf des Schlussberichts. 두 기사에서 그는 최종 보고서 초안을 자세하게 인용했다.

stützen [ˈʃtʏtsn̩]
⊜ stabilisieren, ermutigen

v. 지지하다, 원조하다

Sie **stützte** ihre Argumentation durch eine Reihe von Beispielen.
그녀는 여러가지 예를 통해서 자신의 추론을 강화하였습니다.

währen [ˈvɛːʀən]
⊜ andauern, fortbestehen

v. 지속되다, 계속되다

Das Fest **währte** drei Tage. 축제는 3 일간 지속되었습니다.

gewähren [gəˈvɛːʀən]
⊜ gestatten, erlauben

v. 허락하다, 베풀다

Die gute Fee **gewährte** ihm drei Wünsche.
그 착한 요정은 그에게 3 가지 소원을 허락했습니다.

angeboren [ˈangəˌboːʀən]
⊜ eingewurzelt, angestammt

a. 타고난, 선천적인

Menschen haben **angeborene** Krankheitsveranlagungen, die durch Belastungen ausgelöst werden können.
사람들은 스트레스에 의해 유발될 수 있는 선천적인 질병을 가지고 있습니다.

täuschen [ˈtɔɪʃn̩]
⊜ austricksen, anlügen

v. 속이다, 기만하다

Mit falschen Papieren und Lügengeschichten konnte der Betrüger seine ahnungslosen Opfer immer wieder **täuschen**.
거짓 서류들과 거짓말로 사기꾼은 무지한 희생자들을 계속해서 속일 수 있었다.

verwenden [fɛɐ̯'vɛndn̩]
● bearbeiten, benutzen

v. 사용, 이용하다, 쓰다

Ich **verwende** zum Kochen nur die besten Zutaten.
나는 요리에 가장 좋은 재료만 사용한다.

---

beweisen [bə'vaɪzn̩]
● bestätigen, belegen

v. 증명하다, 논증하다

In dieser Diskussion hat er Klugheit **bewiesen**.
그는 이 토론에서 지혜를 증명하였다.

---

betrachten [bə'tʁaxtn̩]
● beobachten, charakterisieren

v. 눈여겨 보다, 간주하다, 관찰하다

Ich **betrachte** das Glas lieber als halb voll, nicht als halb leer.
나는 반 밖에 없는 것이 아니라 반이나 차 있는 컵으로 보는 것을 선호한다.

---

absolvieren [apzɔl'viːʁən]
● abschließen, besiegen

v. 졸업하다, 완료하다

Sie **absolvierte** ein Traineeprogramm. 그녀는 연수생 프로그램을 마쳤습니다.

---

herausgeben [hɛ'ʁaʊ̯s,geːbn̩]
● publizieren, aufgeben

v. 내주다, 출판하다, 공포하다

Er hat mein Buch genommen und will es nicht wieder **herausgeben**!
그는 내 책을 가져가고 다시 돌려주고 싶어하지 않는다!

---

vertreiben [fɛɐ̯'tʁaɪbn̩]
● ausstoßen, handeln

v. 몰아내다, 내쫓다, 도매하다

Nach dem Krieg **vertrieb** man viele Menschen aus ihrer Heimat.
전쟁 후 많은 사람들이 고향에서 추방되었습니다.

übertragen [ˌyːbɐ'tʁaːgn̩]
● übersenden, weitergeben

v. 중계(방송)하다, 영향을 끼치다, 양도하다

Das Konzert wird in voller Länge im Radio **übertragen**.
콘서트는 라디오에서 전체로 방송됩니다.

---

beliebig [bə'liːbɪç]
● arbiträr, belanglos

a. 임의의, 임의로, 뜻대로

Man will eine **beliebige** Zahl zwischen 1 und 10 auswählen.
1 에서 10 사이의 임의의 숫자를 선택하려고 합니다.

übermitteln [yːbɐ'mɪtl̩n]
● ausrichten, benachrichtigen

v. 전달하다, 송달하다

Mit dem Programm kann die Steuererklärung elektronisch ans
Finanzamt **übermittelt** werden.
이 프로그램으로 세금 신고서를 세무서에 전자 방식으로 전송할 수 있습니다.

---

erforderlich [ɛɐ̯'fɔʁdɐlɪç]
● notwendig, erstrangig

a. 필수의, 필요한

Die Bewerberin wies alle **erforderlichen** Qualifikationen auf.
그 신청자는 필요한 모든 자격 요건을 내보였습니다.

---

geben in Auftrag

phr. 주문하다

Die Verteidigungsexperten der Koalition wollen neue
Kampffahrzeuge in **Auftrag geben**.
연합군의 국방 전문가들은 새로운 전투 차량을 위탁하고 싶어한다.

mühsam ['myːzaːm]
⊜ anstrengend, unheilvoll

a. 힘이 드는, 어려운

Es ist eine **mühsame** Arbeit, all die Scherben zu einer Vase zusammenzusetzen. 꽃병을 위한 모든 조각을 모으는 지루한 작업입니다.

---

vermitteln [fɛɐ̯'mɪtl̩n]
⊜ verhelfen, aussöhnen

v. 중재하다, 매개, 주선하다

Meine Tante war es, die ihnen die Ehe **vermittelte**.
우리 숙모는 그 결혼의 중매를 했었다.

---

expandieren [ɛkspan'diːʀən]
⊜ fortschreiten, ausweiten

v. 확대하다, 팽창하다

Die Firma **expandierte** so schnell, dass sie heute doppelt so groß ist wie vor 10 Jahren. 그 회사는 매우 빠르게 확장되어 오늘날 10 년 전보다 두배나 큰 규모입니다.

---

drohen ['dʀoːən]
⊜ einschüchtern, unter Druck setzen

v. 협박하다, 위협하다

Er hat mir mit der Faust **gedroht**. 그는 주먹으로 협박했다.

---

darstellen ['daːɐ̯ʃtɛlən]
⊜ verfassen, erklären

v. 명시하다, 묘사하다, 나타내다

Der Hunger in der Dritten Welt **stellt** nach wie vor ein enormes Problem **dar**. 제 3 세계의 기아는 여전히 큰 문제로 나타난다.

überflüssig ['yːbɐˌflʏsɪç]
⊜ zuviel, abkömmlich

a. 여유의, 불필요한, 쓸데없는

Es ist **überflüssig**, jetzt noch nachträglich darüber zu streiten.
지금 이득 없는 논쟁하는 것은 불필요합니다.

---

potenziell [potɛn'tsi̯ɛl]
⊜ möglich, denkbar

a. 가능한, 잠재적인

Der deutsche Anbieter bietet **potenziellen** Kunden ein neues Angebot. 독일 공급자는 잠재 고객에게 새로운 제안을 합니다.

---

virtuell [vɪʀ'tu̯ɛl]
⊜ potentiell, möglich

a. 잠재적인, 가능성이 있는, 가상의

Ein anderer Begriff für "**virtuelle** Realität" ist "Cyberspace".
"가상 현실" 의 또 다른 개념은 "사이버 공간" 입니다.

---

bewirken [bə'vɪʁkn̩]
⊜ realisieren, durchsetzen

v. 야기하다, 생기다, 실현하다

Die Maßnahmen haben das Gegenteil von dem **bewirkt**, was beabsichtigt war. 이 조치는 의도한 것과 반대의 결과를 가져왔습니다.

---

hervorbringen
[hɛɐ̯'foːɐ̯ˌbʀɪŋən]
⊜ erstellen, erzeugen

v. 끄집어내다, 생산하다, 창작하다

Dieses Land hat einige der berühmtesten Musiker der Welt **hervorgebracht**. 이 나라는 세계에서 매우 유명한 음악가들을 배출했습니다.

---

kommerzialisieren
[kɔmɛʁtsi̯ali'ziːʀən]
⊜ handelsfähig machen, etwas dienstbar machen

v. 상업화하다

Mit dem Eintritt in das Werbeunternehmen hat er seinen Umgang mit Kunst **kommerzialisiert**.
그는 광고 사업에 뛰어 들어 예술에 대한 접근 방식을 상업화했다.

akut [aˈkuːt]
⊜ dringlich, spontan

a. 긴급한, 시급한, 급성의

Die Umweltverschmutzung stellt eine **akute** Bedrohung für uns dar.
환경 오염은 우리에게 심각한 위협입니다.

ausschütten [ˈaʊsˌʃʏtn̩]
⊜ weggießen, auskippen

v. (물) 따라 붓다, 비우다, 분배하다

Die Regierung will bis zu 60 Prozent des Jahresgewinns an die
Aktionäre **ausschütten**.
정부는 연간 이익의 60 % 까지 주주들에게 분배하기를 원한다.

beschleunigen [bəˈʃlɔɪ̯nɪɡŋ̍]
⊜ erhöhen, beflügeln

v. 가속화하다, 촉진하다, 빨라지다

Viel Wärme **beschleunigt** das Wachstum von Pflanzen
많은 열이 식물의 성장을 촉진합니다.

anfällig [ˈanfɛlɪç]
⊜ ansteckend, empfindlich

a. 감염되기 쉬운, 저항력이 약한

Diese Rosensorte ist sehr **anfällig** für Schädlinge.
이 장미 품종은 해충에 매우 취약합니다.

vermutlich [fɛɐ̯ˈmuːtlɪç]
⊜ wahrscheinlich, voraussichtlich

a. 짐작컨대, 추측할 수 있는

Ich komme **vermutlich** eine Stunde später. 나는 아마 1 시간 후에 올 것이다.

rational [ˌʁatsi̯oˈnaːl]
⊜ vernunftgemäß, besonnen

a. 이성적인, 합리적인

Sind unsere politischen Ansichten die Folge **rationalen** und
logischen Abwägens? 우리의 정치적인 견해는 합리적이고 논리적인 숙고의 결과인가?

annehmen [ˈanˌneːmən]
⊜ vermuten, mutmaßen

v. 받다, 수락하다, 가정하다, 추측하다

Nehmen wir einmal **an**, dass wir kein Wasser hätten.
물이 없다고 가정합시다.

erfordern [ɛɐ̯ˈfɔʁdɐn]
⊜ benötigen, beanspruchen

v. 필요로 하다, 요구하다

Diese Tätigkeit **erfordert** viel Geduld. 이 활동에는 많은 인내가 필요합니다.

vollbringen [fɔlˈbʁɪŋən]
⊜ ausführen, beenden

v. 실행하다, 완성하다, 성취하다

Da hast du aber eine Meisterleistung **vollbracht**.
그러나 당신은 거기에서 탁월한 업적을 성취하였습니다.

ablaufen [ˈapˌlaʊ̯fn̩]
⊜ enden, ausgehen

v. 만료하다, 끝나다, 흘러나가다

Die Frist **läuft** nächsten Monat **ab**. 마감은 다음 달에 만료됩니다.

möglicherweise [ˈmøːklɪçɐˈvaɪ̯zə]
⊜ voraussichtlich, vielleicht

adv. 아마도, 필시

Möglicherweise war ein technischer Defekt an dem Unfall schuld.
아마도 기술 결함이 사고의 원인이다.

vermögen [fɛɐ̯ˈmøːɡŋ̍]
⊜ können, beherrschen

v. 할 수 있다, 성취시키다

Ich werde tun, was ich **vermag**. 나는 내가 할 수 있는 일을 할 것이다.

reichhaltig [ˈʀaɪ̯çˌhaltɪç]
⊜ vielfältig, massenhaft

a. 내용이 풍부한, 풍요한

Das gastronomische Angebot ist **reichhaltig** auf dem Weihnachtsmarkt im Stadtgarten.
시립 공원에 있는 크리스마스 마켓의 식당 상품들은 풍부하다.

---

erweisen [ɛɐ̯ˈvaɪ̯zn̩]
⊜ bezeigen, belegen

v. 증명하다, 입증되다, 나타내다

Es ist noch nicht **erwiesen**, dass er der Täter ist.
그가 범인임을 아직 증명하지 못했습니다.

---

anhand [anˈhant]
⊜ mittels, mithilfe

präp. ~의 도움으로, ~에 의해

Er wurde **anhand** des Fotos identifiziert.
그는 사진에 의해 확인 되었습니다.

---

letztlich [ˈlɛtstlɪç]
⊜ schließlich, endlich

a. 결국, 마침내, 마지막으로

Letztlich haben wir uns doch dagegen entschieden.
결국 우리는 그것에 반대하기로 결정했습니다.

---

geistig [ˈgaɪ̯stɪç]
⊜ mental, spirituell

a. 정신의, 심적, 영적

Der Dreiklang von körperlichem, seelischem und **geistigem** Wohlbefinden steht hinter allen unseren Maßnahmen.
육체적, 정신적, 영적인 안녕의 3 중 화음은 우리의 모든 행동의 기초가 됩니다.

---

bedienen [bəˈdiːnən]
⊜ anbieten, verwenden

v. 시중들다, 이용하다, 취급하다

Ich weiß nicht, wie man den Computer **bedient**.
나는 컴퓨터 이용 방법을 모르겠습니다.

---

vertreten [fɛɐ̯ˈtʀeːtn̩]
⊜ repräsentieren, ersetzen

v. 대변하다, 지지하다, 참석하다

Vor Gericht **vertritt** mich selbstverständlich mein Anwalt.
물론 내 변호사가 법정에서 나를 대변한다.

---

zusammenstellen
[tsuˈzamənʃtɛlən]
⊜ konfigurieren, klassifizieren

v. 총괄하다, 통합하다, 편성하다, 함께 두다

Der Trainer **stellt** eine ganz neue Mannschaft **zusammen**.
코치는 완전히 새로운 팀을 편성하고 있습니다.

---

sich lohnen [ˈloːnən]
⊜ beschenken, erstatten

v. 유익하다, 도움이 되다

Es **lohnt sich** nicht mehr, den alten Fernseher reparieren zu lassen.
그 오래된 TV 를 수리하는 것은 더 이상 가치가 없습니다.

öffentlich [ˈœfn̩tlɪç]
⊜ förmlich, allgemein

a. 공공연한, 공공의, 공적인

Die Ergebnisse der Prüfung wurden spät **öffentlich** gemacht.
시험 결과는 늦게 공개되었습니다.

---

faktisch [ˈfaktɪʃ]
⊜ absolut, richtig

a. 실제적인, 사실상의

Der **faktische** Nutzen ist gering. 실제 이익은 낮습니다.

---

strahlen [ˈʃtʀaːlən]
⊜ züngeln, aufleuchten

v. 광선을 발하다, 빛나다, 반짝이다

Sie **strahlte** vor Glück, als sie ihn sah. 그녀가 그를 보았을 때 그녀는 행복으로 빛났다.

ähneln [ˈɛːnḷn]
ⓢ gleichsehen, kongruieren

ⓥ 닮다, 비슷하다

Sie **ähnelt** ihrer Mutter. 그녀는 그녀의 어머니와 닮았습니다.

Basar [baˈzaːɐ̯]
ⓖ m s e

ⓝ 시장, 상점가

Der Kindergarten veranstaltet einen **Basar**. 유치원에서 바자회를 개최합니다.

Erfüllung [ɛɐ̯ˈfʏlʊŋ]
ⓖ f - en

ⓝ 성취, 채움, 실현, 이행

Er fand **Erfüllung** in dieser Aufgabe. 그는 이 일에 성취감을 느꼈다.

Symptom [zʏmpˈtoːm]
ⓖ n s e

ⓝ 증상, 징조, 특징

Die mit einem akuten Herzinfarkt verbundenen **Symptome** sind meist deutlich ausgeprägt. 급성 심근 경색과 관련된 증상은 대개 뚜렷하게 나타난다.

Hemmung [ˈhɛmʊŋ]
ⓖ f - en

ⓝ 저지, 장애, 망설임, 가책

Die Verbrecher handelten ohne jegliche **Hemmungen**.
범죄자들은 아무런 가책 없이 행동했다.

Wachstum [ˈvakstuːm]
ⓖ n s x

ⓝ 성장, 발육, 증대

Die neue Industrieanlage fördert das **Wachstum** der Produktion.
새로운 산업 플랜트는 생산 증가를 촉진합니다.

Wohlstand [ˈvoːlʃtant]
ⓖ m (e)s x

ⓝ 복지, 번영

Die meisten Einwanderer tragen zum **Wohlstand** der Insel bei.
대부분의 이민자들은 이 섬의 번영에 기여합니다.

Ausstattung [ˈaʊsˌʃtatʊŋ]
ⓖ f - en

ⓝ 장비, 채비, 장치

Andere Schulen beneiden die Grundschule um ihre tolle **Ausstattung**. 다른 학교들은 그 초등 학교의 멋진 시설을 부러워합니다.

Beschleunigung
[bəˈʃlɔɪnɪˌɡʊŋ]
ⓖ f - en

ⓝ 가속, 촉진

Eine **Beschleunigung** der Verfahren hilft allen.
그 절차의 가속화는 모든 사람들을 돕는다.

Fragebogen
[ˈfʀaːɡəˌboːɡn̩]
ⓖ m s -

ⓝ 설문지, 질문지

Für die Teilnahme müssen sie einen **Fragebogen** zu wesentlichen Aspekten rund um die Gesundheit ausfüllen.
참여하려면 본질적인 건강 견해에 대한 설문지를 작성해야 합니다.

Homonym [homoˈnyːm]
ⓖ n s e

ⓝ 동음이의어

Ein **Homonym** ist ein Wort mit zwei oder mehr unterschiedlichen Bedeutungen. 동음 이의어는 두 개 또는 그 이상의 다양한 의미를 지닌 단어입니다.

Synonym [ˌzynoˈnyːm]
ⓖ n s e

ⓝ 동의어

"Streichholz" und "Zündholz" sind **Synonyme**.
"Streichholz" 와 "Zündholz" 는 동의어입니다.

Antonym [anto'ny:m]

Ⓖ n s e

🔵 n. 반대말

"Heiß" ist ein **Antonym** zu "kalt". "Heiß" 은 "kalt" 에 대한 반의어입니다.

Schnurrbart ['ʃnʊʁˌbaːɐ̯t]

Ⓖ m (e)s ä-e

🔵 n. 코밑 수염

Der **Schnurrbart** ist der Klassiker unter den Bärten der 80er Jahre.
80 년대 수염 중의 콧수염은 고전적입니다.

Achsel ['aksl̩]

Ⓖ f - n

🔵 n. 겨드랑이

Sie rasiert sich die **Achseln**. 그녀는 겨드랑이를 면도합니다.

Erscheinung [ɛɐ̯'ʃaɪnʊŋ]

Ⓖ f - en

🔵 n. 현상, 풍채

Das ist eine eher seltene **Erscheinung**. 이것은 다소 드문 현상입니다.

Vorgang ['foːɐ̯ˌɡaŋ]

Ⓖ m (e)s ä-e

🔵 n. 과정, 경과

Er erforscht die chemischen **Vorgänge** bei der Fotosynthese.
그는 광합성의 화학적 과정을 연구합니다.

Antriebskraft ['antʀiːpskʀaft]

Ⓖ f - ä-e

🔵 n. 원동력

Bei der Nutzung des Wassers als **Antriebskraft** wird seine
kinetische Energie für den Antrieb von Maschinen verwendet.
물을 원동력으로 사용할 때 운동 에너지는 기계 장치를 구동하는 데 사용됩니다.

Ausprägung ['aʊ̯sˌpʀɛːɡʊŋ]

Ⓖ f - en

🔵 n. 주조, 특징

Je nach **Ausprägung** gibt es unterschiedliche
Behandlungsmöglichkeiten für diese Krankheit.
특징에 따라서 이 질병에 대한 다양한 치료 방법이 있다.

Spurengas ['ʃpuːʀəngaːs]

Ⓖ n es e

🔵 n. 배기가스

Niemand konnte bisher belegen, dass das **Spurengas** CO2 fürs Klima
verantwortlich ist.
배기가스의 이산화탄소가 기후에 책임이 있다는 것을 지금까지 아무도 증명할 수 없었습니다.

Eigenschaft ['aɪɡn̩ʃaft]

Ⓖ f - en

🔵 n. 성질, 특성, 특징

Gase haben die **Eigenschaft**, sich im Raum gleichmäßig
auszudehnen. 가스는 공간에서 균일하게 팽창하는 성질을 가지고 있다.

Verstärkung [fɛɐ̯'ʃtɛʀkʊŋ]

Ⓖ f - en

🔵 n. 강화, 보강, 증폭

Dieser Träger dient der **Verstärkung** der Deckenkonstruktion.
이 지지대는 천장 구조를 보강하는 역할을 합니다.

Anlass [ˈanˌlas]
G m es ä-e

n. 원인, 계기, 동인

Das ist kein **Anlass** zur Besorgnis. 그것은 걱정의 원인이 아닙니다.

Niederschlag [ˈniːdɐˌʃlaːk]
G m (e)s ä-e

n. 강수량, 침전물, 강타

Am späten Nachmittag kann es zu **Niederschlägen** kommen.
늦은 오후에 강우가 있을 수 있습니다.

Waldbrand [ˈvaltˌbʀant]
G m (e)s ä-e

n. 산불, 숲 화재

Ein heftiger **Waldbrand** wütet seit Tagen in Mittelschweden.
스웨덴 중부 지방에서 수 일 동안 거친 산불이 발생했습니다.

Krise [ˈkʀiːzə]
G f - n

n. 위기, 고비

Die enorme Steigerung der Ölpreise führte zu einer wirtschaftlichen **Krise**. 유가의 엄청난 상승은 경제 위기를 초래했습니다.

Versorgung [fɛɐ̯ˈzɔʀɡʊŋ]
G f - en

n. 공급, 생계, 부양, 돌봐줌

Menschen mit psychischen Erkrankungen müssen zu lange auf eine fachgerechte **Versorgung** warten.
정신 질환을 앓고 있는 사람들은 전문적인 치료를 위해 오래 기다려야 합니다.

Einigung [ˈaɪ̯nɪɡʊŋ]
G f - en

n. 화해, 합일, 통일

Wir konnten zu keiner **Einigung** kommen.
우리는 합의를 할 수 없었습니다.

Abkommen [ˈapˌkɔmən]
G n s -

n. 협약, 협정, 조약

Das neue **Abkommen** soll millionen Jobs schaffen.
그 새로운 협정은 수백만 개의 일자리를 창출해야 합니다.

Identifikation [idɛntifikaˈtsi̯oːn]
G f - en

n. 동일화, 동일성

Die **Identifikation** der Unfallopfer ist noch nicht abgeschlossen.
사고 희생자의 신원 확인은 아직 끝나지 않았습니다.

Identifizierung [idɛntifiˈtsiːʀʊŋ]
G f - en

n. 일치, 동일성, 신원확인

Der Polizei gelang die **Identifizierung** des Bankräubers.
경찰은 은행 강도의 신원 확인을 하는 데 성공했습니다.

Defizit [ˈdeːfitsɪt]
G n s e

n. 결손, 적자, 결핍

Statt eines **Defizits** weist der Haushaltsplan nun ein Plus von 10.000 Euro aus. 지금 예산안이 적자 대신 흑자 10,000 유로를 증명한다.

Zerstreuung [tsɛɐ̯ˈʃtʁɔɪ̯ʊŋ]
G f - en

n. 분산, 제거, 해소, 기분전환

Am Abend wurde viel **Zerstreuung** geboten.
저녁에는 많은 오락거리가 제공되었습니다.

Flagge [ˈflagə]
G f - n

n. 기, 깃발

Die Piraten hissten die **Flagge** mit dem Totenkopf.
해적들은 해골 깃발을 올렸습니다.

Gebiet [gəˈbiːt]
G n (e)s e

n. 지역, 영지, 영역, 분야

Im **Bahnhofsgebiet** findet man keinen Parkplatz.
기차역 구역에는 주차장이 없습니다.

soviel [zoˈfiːl]
⊜ ebenso viel, in gleicher Menge

konj. ~하는 한, 따르면

adv 그만큼, 그 정도의

Soviel ich weiß, sind die Geschäfte morgen geschlossen.
내가 아는 한 상점들은 내일 문을 닫습니다.

sich versetzen in [fɛɐ̯ˈzɛtsn̩]
⊜ umsetzen, eintauschen

v. 입장을 바꾸어 생각하다

Versuch doch mal, **dich in** meine Lage zu **versetzen**!
내 입장과 바꿔서 생각해 보세요!

hindeuten auf [ˈhɪnˌdɔɪ̯tən]
⊜ ankündigen, anzeigen

v. 가리키다, 암시하다

Die Symptome **deuten auf** einen Herzinfarkt **hin**.
그 증상은 심장 발작을 나타냅니다.

ausgehen von [ˈaʊ̯sˌgeːən]
⊜ entspringen, entstammen

v. 유래하다, 시작하다, 근거로 삼다

Die Initiative ist **von** der Regierung **ausgegangen**.
그 발의는 정부로부터 근거합니다.

dicht [dɪçt]
⊜ massig, voll

a. 빽빽한, 짙은

Unser Hund hat ein sehr **dichtes** Fell.
우리 개는 매우 빽빽한 털을 가지고 있습니다.

herauskommen [hɛˈʁaʊ̯sˌkɔmən]
⊜ ausgehen, enden

v. 나오다, 생겨나다, 결과가 되다

Das neue Automodell kommt nächstes Jahr **heraus**.
내년에 새로운 자동차 모델이 나올 것입니다.

konkret [kɔnˈkʁeːt]
⊜ existent, klar

a. 구체적인, 사실의, 객관적인

Ich habe noch keine **konkrete** Vorstellung davon, was ich machen will. 나는 내가 하고 싶은 일에 대해 구체적인 생각을 갖고 있지 않습니다.

räumlich ['ʁɔɪ̯mlɪç]
⊜ regional, örtlich

a. 공간의, 입체의, 3차원의

Für das **räumliche** Sehen sind zwei Augen nötig.
입체적으로 보기 위해서는 두개의 눈이 필요합니다.

---

vollständig ['fɔlʃtɛndɪç]
⊜ absolut, komplett

a. 완전한, 전체의

Das Dorf wurde bei dem Angriff **vollständig** zerstört.
마을은 공격에서 완전히 파괴되었습니다.

---

labil [la'biːl]
⊜ disharmonisch, anfällig

a. 불안정한, 병에 걸리기 쉬운

Die politische Lage im Land ist sehr **labil**.
나라의 정치 상황은 매우 불안정합니다.

---

zufällig ['ʦuːfɛlɪç]
⊜ unwillkürlich, unabsichtlich

a. 우연의, 돌발의, 아마

Weißt du **zufällig**, wann die Kinder nach Hause kommen?
너는 혹시 애들이 언제 집에 올지 알아?

---

konservativ [ˌkɔnzɛʁva'tiːf]
⊜ ältlich, antik

a. 보수적인, 전통적인, 재래의

Der Politiker ist **konservativ** eingestellt. 그 정치인은 보수적이다.

---

wehen ['veːən]
⊜ blasen, hauchen

v. (바람) 불다

Der Sturm **weht** stark aus Norden. 폭풍이 북쪽에서부터 강하게 불고 있다.

---

liberalisieren
[libeʁali'ziːʁən]
⊜ freier gestalten, von
  Einschränkungen befreien

v. 제한을 풀다, 자유화하다, 개방하다

Es muss seine Finanzmärkte öffnen und seine Währung
liberalisieren. 금융 시장을 개방하고 통화의 제한을 풀어야 합니다.

---

einseitig ['aɪ̯nˌzaɪ̯tɪç]
⊜ unobjektiv, eingleisig

a. 한쪽의, 편파적인, 주관적인

Ihre Darstellung der Sachlage ist zu **einseitig**.
상황의 묘사가 너무 편파적입니다.

Umfang ['ʊmfaŋ]
Ⓖ m (e)s ä-e

n. 주위, 둘레, 부피, 넓이, 범위

Das Unwetter richtete Schäden in beträchtlichem **Umfang** an.
폭풍으로 엄청난 범위의 피해가 발생했습니다.

Bedarf [bə'daʁf]
Ⓖ m (e)s e

n. 수요, 필요, 부족

Schon eine Orange deckt den täglichen **Bedarf** an Vitamin C.
한 개의 오렌지는 비타민 C 의 일일 요구 사항과 맞습니다.

Schicksalsschlag
['ʃɪkzaːlsˌʃlaːk]
Ⓖ m (e)s ä-e

n. 불행, 비운

Für diese positive Grundausstattung bin ich unglaublich dankbar,
weil ich sonst einige **Schicksalsschläge** nicht hätte überwinden
können. 나는 이 우수한 기본 시설에 대하여 대단히 감사하게 생각합니다. 그렇지 않으
면 나는 비운을 극복할 수 없었을 것이기 때문입니다.

Wahrnehmung ['vaːʁneːmʊŋ]
Ⓖ f - en

n. 인지, 지각, 대리

Die **Wahrnehmung** mit der Nase ist beim Hund besser ausgeprägt
als beim Menschen. 코가 가진 인지는 인간보다는 개에서 더 두드러진다.

Ausdauer [ˈaʊsdaʊɐ]
G *f* - x

n. 인내, 지구력, 끈기

Er hat bei dem Projekt enorme **Ausdauer** bewiesen.
그는 그 프로젝트에서 엄청난 끈기를 보여주었습니다.

Genuss [gəˈnʊs]
G *m es ü-e*

n. 즐김, 유쾌, 즐거움

Vor dem **Genuss** von Zigaretten wird immer wieder gewarnt.
담배의 즐거움은 언제나 경고 된다.

Ansicht [ˈanˌzɪçt]
G *f - en*

n. 의견, 견해, 생각, 그림

Er teilte uns seine **Ansicht** zu dem politischen Skandal mit.
그는 우리에게 정치 스캔들에 대한 그의 의견을 공유했다.

Erregung [ɛɐ̯ˈʁeːgʊŋ]
G *f - en*

n. 자극, 흥분, 야기

Ich kann deine **Erregung** verstehen, aber im Moment können wir nichts tun. 나는 너의 흥분을 이해할 수 있지만 우리는 지금 할 수 있는 게 없다.

Vers [fɛʁs]
G *m es e*

n. 운율, 시, 시행

Der erste **Vers** des Gedichtes umfasst fünf Wörter.
시의 첫 번째 구절에는 5 개의 단어를 포함한다.

Sehnsucht [ˈzeːnˌzʊχt]
G *f - ü-e*

n. 그리움, 갈망, 동경

Sie hatte **Sehnsucht** nach Italien. 그녀는 이탈리아를 동경했습니다.

Ehrfurcht [ˈeːɐ̯ˌfʊʁçt]
G *f* - x

n. 경외, 경외심

Wir hatten stets **Ehrfurcht** vor dem alten Mann.
우리는 항상 노인을 공경했습니다.

Beziehung [bəˈtsiːʊŋ]
G *f - en*

n. 관계, 관련, 교섭, 교제

Um in der Politik erfolgreich zu sein, braucht man **Beziehungen**.
정치에서 성공하려면 관계가 필요합니다.

Debatte [deˈbatə]
G *f - n*

n. 논쟁, 토론

Die Steuerreform hat eine heftige **Debatte** in der Öffentlichkeit ausgelöst. 세금 개혁으로 대중의 거친 논란이 생겼다.

Vormacht [ˈfoːɐ̯ˌmaχt]
G *f - ä-e*

n. 우세, 패권

Jegliche Kritik und Opposition wurde als Angriff gegen die **Vormacht** der Partei angesehen. 어떤 비판과 항론은 당의 패권에 대한 공격으로 간주되었다.

Verhalten [fɛɐ̯ˈhaltn̩]
G *n s -*

n. 행동, 태도

Ich kann sein **Verhalten** nicht verstehen. 나는 그의 행동을 이해할 수 없다.

Nachahmung [ˈnaːχˌʔaːmʊŋ]
G *f - en*

n. 모방, 모조, 모조품

Trotz mehrfacher Beschwerden wegen der **Nachahmung** von Designs hat Apple Xiaomi noch nicht verklagt.
디자인 모방에 대한 많은 불만에도 불구하고 Apple 은 아직 Xiaomi 를 고소하지 않았다.

Gattung ['gatʊŋ]
G *f - en*

n. 종류, 장르, 종

Der Steinbock gehört zur **Gattung** der Ziegen.
야생 산양은 염소 종에 속합니다.

Dürre ['dʏʀə]
G *f - n*

n. 건조, 가뭄

Das Land leidet unter einer anhaltenden **Dürre**.
이 나라는 장기적인 가뭄으로 어려움을 겪고 있습니다.

Konzern [kɔn'tsɛʀn]
G *m (e)s e*

n. 콘체른, 기업 결합 형태

Zu dem **Medienkonzern** gehören neben Verlagen auch Radio- und Fernsehsender. 출판사 외에도 미디어 그룹에는 라디오 및 TV 방송국도 포함됩니다.

Mittel ['mɪtl̩]
G *n s -*

n. 수단, 방법, 약
pl. 자금, 재력

Der Arzt hat mir ein **Mittel** gegen die Grippe verschrieben.
의사가 나에게 독감 약을 처방했습니다.

Währung ['vɛːʀʊŋ]
G *f - en*

n. 화폐, 통화

Die europäische **Währung** ist der Euro. 유럽 통화는 유로입니다.

Bestechung [bə'ʃtɛçʊŋ]
G *f - en*

n. 매수, 뇌물

Es ging um **Bestechung** und die Verantwortung für hunderte Tote bei Demonstrationen in Ägypten.
그것은 이집트 시위에서 수 백명의 사망자에 대한 뇌물 및 책임에 관한 내용이었습니다.

Einrichtung ['aɪ̯n,ʀɪçtʊŋ]
G *f - en*

n. 장치, 설비, 정리, 시설, 기관

Der Gewinn soll an eine soziale **Einrichtung** gespendet werden.
그 이윤은 사회 기관에 기부해야 합니다.

Korruption [kɔʀʊp'tsi̯oːn]
G *f - en*

n. 부패, 타락

In dieser Behörde wurden in der Vergangenheit bereits mehrere Fälle von **Korruption** aufgedeckt.
이 당국에서는 이미 과거에 여러 차례 부패 사례가 발표되었습니다.

Fälschung ['fɛlʃʊŋ]
G *f - en*

n. 위조, 모조

Dieses Bild ist kein Original, sondern eine **Fälschung**.
이 그림은 원본이 아니라 가짜입니다.

Betrug [bə'tʀuːk]
G *m (e)s ü-e*

n. 사기, 속임

Sie ist wegen **Betruges** zu einer Gefängnisstrafe verurteilt worden.
그녀는 사기 때문에 형을 선고받았습니다.

Angabe ['an,gaːbə]
G *f - n*

n. 진술, 언급, 착수금

Er hat der Polizei gegenüber falsche **Angaben** gemacht.
그는 경찰에게 거짓 진술을 하였습니다.

Übermüdung [ˈyːbɐmyːdʊŋ]

G *f - en*

n. 과로, 피로

Vor **Übermüdung** schlief er beim Autofahren ein.
피로 때문에 그는 운전 중에 잠 들었습니다.

Aufhebung [ˈaʊ̯fˌheːbʊŋ]

G *f - en*

n. 폐지, 종결

Paragraf 17 des Gesetzes ist hiermit **aufgehoben**.
법률 제 17 항이 폐지됩니다.

Hindernis [ˈhɪndɐnɪs]

G *n ses se*

n. 장애, 방해, 어려움

Nach dem Sturm lagen Bäume und Äste als **Hindernisse** auf der
Straße. 폭풍 후에 나무와 가지가 길가의 장애물이 되었습니다.

Enzym [ɛnˈʦyːm]

G *n s e*

n. 효소

Ein **Enzym** ist ein Biokatalysator, der eine biochemische Reaktion
bewirkt und beschleunigt. 효소는 생화학 반응을 일으키고 촉진시키는 생체 촉매입니다.

Widerspruch [ˈviːdɐʃpʀʊχ]

G *m (e)s ü-e*

n. 반대, 반박, 모순

Der Rechtsanwalt legte **Widerspruch** gegen das Urteil ein.
변호사는 평결에 항소했다.

Laut [laʊ̯t]

G *m (e)s e*

n. 소리, 음향, 음

Das Wort "Buch" besteht aus vier Buchstaben, aber nur aus drei
Lauten. Buch라는 단어는 4 개의 글자로 구성되어 있지만 오직 3 가지 소리로 구성됩니다.

Anweisung [ˈanˌvaɪ̯zʊŋ]

G *f - en*

n. 지정, 할당, 지시, 사용법, 지불

Man sollte die **Anweisungen** in der Gebrauchsanleitung genau
befolgen. 사용 지침의 지시를 정확하게 따라야 합니다.

Erbanlage [ɛʀpˈanˌlaːgə]

G *f - n*

n. 유전인자

Offensichtlich existiert beim Menschen eine **Erbanlage** für eine
allgemeine Anfälligkeit zur Drogensucht.
분명히 인간에게는 마약 중독에 저항력이 없는 유전인자가 존재합니다.

Vokal [voˈkaːl]

G *m s e*

n. 모음

Das Y kann sowohl **Vokal** sein als auch Konsonant.
Y 는 모음 뿐만 아니라 자음도 될 수 있습니다.

Klang [klaŋ]

G *m (e)s ä-e*

n. 소리, 음향, 음조

pl. 화음, 선율

Dieses Wort hat für mich einen angenehmen **Klang**.
이 단어는 나에게 편안한 소리를 낸다.

Abschluss [ˈapʃlʊs]

G *m es ü-e*

n. 폐쇄, 종결, 체결

Sie hat einen **Abschluss** in Medizin. 그녀는 의학 학위를 가지고 있습니다.

Dozent [do'tsɛnt]

G *m en en*

n. 대학 강사

Sie ist **Dozentin** an der philosophischen Fakultät.
그녀는 철학 학부의 강사입니다.

Wüste ['vyːstə]

G *f - n*

n. 사막, 황야

In der **Wüste** gibt es Sandstürme. 사막에는 모래 폭풍이 있습니다.

Spur [ʃpuːɐ̯]

G *f - en*

n. 발자국, 자취, 운전방향, 궤도

Der Täter hat keine **Spuren** hinterlassen. 범인은 흔적을 남기지 않았다.

Schicht [ʃɪçt]

G *f - en*

n. 층, 계층

Auf dem Wasser hatte sich eine **Eisschicht** gebildet.
얼음 층이 물 위에서 형성되었다.

Vortrag ['foːɐ̯ˌtʀaːk]

G *m (e)s ä-e*

n. 강연, 연주, 진술

Er hat einen interessanten **Vortrag** über seine Reise nach Indien
gehalten. 그는 그의 인도 여행에 관해 흥미로운 이야기를 나눴다.

Gespür [gə'ʃpyːɐ̯]

G *n s x*

n. 육감, 직감

Sie hat kein **Gespür** für die Stimmung anderer Menschen.
그녀는 다른 사람들의 분위기에 맞추는 눈치가 없습니다.

Umgang ['ʊmˌgaŋ]

G *m (e)s ä-e*

n. 교제, 관계, 사교

Der neue Manager musste noch den freundlichen **Umgang** mit den
Angestellten lernen. 새로운 매니저는 여전히 직원들과 친밀한 관계를 배워야 했습니다.

Begabung [bə'gaːbʊŋ]

G *f - en*

n. 재능, 천부적인 소질

Er hat eine natürliche **Begabung** für die Malerei.
그는 그림에 대한 타고난 재능을 가지고 있습니다.

Denkvermögen
[dɛŋkˌfɛɐ̯'møːgn̩]

G *n s -*

n. 사고력

Manche Psychopharmaka schränken das **Denkvermögen** ein.
일부 항정신성 약물은 사고력을 제한합니다.

Vorurteil ['foːɐ̯ʔʊʀˌtaɪ̯l]

G *n s e*

n. 선입견, 편견

Vorurteile haben einen großen Einfluss auf die Beziehung zu
unseren Mitmenschen. 편견은 인간 관계에 큰 영향을 미칩니다.

Veröffentlichung
[fɛɐ̯'ʔœfn̩tlɪçʊŋ]

G *f - en*

n. 공고, 발행, 출판, 출판물

Der Wissenschaftler hat mehrere **Veröffentlichungen** zu diesem
Thema geschrieben. 그 학자는 이 주제에 대한 여러 출판물을 작성했습니다.

Priorität [pʀioʀi'tɛːt]

G *f - en*

n. 우선권, 상위

Der Schutz der Umwelt muss absolute **Priorität** vor den Interessen
der Wirtschaft und der Industrie haben.
환경을 보호하는 것은 비즈니스와 산업의 이익보다 당연히 우선시되어야 합니다.

Befragte [bə'fʀa:ktə]
ⓖ *m/f n n*

ⓝ 질문 받는 사람, 응답자

60 % der **Befragten** fühlen sich vom Flugzeuglärm belästigt.
응답자의 60 % 는 항공기 소음을 성가시게 느낍니다.

Aussicht ['aʊs,zɪçt]
ⓖ *f - en*

ⓝ 조망, 전망, 고대

Wie stehen deine **Aussichten**, eine Anstellung zu bekommen?
일자리를 얻으려는 너의 전망은 어떻게 되니?

Kriterium [kʀi'te:ʀiʊm]
ⓖ *n s -rien*

ⓝ 표준, 기준

Nach welchen **Kriterien** stellt der Personalchef neue Mitarbeiter ein? 인사과장은 어떤 기준에 따라 신입 사원을 채용합니까?

Abwehrkraft ['apveːɐ̯ˌkʀaft]
ⓖ *f - ä-e*

ⓝ 방어력, 저항력

Gesunde Ernährung steigert die **Abwehrkräfte** des Körpers.
건강한 영양은 몸의 저항력을 향상시킵니다.

Gehirn [gə'hɪʀn]
ⓖ *n (e)s e*

ⓝ 뇌, 두뇌

Der Schädel schützt das **Gehirn** vor Verletzungen.
두개골은 뇌를 손상으로부터 보호합니다.

---

reißen ['ʀaɪsn̩]
⊜ bemächtigen, zerren

ⓥ 뜯다, 잡아채다, 당기다, 잡아 찢다

Der Hund bellte laut und **riss** an seiner Kette.
개는 큰 소리로 짖어 대며 사슬을 뜯었습니다.

---

vergüten [fɛɐ̯'gy:tn̩]
⊜ erstatten, entgelten

ⓥ 변상하다, 보상하다

Selbstverständlich **vergüten** wir Ihnen Ihre Unkosten.
물론 우리는 당신에게 기타 경비를 지급합니다.

---

veranschlagen
[fɛɐ̯'ʔanʃla:gn̩]
⊜ abwägen, einschätzen

ⓥ 어림잡다, 견적하다

Die Kosten wurden mit 100 Euro **veranschlagt**.
비용은 어림잡아 100 유로로 추산되었습니다.

---

untauglich ['ʊn,taʊklɪç]
⊜ ungeeignet, unfähig

ⓐ 쓸모없는, 부적격의

Gewalt ist ein **untaugliches** Mittel zur Erziehung.
폭력은 부적당한 교육 수단입니다.

---

lahmlegen ['la:m,le:gn̩]
⊜ paralysieren, betäuben

ⓥ 마비시키다

Der Computervirus **legte** zahlreiche Netzwerke **lahm**.
컴퓨터 바이러스가 많은 네트워크를 마비시켰습니다.

---

zuvorkommend
[tsu'fo:ɐ̯ˌkɔmənt]
⊜ gefällig, aufmerksam

ⓐ 눈치 빠른, 호의적인, 친절한

Sie war den Gästen gegenüber sehr **zuvorkommend**.
그녀는 손님들에게 매우 친절했습니다.

---

dämlich ['dɛ:mlɪç]
⊜ dumm, blöde

ⓐ 미련한, 우둔한

Was für eine **dämliche** Frage! 얼마나 어리석은 질문인가!

unfassbar [ʊnˈfasbaːɐ̯]
⊜ mystisch, unverständlich

a. 이해할 수 없는, 상상할 수 없는

Es ist **unfassbar**, wie das geschehen konnte. 어떻게 될지 상상할 수 없습니다.

---

einschüchtern [ˈaɪ̯nˌʃʏçtɐn]
⊜ bedrohen, erpressen

v. 위협하다, 겁주다

Lass dich durch ihre Drohungen nicht **einschüchtern**!
그들의 협박에 겁먹지 마십시오!

---

vor sich hin dösen

phr. 멍하니 있다

Er darf nicht im Unterricht **vor sich hin dösen**.
그는 수업시간에 졸지 말아야 합니다.

---

starren [ˈʃtaʀən]
⊜ anblicken, glotzen

v. 응시하다, 우뚝 솟아 있다

Er **starrte** an die Decke. 그는 천장을 쳐다보았다.

---

sich begeben [bəˈgeːbn̩]
⊜ sich ereignen, herumziehen

v. 가다, 일어나다, 생기다, 시작하다

Er **begab sich** nach dem Anruf sofort nach Hause.
그는 전화가 오자 마자 집으로 갔다.

---

unabdingbar [ˈʊnʔapˌdɪŋbaːɐ̯]
⊜ erforderlich, nötig

a. 필수적인, 불가결한

Latein ist für dieses Studium eine **unabdingbare** Voraussetzung.
이 연구에 라틴어는 필수적인 조건입니다.

---

tonangebend [ˈtɔnʔanˌgeːbn̩t]
⊜ dominierend, autoritär

a. 주도권이 있는, 지도적인

Diese Marke ist in Deutschland **tonangebend**.
이 브랜드는 독일에서 주도적이다.

---

ermahnen [ɛɐ̯ˈmaːnən]
⊜ appellieren, anraten

v. 경고하다, 주의주다

Sie **ermahnte** die Kinder, nicht zu laut zu sein.
그녀는 아이들에게 너무 큰 소리내지 말라고 경고했다.

---

zugunsten [ʦuˈgʊnstn̩]
⊜ um dessentwillen, für

präp. ~을 위해서

Wir sammeln Geld **zugunsten** behinderter Kinder.
우리는 장애 아동을 위한 기금을 마련합니다.

---

fahrig [ˈfaːʀɪç]
⊜ zappelig, konfus

a. 산만한, 방심한, 조심성 없는

Wegen seiner Nervosität macht er **fahrige** Bewegungen.
그의 긴장 때문에 그는 산만하게 움직인다.

---

ersehen [ɛɐ̯ˈzeːən]
⊜ erwählen, anschauen

ⓥ 알아채다, 식별하다

Wie Sie aus Ihren Unterlagen **ersehen**, ist unser Umsatz stark gestiegen. 당신의 기록에서 볼 수 있듯이 우리 매상이 급격히 증가했습니다.

---

schlottern [ˈʃlɔtɐn]
⊜ zittern, klappern

ⓥ 벌벌 떨다

Er **schlotterte** vor Kälte am ganzen Körper.
그는 감기 때문에 몸 전체를 떨었습니다.

---

schmiegen an [ˈʃmiːɡn̩]
⊜ kosen, zärteln

ⓥ ~에 달라붙다, 기대다

Das Mädchen **schmiegte** seine Wange **an** das weiche Fell der Katze.
그 소녀는 고양이의 부드러운 털을 그녀의 볼에 대었다.

---

nunmehr [ˈnuːnˌmeːɐ̯]
⊜ gerade, jetzig

adv. 지금부터, 이제

Wir werden das **nunmehr** anders machen.
우리는 지금부터 다르게 할 것입니다.

---

vorrangig [ˈfoːɐ̯ˌʀaŋɪç]
⊜ primär, zuerst

ⓐ 우선한, 더 중요한

Wir sollten uns zunächst der **vorrangigen** Arbeit zuwenden.
우리는 더 중요한 일을 먼저 해야 합니다.

---

fachkundig [ˈfaχˌkʊndɪç]
⊜ befähigt, autorisiert

ⓐ 숙련된, 전문지식을 지닌

Die **fachkundige** Montage setzt einen Fachmann voraus.
이 전문적인 조립은 전문가가 필요합니다.

---

restaurieren [ʀɛstaʊ̯ˈʀiːʀən]
⊜ ausbessern, renovieren

ⓥ 복원, 복구 ,회복하다

Ein kleiner Nebenraum der Kirche soll in nächster Zeit aufwändig **restauriert** werden. 그 교회의 작은 부속실은 곧 공들여서 복원될 것이라고 한다.

---

gruselig [ˈɡʀuːzəlɪç]
⊜ spukhaft, beklemmend

ⓐ 무서운, 기분 나쁜

Der Film war ziemlich **gruselig**. 그 영화는 매우 무서웠다.

---

scheuen [ˈʃɔɪ̯ən]
⊜ ausweichen, vermeiden

ⓥ 회피하다, 두려워하다, 망설이다

Sie haben keine Kosten **gescheut**, um doch noch Karten für dieses Konzert zu bekommen. 그들은 이 콘서트 티켓을 받기 위해 비용을 아끼지 않았습니다.

sprühen [ˈʃpʁyːən]
⊜ verspritzen, stieben

(v.) 흩날리다, 튀기다, 튀다, 반짝이다

Sie **sprüht** regelmäßig Wasser auf die Blätter ihrer Pflanzen.
그녀는 그녀의 식물 잎에 정기적으로 물을 뿌린다.

---

gebürtig [ɡəˈbʏʁtɪç]
⊜ geboren, beheimatet

(a.) 태생의, 출생의

Er ist ein **gebürtiger** Franzose. 그는 프랑스 출신이다.

---

randalieren [ʁandaˈliːʁən]
⊜ grölen, rasen

(v.) 소란을 피우다, 떠들다

Die Polizei nahm mehrere **randalierende** Jugendliche fest.
경찰은 여러 명의 난동 피우는 청년들을 체포했다.

---

erwischen [ɛʁˈvɪʃn̩]
⊜ ergreifen, aufschnappen

(v.) 체포하다, 목격하다, 우연히 얻다

Wenn du dich beeilst, **erwischst** du den 8-Uhr-Bus noch.
너는 서두른다면 8 시 버스를 잡을 것이다.

---

erneut [ɛʁˈnɔɪt]
⊜ abermals, neuerlich

(a.) 새롭게, 갱신된, 다시

Als er sich verbeugte, erklang **erneut** Beifall.
그가 인사했을 때 박수 소리가 다시 울렸다.

---

tatenlos [ˈtaːtn̩ˌloːs]
⊜ faul, träge

(a.) 게으른, 방관적인

Wir können doch nicht **tatenlos** zusehen, wie die Tiere misshandelt werden. 우리는 동물들이 학대당하는 것을 보면서 방관할 수 없습니다.

---

fluchen [ˈfluːχn̩]
⊜ schimpfen, beleidigen

(v.) 저주하다, 욕하다

"Verdammt", **fluchte** er, als er auf der Autobahn in einen Stau geriet.
그가 정체된 고속도로에서 운전했을 때, "젠장" 이라고 욕했다.

---

plagen [ˈplaːɡn̩]
⊜ anstrengen, hindern

(v.) 귀찮게 굴다, 괴롭히다

In dieser Gebirgsgegend **plagten** die Bauern ihre Esel häufig durch Überlastung. 이 산악 지대에서는 농부들이 종종 과적으로 당나귀를 힘들게 했다.

---

gleichermaßen [ˈɡlaɪçɐˈmaːsn̩]
⊜ ebenso, auch

(adv.) 같게, 같은 정도로

Der Lehrer ist bei seinen Schülern wie bei seinen Kollegen **gleichermaßen** beliebt. 그 교사는 학생과 동료 모두에게 똑같이 인기가 있습니다.

---

unterhalb [ˈʊntɐhalp]
⊜ abwärts, untenhin

(präp.) ~의 하부에, 하류에

Das Dorf liegt **unterhalb** der Burg. 그 마을은 성 아래에 있다.

---

ehrenamtlich [ˈeːʁənˌʔamtlɪç]
⊜ freiwilig, kostenlos

(a.) 명예직의, 무보수의

Seine **ehrenamtliche** Tätigkeit kostet ihn viel Zeit.
그는 봉사 활동에 많은 시간을 소비합니다.

---

pedantisch [ˌpeˈdantɪʃ]
⊜ haarspalterisch, kleinlich

(a.) 소인배의, 좀스러운

Besonders **pedantische** Menschen, die sehr kleinlich sind, werden als Korinthenkacker bezeichnet.
특히 매우 소심한 옹졸한 사람들을 소인배라고 합니다.

verschonen [fɛɐ̯ˈʃoːnən]
⊜ behüten, abwehren

_v._ 손상을 입히지 않다, 귀찮게 굴지 않다

Das Hochwasser hatte nur wenige Häuser **verschont**.
홍수는 겨우 몇 채의 집만 손상을 입히지 않았다.

---

kegeln [ˈkeːɡl̩n]
⊜ bosseln, umfallen

_v._ 볼링하다

Am Freitag gehen wir **kegeln**. 금요일에 우리는 볼링 치러 간다.

---

betteln [ˈbɛtl̩n]
⊜ schnorren, anflehen

_v._ 동냥하다, 조르다

Das Kind **bettelte** so lange, bis die Mutter ihm ein Eis kaufte.
아이는 엄마가 아이스크림을 사줄 때까지 졸랐다.

---

schnallen [ˈʃnalən]
⊜ binden, abklemmen

_v._ 묶다, 매다

Ich **schnalle** mir den Rucksack auf den Rücken. 나는 배낭을 등에 맨다.

---

hofieren [hoˈfiːʀən]
⊜ schmeicheln, einschleimen

_v._ 아첨하다, 비위를 맞추다

Er **hofiert** einen Künstler. 그는 예술가에게 아첨한다.

---

ebenbürtig [ˈeːbn̩ˌbʏʁtɪç]
⊜ gleichberechtigt, ebenmäßig

_a._ 동등한, 필적하는

Sie war ihrem Bruder in jeder Hinsicht **ebenbürtig**.
그녀는 모든 면에서 동생과 동등했다.

---

verschieben [fɛɐ̯ˈʃiːbn̩]
⊜ verzögern, hinausschieben

_v._ 밀다, 연기하다

Der Prüfungstermin wurde **verschoben**. 시험 날짜가 연기되었습니다.

---

verhältnismäßig
[fɛɐ̯ˈhɛltnɪsˌmɛːsɪç]
⊜ vergleichsweise, relativ

_a._ 비례하여, 균형잡힌, 비교적

Der Sommer in diesem Jahr war **verhältnismäßig** warm und
trocken. 올해 여름은 비교적 따뜻하고 건조했습니다.

---

bekleiden [bəˈklaɪ̯dn̩]
⊜ anziehen, einsetzen

_v._ 옷을 입히다, 지위를 차지하다

Er **bekleidet** eine Stellung mit geringer Verantwortung.
그는 일에 책임감이 없습니다.

---

berufen [bəˈʀuːfn̩]
⊜ bestellen, vorschlagen

_v._ 소환하다, 임명하다, 훈계하다

Er wurde als Minister nach Wien **berufen**. 그는 장관으로써 비엔나로 소환되었다.

---

halbwegs [ˈhalpveːks]
⊜ teilweise, halb

adv. 중도에, 중간에, 어느정도

Jeder **halbwegs** intelligente Mensch kann das nachvollziehen.
어느정도 지능이 있는 사람이라면 누구나 이해할 수 있습니다.

---

zubereiten [ˈtsuːbəˌʀaɪ̯tn̩]
⊜ kochen, anrühren

_v._ 음식을 준비하다, 조제하다

Erst brate ich die Schnitzel, dann bereite ich den Salat **zu**.
나는 먼저 돈가스를 튀기고 샐러드를 준비한다.

---

abrupt [apˈʀʊpt]
⊜ plötzlich, kurzatmig

_a._ 갑작스러운, 불의의

Wir mussten ein Gespräch **abrupt** beenden.
우리는 대화를 갑자기 끝내야 했습니다.

hartnäckig [ˈhaʁtˌnɛkɪç]
⊜ halsstarrig, chronisch

a. 완고한, 고집이 센, 오래가는

Wenn wir das erreichen wollen, müssen wir **hartnäckig** sein.
우리가 그것에 달성하기 원한다면 끈기가 있어야 합니다.

---

konzipieren [kɔntsiˈpiːʁən]
⊜ skizzieren, entwerfen

v. 기초하다, 구상하다, 계획하다

Hast du deine Diplomarbeit schon **konzipiert**?
너는 이미 석사논문을 구상했어?

---

wackelig [ˈvakəlɪç]
⊜ gebrechlich, labil

a. 흔들거리는, 불안정한

Unser Plan war ziemlich **wackelig**. 우리 계획은 꽤 불안정했다.

---

mittels [ˈmɪtl̩s]
⊜ durch, mithilfe

präp. ~에 의하여, ~의 도움으로

Die Holzkiste war nur **mittels** eines Brecheisens zu öffnen.
그 나무 상자는 쇠 지렛대로만 열 수 있습니다.

---

mithilfe [mɪtˈhɪlfə]
⊜ durch, mittels

präp. ~의 도움으로

Wir fällten den Baum **mithilfe** einer Kettensäge.
우리는 전기 톱을 사용하여 나무를 쓰러뜨렸습니다.

---

emanzipieren [emantsiˈpiːʁən]
⊜ abnabeln, befreien

v. 해방시키다

Es dauerte lange, bis sich die Lohnarbeiter **emanzipiert** hatten.
임금 노동자들이 해방되기까지는 오랜 시간이 걸렸다.

---

kursiv [kʊʁˈziːf]
⊜ schief, geneigt

a. 이탤릭체의, 사체의

Ich habe die betreffenden Wörter **kursiv** gesetzt.
나는 관련 단어를 기울임 꼴로 표시했습니다.

---

drängen [ˈdʁɛŋən]
⊜ drücken, aufrufen

v. 밀다, 떠밀다, 몰려들다, 독촉하다

Meine Frau hat mich dazu **gedrängt**, den alten Wagen zu verkaufen.
나의 아내는 나에게 그 오래된 차를 팔라고 독촉하였다.

---

schwindeln [ˈʃvɪndl̩n]
⊜ lügen, schwanken

v. 어지럽다, 속이다, 밀수하다

"Ich bin schon fünf Jahre alt" - "Na, hast du da nicht ein bisschen **geschwindelt**?" "나는 벌써 5 살이다." "음, 너는 그거 조금도 속이지 않았어?"

---

akustisch [aˈkʊstɪʃ]
⊜ auditiv, klanglich

a. 음향의, 청각의

Er hat seine elektrische gegen eine **akustische** Gitarre eingetauscht.
그는 그의 일렉 기타를 어쿠스틱 기타로 바꿨습니다.

---

ablenken von [ˈapˌlɛŋkn̩]
⊜ umbiegen, abweichen

v. 기분을 전환시키다, 관심을 돌리다

Lenk jetzt nicht **ab**! 지금 관심을 다른 데로 돌리지마!

---

stapeln [ˈʃtaːpl̩n]
⊜ aufschichten, aufsetzen

v. 쌓다, 쌓아 올리다

Im Keller **stapeln** sich die Kartons bis zur Decke.
지하실에는 상자들이 천장까지 쌓여 있습니다.

zersetzen [tsɛɐ̯ˈzɛtsn̩]
⊜ auflösen, angreifen

v. 분해, 용해하다, 녹이다, 해체되다

Das Metall der Nägel hat sich im Wasser **zersetzt**.
못의 금속은 물에서 분해됩니다.

---

hegen [ˈheːɡn̩]
⊜ hüten, umsorgen

v. 돌보다, 보호하다

Die Mutter **hegte** und pflegte ihren Sprössling.
어머니는 그녀의 자손을 보살피고 돌봤다.

---

kahl [kaːl]
⊜ haarlos, glatzköpfig

a. 대머리의, 민둥민둥한

Ich freue mich schon darauf, wenn die **kahlen** Bäume und Sträucher im Frühjahr wieder austreiben.
나는 봄에 민둥민둥한 나무와 숲에서 싹이 나오는 것을 기대하고 있습니다.

---

nieseln [ˈniːzl̩n]
⊜ rieseln, fisseln

v. 안개끼다, 보슬비가 내리다

Wie ist das Wetter? Schlecht, es **nieselt**.
날씨 어때요? 나빠요, 보슬비가 내려요.

---

imposant [ɪmpoˈzant]
⊜ eindrucksvoll, auffällig

a. 인상적인, 두드러진, 이목을 끄는

Ich habe noch nie ein derart **imposantes** Bauwerk gesehen.
나는 그런 인상적인 건축물을 아직 본 적이 없다.

---

prunkvoll [ˈpʀʊŋkfɔl]
⊜ prächtig, üppig

a. 화려한, 호화로운

Der soll diesmal besonders **prunkvoll** werden, denn es steht ein Jubiläum an. 이번에는 기념일이기 때문에 특히 화려해야 합니다.

---

errichten [ɛɐ̯ˈʀɪçtn̩]
⊜ aufbauen, etablieren

v. 세우다, 짓다, 창설하다

Auf diesem Gebiet wurde schließlich der neue Staat **errichtet**.
마침내 이 지역에서 새로운 국가가 세워졌다.

---

nachvollziehbar
[ˈnaːxfɔltsiːbaːɐ̯]
⊜ verständlich, logisch

a. 실감되는, 체험가능한

Angesichts der aktuellen Energiepolitik in Deutschland ist dies logisch und **nachvollziehbar**.
독일의 현재 에너지 정책을 감안할 때 이것은 논리적이고 이해할 수 있습니다.

---

nämlich [ˈnɛːmlɪç]
⊜ also, da

adv. 왜냐하면, 즉

Nächste Woche, **nämlich** am Dienstag, fahren wir in den Urlaub.
다음 주, 즉 화요일에, 우리는 휴가를 간다.

---

rege [ˈʀeːɡə]
⊜ lebhaft, impulsiv

a. 활기있는, 활달한, 생동적인

Auf den Straßen herrscht **reger** Verkehr. 거리에는 많은 교통량이 있습니다.

---

beiseite [ˌbaɪ̯ˈzaɪ̯tə]
⊜ neben, hinaus

adv. 옆에, 곁에, 측면으로, 딴쪽으로

Er stellte den Stuhl **beiseite**. 그는 의자를 옆에 세워 두었다.

verwirrt [fɛɐ̯'vɪʁt]
⊜ benommen, durcheinander

a. 혼란된, 당황한

Der Mann sah mich mit einem **verwirrten** Gesicht an.
그 남자는 혼란스러운 얼굴로 나를 보았다.

stottern ['ʃtɔtɐn]
⊜ stammeln, stocken

v. 말을 더듬다

Er **stotterte** eine verlegene Entschuldigung.
그는 말을 더듬거리고 어찌할 바를 모르며 사과를 했다.

nagen ['naːgn̩]
⊜ knabbern, abbeißen

v. 갉아먹다, 갉다, 핥다

Der Hund **nagt** an seinem Knochen. 그 개는 뼈를 갉아먹는다.

altertümlich ['altɐˌtyːmlɪç]
⊜ antiquarisch, obsolet

a. 고대의, 고풍의

Er hat den Roman noch auf einer **altertümlichen** mechanischen
Schreibmaschine getippt. 그는 여전히 고풍스러운 기계식 타자기에 소설을 입력했습니다.

demnächst [ˌdeːm'nɛːçst]
⊜ baldig, nah

adv. 곧, 바로 그 다음에

Sie wollen sich **demnächst** ein neues Auto anschaffen.
그들은 곧 새 차를 사기를 원한다.

zwischendurch
[tsvɪʃn̩'dʊʁç]
⊜ dazwischen, unterdessen

adv. 때때로, 가끔, 그 사이에, 중간에

Sie arbeiteten von acht bis fünfzehn Uhr und machten
zwischendurch nur eine kurze Pause zum Essen.
그들은 8 시부터 15 시까지 일하고 가끔 식사 사이에만 잠깐 쉬었다.

flott [flɔt]
⊜ flink, blitzschnell

a. 신속한, 민첩한, 재빠른

Der Bau des Hauses geht **flott** voran. 집 건설이 빠르게 진행되고 있습니다.

prompt [pʁɔmpt]
⊜ rasch, eilig

a. 민첩한, 즉각적인

Sie hat **prompt** auf meinen Brief geantwortet.
그녀는 내 편지에 즉시 응답했다.

optisch ['ɔptɪʃ]
⊜ visuell, erkennbar

a. 광학의, 시각의

Der **optische** Eindruck war umwerfend. 그 시각적 인상은 놀라웠습니다.

bürgen ['bʏʁgn̩]
⊜ garantieren, versichern

v. 보증하다, 책임지다

Sie brauchen eine Person, die für sie **bürgt**, sonst können wir Ihnen
den Kredit nicht gewähren. 당신을 보증할 수 있는 사람이 필요합니다, 그렇지 않
으면 우리는 대출을 승인할 수 없습니다.

turnen ['tʊʁnən]
⊜ gymnastizieren, Sport treiben

v. 체조를 하다

Er kann am Barren und Reck **turnen**.
그는 평행봉과 철봉에서 체조를 할 수 있습니다.

rühren von ['ʁyːʁən]
⊜ entstammen, hervorgehen

v. ~에서 유래하다

Die Schmerzen **rühren von** seiner Krankheit.
그 고통은 그의 병에서 비롯됩니다.

anlässlich [ˈanlɛslɪç]
⊜ aufgrund, angesichts

präp. ~의 기회에, ~를 맞이하여

Anlässlich seines Jubiläums gab es eine große Feier.
그의 기념일을 맞이하여 큰 행사가 있었습니다.

---

schlank [ʃlaŋk]
⊜ dünn, schmal

a. 날씬한, 가냘픈, 가늘고 긴

Du bist aber **schlank** geworden, hast du eine Diät gemacht?
그러나 당신은 날씬해졌습니다. 다이어트를 했습니까?

---

sich bewähren [bəˈvɛːʁən]
⊜ beweisen, prüfen

v. 입증되다, 확증되다

Dieses Medikament hat **sich** seit Jahren bestens **bewährt**.
이 약은 수년간 최고로 입증되었습니다.

---

verlässlich [ˌfɛɐ̯ˈlɛslɪç]
⊜ glaubwürdig, aufrichtig

a. 신뢰할 수 있는, 성실한, 확실한

Diese neue Technologie ist nicht immer **verlässlich**.
이 신기술은 항상 신뢰할 만한 것은 아닙니다.

---

hervorragend [hɛɐ̯ˈfoːɐ̯ʁaːgn̩t]
⊜ exzellent, eindrucksvoll

a. 탁월한, 뛰어난

Sie ist eine **hervorragende** Ärztin 그녀는 훌륭한 여의사입니다.

---

anschneiden [ˈanʃnaɪ̯dn̩]
⊜ nennen, andeuten

v. 질문을 제기하다, 언급하다

Das ist ein Problem, das ich schon lange einmal **anschneiden** wollte.
이것은 내가 오랫동안 언급하고 싶었던 문제입니다.

---

verhaften [fɛɐ̯ˈhaftn̩]
⊜ einsperren, aufgreifen

v. 체포하다, 구금하다

Die Polizei hat den Täter gefasst und gleich **verhaftet**.
경찰은 범인을 붙잡고 즉시 체포했다.

---

unschlüssig [ˈʊnʃlʏsɪç]
⊜ flatterhaft, unentschieden

a. 망설이는, 유유부단한

Ich bin mir noch **unschlüssig**, ob ich das Bild kaufen soll oder nicht.
나는 그 그림을 살지 말지 여전히 망설이고 있다.

---

vernehmen [fɛɐ̯ˈneːmən]
⊜ ausfragen, hören

v. 심문하다, 듣다

Die Polizei **vernimmt** den Verdächtigen. 경찰은 용의자를 심문한다.

---

nacheinander
[naːχʔaɪ̯ˈnandɐ]
⊜ hintereinander, aufeinander
folgend

adv. 차례로, 순서대로

Wir sollten die einzelnen Arbeitsschritte besser **nacheinander**
erledigen. 우리는 개별 작업 단계를 순서대로 더 잘 수행해야합니다.

---

abwechseln [ˈapˌvɛksl̩n]
⊜ verändern, Rollen tauschen

v. 교대하다

In seinem Leben **wechselten** sich Glück und Unglück ständig **ab**.
그의 삶에서 행복과 불행은 끊임없이 번갈아가며 바뀌었다.

---

läuten [ˈlɔɪ̯tn̩]
⊜ schallen, klingen

v. 울리다, 소리가 나다

Geh mal an die Tür. Ich glaube, es hat **geläutet**.
문으로 가봐. 나는 소리가 났다고 생각해.

ausweichen [ˈaʊ̯sˌvaɪ̯çən]
● umgehen, meiden

v. 피하다, 모면하다

Durch einen Sprung auf die Seite konnte er dem Auto gerade noch **ausweichen**. 그는 옆으로 뛰어서 차를 겨우 피할 수 있었습니다.

---

vorbeugen [ˈfoːɐ̯ˌbɔɪ̯gn̩]
● sichern, impfen

v. 예방하다, 구부리다

Er wollte sich impfen lassen, um einer Grippe **vorzubeugen**. 그는 독감 예방을 위해 예방 접종을 하고 싶었습니다.

---

gegeneinander [geːgn̩ʔaɪ̯ˈnandɐ]
● gegenseitig, beiderseits

adv. 서로서로, 맞서서

Sie tauschten ihre Gefangenen **gegeneinander** aus. 그들은 그들의 포로들을 서로 교환했다.

---

herum [hɛˈʀʊm]
● umher, rings

adv. 주위에, 둘레에, 주변에

Alle um uns **herum** waren schon informiert. 우리 주변에 있는 모든 이들은 이미 통지를 받았다.

---

umher [ʊmˈheːɐ̯]
● allseitig, ringsherum

adv. 사방에, 이리저리

Weit **umher** war die Landschaft ausgetrocknet. 그 지대는 사방이 삭막해졌다.

---

umliegend [ˈʊmˌliːgn̩t]
● nah, angrenzend

a. 부근의, 주변의

Es ist mir wichtig, die Ressourcen der **umliegend** Betriebe zu schonen. 주변 비즈니스의 리소스를 잘 다루는 것은 나에게 중요합니다.

---

drüben [dʀyːbn̩]
● jenseitig, entgegengesetzt

adv. 저승에서, 저 편에서

Unsere Freunde wohnen da **drüben**. 우리 친구들이 저쪽에서 산다.

---

sich auskennen [ˈaʊ̯sˌkɛnən]
● bewandert sein, mit etwas vertraut sein

v. 잘 알고 있다, 정통하다

Kennst du **dich** mit Computern **aus**? 컴퓨터를 잘 합니까?

---

abbiegen [ˈapˌbiːgn̩]
● umlenken, ableiten

v. 다른 방향으로 꺾다, 빠져 나오다

An der nächsten Kreuzung musst du nach rechts **abbiegen**. 다음 교차로에서 우회전해야 합니다.

---

geschickt [gəˈʃɪkt]
● begabt, gelehrig

a. 능숙한, 재치있는, 적합한

Sein Anwalt hat ihn **geschickt** verteidigt. 그의 변호사는 그를 솜씨 있게 변호했습니다.

---

schwören [ˈʃvøːʀən]
● zusichern, versprechen

v. 맹세하다, 확언하다, 다짐하다

Ich **schwöre** dir, dass es wahr ist. 나는 당신에게 그것이 사실이라는 것을 맹세합니다.

---

schwänzen [ˈʃvɛntsn̩]
● meiden, unterlassen

v. 빼먹다, 게으름 피워 빼먹다

Er hat die Schule **geschwänzt**. 그는 학교를 빼먹었습니다.

eingliedern [ˈaɪ̯nˌgliːdɐn]
⊜ aufnehmen, verknüpfen

v. 편입하다, 가입하다, 끼워 넣다

Der Trainer **gliederte** die neuen Spieler geschickt in die Mannschaft **ein**. 그 코치는 능숙하게 새 선수들을 팀에 영입했습니다.

---

ums Leben kommen

phr. 죽다

Sie **kam** bei einem tragischen Unfall **ums Leben**.
그녀는 비극적인 사고로 사망했습니다.

---

abhalten [ˈapˌhaltn̩]
⊜ hindern, durchführen

v. 개최하다, 막다, 지탱하다

Firewalls sollen Angriffe aus dem Internet **abhalten**.
방화벽은 인터넷 공격을 차단합니다.

---

sich vertragen [fɛɐ̯ˈtʀaːgn̩]
⊜ trauen, sich befreunden

v. 사이좋게 지내다, 화합하다

Die vier Schwestern **vertragen sich** gar nicht.
그 네 자매는 사이 좋게 지내지 않습니다.

---

sich versöhnen [fɛɐ̯ˈzøːnən]
⊜ aussöhnen, ausbalancieren

v. 화해하다, 다시 사이좋게 지내다

Er hat **sich** mit seiner Frau **versöhnt**. 그는 아내와 화해했습니다.

---

reizen [ˈʀaɪ̯tsn̩]
⊜ anheizen, flirten

v. 자극하다, 선동하다, 유혹하다

Die Aufgabe **reizt** mich. 그 일은 나를 자극합니다.

---

flirten [ˈfløːɐ̯tn̩]
⊜ bestricken, anreizen

v. 희롱하다, 시시덕거리다

Auf der Party gestern habe ich mit einem süßen Jungen **geflirtet**.
어제 그 파티에서 나는 귀여운 소년과 함께 시시덕거렸다.

anmachen ['an͜maχn̩] ⊜ anstecken, flirten	*v.*	유혹하다, 켜다, 부착하다 Mich würde jetzt ein leckeres Eis **anmachen**. 이제 맛있는 아이스크림이 나를 유혹할 것이다.
würdig ['vʏʁdɪç] ⊜ geeignet, angemessen	*a.*	어울리는, 적합한, 위엄 있는 Dieser Schund ist meiner nicht **würdig**! 이 쓰레기는 나에게 어울리지 않다!
niesen ['niːzn̩] ⊜ prusten, Luft ausstoßen	*v.*	재채기하다 Wenn jemand **niest**, dann wünscht man ihm "Gesundheit"! 누군가가 재채기를 할 때 "Gesundheit" 라고 말한다.
epidemisch [epiˈdeːmɪʃ] ⊜ ansteckend, infektiös	*a.*	유행성의, 전염의 Läuse übertragen das **epidemische** Fleckfieber, eine heute nur noch wenig bekannte Infektionskrankheit. 이는 오늘 날에는 잘 알려지지 않은 전염병인 유행성 발진티푸스를 전염시킵니다.
schweben ['ʃveːbn̩] ⊜ fliegen, baumeln	*v.*	부유하다, 공중에 떠돌다 Das Segelflugzeug **schwebte** dem Sonnenuntergang entgegen. 글라이더가 석양을 향해 떠있었습니다.
aufstoßen ['aʊfˌʃtoːsn̩] ⊜ rülpsen, aufprallen	*v.*	트림하다, 부딪치다 Weil er zu hastig gegessen hatte, musste er **aufstoßen**. 그는 너무 성급하게 먹어서 트림을 해야만 했다.
sich verrenken [fɛɐ̯ˈʁɛŋkn̩] ⊜ luxieren, sich auskugeln	*v.*	관절을 삐다 Er hatte **sich** bei einer hastigen Ausweichbewegung einen Fuß **verrenkt**. 그는 성급한 회피 동작으로 발을 삐었다.
sich vertreten [fɛɐ̯ˈtʁeːtn̩] ⊜ luxieren, sich verrenken	*v.*	발목을 접질리다, 삐다 Beim Aufstehen habe ich **mich vertreten** und kann jetzt nur vorsichtig gehen. 내가 일어났을 때 발목을 접질렀고, 지금은 오직 조심스럽게만 갈 수 있다.
sich verstauchen [fɛɐ̯ˈʃtaʊχn̩] ⊜ luxieren, sich verrenken	*v.*	삐게 하다, 탈구시키다 Sie haben **sich** den Ringfinger **verstaucht**. 당신은 약손가락을 삐었다.

lähmen [ˈlɛːmən]
⊜ abstumpfen, abtöten

v. 마비되다, 절름거리다

Das Nervengift Botulinumtoxin **lähmt** die Muskulatur.
신경독인 보툴리눔 독소는 근육을 마비시킵니다.

---

schwellen [ˈʃvɛlən]
⊜ aufblähen, auftreiben

v. 붓다, 부풀다, 팽창하다

Durch die Allergie waren seine Augen enorm **geschwollen**.
그는 알레르기로 인해 눈이 크게 부었습니다.

---

aufgedunsen [ˈaʊfɡəˌdʊnzn̩]
⊜ schwammig, massig

a. 부은, 부풀어오른

Ihr Gesicht war müde und **aufgedunsen**.
그녀의 얼굴은 피곤하고 부었습니다.

---

sich ausruhen [ˈaʊsˌʁuːən]
⊜ pausieren, ausspannen

v. 쉬게 하다

Nach dem Fünftausendmeterlauf werde ich **mich** zunächst **ausruhen** müssen. 5천 미터 달리기 후에 나는 먼저 휴식을 취해야 한다.

---

sich unterziehen
[ˌʊntɐˈtsiːən]
⊜ sich unterwerfen, sich unterordnen

v. 힘든 일을 떠맡다, 치르다

Wohl oder übel musste **sich** die Parteispitze einer Neuwahl **unterziehen**. 좋든 싫든 간에 당 지도부는 새로운 선거를 치러야 했다.

---

sich mäßigen [ˈmɛːsɪɡn̩]
⊜ verringern, abnehmen

v. 누그러지다, 완화되다, 절제하다

Mäßige dich in deiner Wortwahl. 단어 선택을 잘 해라!

---

sich aufhellen [ˈaʊfˌhɛlən]
⊜ erhellen, erleuchten

v. 날씨가 개다, 명백해지다

Der Himmel **hellte sich auf**. 하늘이 맑아지고 있다.

---

unbeständig [ˈʊnbəʃtɛndɪç]
⊜ beweglich, schwankend

a. 불안정한, 수시로 변하는

Das Wetter ist zur Zeit sehr **unbeständig**. 요즘 날씨는 매우 변덕스럽다.

---

unerträglich [ˈʊnʔɛɐ̯ˌtʁɛːklɪç]
⊜ unaushaltbar, belastend

a. 견딜 수 없는, 참을 수 없는

Die Schmerzen nach der Operation waren anfangs **unerträglich**.
수술 후 통증은 처음에는 참을 수 없었습니다.

---

welk [ˈvɛlk]
⊜ gealtert, erschlafft

a. 시든, 생기 잃은

Die Blumen werden schnell **welk**. 꽃이 빨리 시들어갑니다.

---

hinnehmen [ˈhɪnˌneːmən]
⊜ dulden, annehmen

v. 참고 견디다, 감수하다, 받아들이다

Wie kannst du sein Verhalten einfach so **hinnehmen**?
어떻게 그의 행동을 그렇게 간단하게 받아들일 수 있습니까?

---

behaglich [bəˈhaːklɪç]
⊜ angenehm, bequem

a. 안락한, 편안한, 쾌적한

Du hast dein Zimmer wirklich **behaglich** eingerichtet.
당신은 당신의 방을 정말로 편안하게 만들었습니다.

---

antiquarisch [antikvaˈʁiːʃ]
⊜ altertümlich, altmodisch

a. 오래된, 낡은, 고물의

Er hat **antiquarische** Bücher. 그는 낡은 서적들을 가지고 있다.

vorzüglich [foːɐ̯ˈtsyːklɪç]
⊜ auffällig, hervorragend

a. 우수한, 뛰어난, 주요한

adv. 주로, 특히

Der Sommelier hat einen **vorzüglichen** Wein ausgesucht.
그 소믈리에는 훌륭한 와인을 골라냈습니다.

---

vortrefflich [foːɐ̯ˈtʀɛflɪç]
⊜ hervorragend, ausgezeichnet

a. 우수한, 훌륭한, 완전한

Sie spielt **vortrefflich** Klavier. 그녀는 피아노를 아주 잘 연주합니다.

---

ausgezeichnet
[ˈaʊsɡəˌtsaɪ̯çnət]
⊜ außerordentlich, beispiellos

a. 뛰어난, 탁월한, 우수한

Danke der Nachfrage, es schmeckt **ausgezeichnet**!
물어봐 줘서 고마워, 정말 맛있어!

---

matt [mat]
⊜ schwächlich, trüb

a. 희미한, 광택없는, 지친, 힘 없는

Die **matten** Glühbirnen sind ausverkauft. 무광택 전구는 매진되었습니다.

---

stumpf [ʃtʊmpf]
⊜ schartig, ungeschliffen

a. 무딘, 꺼칠꺼칠한, 흐린

Das Messer war wirklich sehr **stumpf**. 이 칼은 정말로 매우 무디다.

---

nebenbei [neːbm̩ˈbaɪ̯]
⊜ **beiläufig, ungefähr**

adv. 부업의, 별도로, 틈틈이, 아울러

Er arbeitet **nebenbei** als Kellner. 그는 부업으로 웨이터로 일합니다.

---

wählerisch [ˈvɛːləʀɪʃ]
⊜ ungenügsam, anspruchsvoll

a. 까다로운

Als er noch jung war, war er sehr **wählerisch**, was das Essen betraf.
어렸을 때 그는 음식에 대해 매우 까다로웠습니다.

---

kitschig [ˈkɪtʃɪç]
⊜ unpassend, schlampig

a. 싸구려의, 저속한, 시시한

Er hat eine **kitschige** Vase. 그는 싸구려 꽃병을 가지고 있다.

---

freilich [ˈfʀaɪ̯lɪç]
⊜ sowieso, jedoch

a. 물론, 하지만

Freilich muss man auch bemerken, dass er in keiner Partie auf Sieg stand. 물론 그가 어떤 경기에서도 이기지 못했다는 것을 인지해야 한다.

---

pikant [piˈkant]
⊜ schmackhaft, würzig

a. 양념이 잘 쳐진, 매운, 외설스런

Rinder-Curry ist eine **pikante** Speise aus Fernost.
쇠고기 카레는 극동 지방의 매운 음식입니다.

---

ausführlich [ˈaʊsfyːɐ̯lɪç]
⊜ sorgfältig, detailliert

a. 상세한, 자세한

Ein Vortrag sollte nicht zu **ausführlich** sein, um die Hörer nicht zu überfordern. 강의는 청중에게 과하지 않게 너무 자세하지 않아야 합니다.

---

verseuchen [fɛɐ̯ˈzɔɪ̯çn̩]
⊜ verunreinigen, anschmieren

v. 오염시키다

Der austretende Klärschlamm begrub ein Dorf unter sich und **verseuchte** das Tal des Flusses.
누수 되는 하수 슬러지를 마을 아래에 묻고 강 유역을 오염시켰습니다.

unentbehrlich [ˈʊnʔɛntˌbeːɐ̯lɪç]
⇔ unabdingbar, notwendig

a. 없어서는 안될, 필수의

Das ist ein **unentbehrliches** Werkzeug. 이것은 필수 도구입니다.

---

herumschnüffeln [hɛˈʀʊmˌʃnʏf̩ln]
⇔ schnuppern, schnofeln

v. 염탐하다, 냄새를 맡으면 돌아다니다

Irgendjemand hat in meinen Sachen **herumgeschnüffelt**
누군가 내 일에 대해 염탐했다.

---

ungelegen [ˈʊngəˌleːgn̩]
⇔ abträglich, störend

a. 거북한, 불편한, 부적당한

Wenn es dir jetzt **ungelegen** ist, dann komme ich später nochmal vorbei. 지금 당신이 불편하다면 나중에 다시 들리겠습니다.

---

furzen [ˈfʊʁtsn̩]
⇔ pupsen, gasen

v. 방귀를 뀌다

Wage es ja nicht, während des Konzerts zu **furzen**! 콘서트 도중 방귀 뀌지매!

---

spinnen [ˈʃpɪnən]
⇔ verrückt sein, weben

v. 실을 잣다, 헛소리를 하다

Du **spinnst** ja wohl! 장난하니!

---

blühen [ˈblyːən]
⇔ gedeihen, aufleben

v. 개화하다, 번성하다

Die Kirschbäume **blühen** Anfang Mai. 5 월초에 벚꽃이 핀다.

---

beruhigen [bəˈʀuːɪgn̩]
⇔ entspannen, lockern

v. 달래다, 안심시키다, 완화하다

Die Mutter konnte das weinende Kind schnell wieder **beruhigen**. 그 어머니는 우는 아이를 금세 진정시켰습니다.

---

frittieren [fʀɪˈtiːʀən]
⇔ in Öl braten, in Fett baden

v. 기름에 튀기다

Die Kartoffelchips werden **frittiert**. 그 감자칩은 튀겨졌다.

---

ernten [ˈɛʁntn̩]
⇔ empfangen, gewinnen

v. 수확하다, 얻다

Im Sommer und Herbst wird **geerntet**. 여름과 가을에 수확됩니다.

---

unzulässig [ˈʊntsuːˌlɛsɪç]
⇔ gesetzwidrig, illegal

a. 금지된, 허용되지 않은

Ist es **unzulässig**, daraus zu zitieren? 그것을 인용하는 것은 금지되어 있습니까?

---

gestehen [gəˈʃteːən]
⇔ verraten, zugeben

v. 인정하다, 고백하다, 실토하다, 승인하다

Die Indizien sind klar, der Tatverdächtige muss den Mord nur noch **gestehen**. 증거는 분명합니다, 용의자는 살인을 인정해야 합니다.

ätzend [ˈɛtsn̩t]
⇔ bissig, bitterböse

a. 모욕적인, 무례한, 좋지 못한

Die Hausaufgaben sind **ätzend**. 그 숙제는 짜증난다.

---

gierig [ˈgiːʀɪç]
⇔ brünstig, lüstern

a. 탐욕스러운

Der Pirat starrte **gierig** auf die Schätze. 해적은 보물을 탐욕스럽게 바라보았다.

rächen [ˈʀɛçn̩]
⊜ vergelten, zurückgeben

🄥 복수, 보복하다

Nachdem Maria vergewaltigt worden war, **rächte** ihr Bruder sie, indem er den Täter erstach.
마리아가 강간당한 후, 그녀의 형제는 범인을 찔러서 복수했습니다.

---

vergelten [fɛɐ̯ˈɡɛltn̩]
⊜ ausbaden, zurückgeben

🄥 갚다, 대응하다, 보복, 보답하다

Wie soll ich dir deine Unterstützung **vergelten**? Das kann ich dir niemals vergelten. 내가 어떻게 당신의 도움을 갚겠습니까? 나는 결코 갚을 수 없을 것입니다.

---

zuzüglich [ˈtsuːtsyːklɪç]
⊜ mitgerechnet, plus

präp. ~을 가산하여, 포함하여

Alle Preise verstehen sich **zuzüglich** Mehrwertsteuer.
모든 가격은 부가가치세를 포함한 금액입니다.

---

behalten [bəˈhaltn̩]
⊜ beibehalten, aufbewahren

🄥 보유하다, 지니다, 보존하다

Die Blumen haben ihren Duft lange **behalten**.
그 꽃은 오랫동안 향기를 유지합니다.

---

vage [ˈvaːɡə]
⊜ andeutungsweise, ungenau

🄐 애매한, 모호한, 막연한

Bevor es losging, hatten wir nur eine sehr **vage** Vorstellung davon, was uns erwarten würde.
우리는 시작하기 전에 무엇이 우리들을 기다리고 있을 것인지 막연하게 생각했다.

---

rücken [ˈʀʏkn̩]
⊜ wegrücken, versetzen

🄥 약간 밀어 옮기다, 움직이다

Er **rückte** den Stuhl in die Ecke. 그는 의자를 구석으로 옮겼다.

---

exotisch [ɛˈksoːtɪʃ]
⊜ fremdländisch, ausländisch

🄐 이국풍의, 외국의, 외국산의

Manche Terrarientiere stammen aus **exotischen** Ländern.
일부 사육장 동물들은 외국에서 왔습니다.

---

diskret [dɪsˈkʀeːt]
⊜ geheim, dezent

🄐 신중한, 은밀한, 고상한

Statt per Beratung in der Apotheke informiert sich mancher Kunde vermeintlich **diskret** im Internet.
약국에서 상담하는 대신 일부 고객은 인터넷을 통해 신중하게 정보를 얻습니다.

---

unweigerlich [ʊnˈvaɪ̯ɡɐlɪç]
⊜ unumgänglich, gezwungenermaßen

🄐 거역할 수 없는, 피할 수 없는

Natürlich fürchtet sich die CDU vor dem **unweigerlichen** Machtverlust und kämpft mit allen Mitteln dagegen. 물론 독일 기독교 민주당은 필연적인 권력 상실을 두려워하기 때문에 온갖 수단을 다하여 싸웠습니다.

---

sich besinnen [bəˈzɪnən]
⊜ reflektieren, bedenken

🄥 숙고하다, 고려하다

Ich musste **mich** erst wieder **besinnen**, bevor ich überhaupt nur an eine Planung für morgen denken konnte.
나는 내일을 계획을 생각하기 전에 다시 한번 숙고해야 했다.

---

schief [ʃiːf]
⊜ krumm, schräg

🄐 기울어진, 비뚤어진, 비스듬한

Dieses Bild hängt ja ganz **schief**! 이 그림은 완전 비뚤어지게 걸려있다!

intim [ɪnˈtiːm]
⊜ persönlich, tief

a. 친한, 편한, 아늑한, 내연의

Von Schiller und Goethe wird behauptet, dass sie eine **intime** Freundschaft pflegten. 쉴러와 괴테는 친밀한 우정을 갖고 있다고 합니다.

---

perplex [pɛʁˈplɛks]
⊜ verblüfft, bestürzt

a. 당황한, 어리둥절한

"Das habe ich jetzt aber nicht erwartet", flüsterte sie **perplex**.
"나는 지금 그것을 기대하지 않았다" 고 그녀가 당황하며 속삭였다.

---

winken [ˈvɪŋkn̩]
⊜ zuwinken, ankündigen

v. 손짓으로 알리다, 신호를 하다

Wir **winkten** wie wild, aber er sah uns nicht.
우리는 격렬하게 손짓을 하였지만 그는 우리를 보지 못했습니다.

---

plaudern [ˈplaʊ̯dɐn]
⊜ quatschen, ratschen

v. 재잘거리다, 잡담하다

Sie **plauderten** über dies und das. 그들은 그냥 잡담을 했다.

---

verneinen [fɛʁˈnaɪ̯nən]
⊜ leugnen, ablehnen

v. 부정하다, 거부하다

Er **verneinte** die Frage ohne zu zögern. 그는 망설임 없이 질문을 거부했다.

---

knistern [ˈknɪstɐn]
⊜ prasseln, rascheln

v. 바스락거리는 소리가 나다

Während draußen der Schnee fiel, **knisterte** das Feuer im Kamin.
밖에서 눈이 내리는 동안 벽난로의 불은 바스락거렸다.

---

krachen [ˈkʁaxn̩]
⊜ knallen, knacken

v. 쿵 소리가 나다, 쾅 부딪치다

Es **krachte** gewaltig, als das Haus einstürzte.
집이 무너지면서 강하게 쾅 소리가 났다.

---

knallen [ˈknalən]
⊜ krachen, schnalzen

v. 쾅 소리가 나다, 쾅 부딪치다

Der Kanonenschlag hat ganz schön laut **geknallt**.
대포 공격은 아주 크게 쾅 소리가 났다.

---

glitzern [ˈglɪtsɐn]
⊜ funkeln, glänzen

v. 반짝거리다, 불꽃이 튀다

Ihr Kleid war auch silberfarben und **glitzerte** förmlich in der Dunkelheit. 그녀의 드레스는 은색이었고 어둠 속에서 예쁘게 반짝거렸다.

---

gleißen [ˈglaɪ̯sn̩]
⊜ glänzen, glitzern

v. 번쩍하다, 빛나다

An den Hängen blitzen Flecken von Firnschnee auf, und ringsum **gleißen** die Gipfel. 경사면에는 만년설이 빛나고 사방에서 산봉우리들이 반짝인다.

---

glühen [ˈglyːən]
⊜ glimmen, strahlen

v. 백열하다, 빛을 내다

Das Feuer **glüht** so stark, dass man kaum hinsehen kann.
불이 너무 강렬하게 빛나서 거의 볼 수 없습니다.

---

vorbildlich [ˈfoːɐ̯ˌbɪltlɪç]
⊜ mustergültig, nachahmenswert

a. 모범적인, 이상적인

Deine Arbeit ist von Allen am **vorbildlichsten** erledigt.
당신의 작업은 가장 모범적으로 수행되었습니다.

inmitten [ɪnˈmɪtn̩]

⊜ mitten, zwischendrin

präp. ~하는 중에, ~한가운데

Inmitten einer Menschenansammlung habe ich deinen Freund getroffen. 군중 한가운데서 나는 너의 친구를 만났다.

---

anfügen [ˈanˌfyːɡn̩]

⊜ anhängen, einsetzen

v. 덧붙이다, 첨가하다

Er wollte einem Gutachten einen Kommentar **anfügen**.
그는 보고서에 의견을 덧붙이기를 원했다.

---

einäugig [ˈaɪnˌʔɔɪɡɪç]

⊜ verblendet, voreingenommen

a. 외 눈의, 애꾸 눈의

Zyklopen sind **einäugige** Riesen aus der griechischen Mythologie.
사이클롭스는 그리스 신화에서의 외눈박이 거인입니다.

---

zaghaft [ˈtsaːkˌhaft]

⊜ schüchtern, scheu

a. 소심한, 주저하는

Sein **zaghaftes** Verhalten fiel den Kontrolleuren auf.
그의 주저하는 행동은 검시관의 눈에 띄었습니다.

---

sich beschäftigen mit
[bəˈʃɛftɪɡn̩]

⊜ behandeln, sich abgeben mit

v. ~에 시간을 보내다, 몰두하다, 다루다

Dann hätten sie **sich mit** Inhalten **beschäftigen** müssen.
그렇다면 그들은 내용에 몰두해야 했을 것입니다.

---

adaptieren [ˌadapˈtiːʀən]

⊜ anpassen, koordinieren

v. 적응시키다, 개조하다

Frank Elstner **adaptierte** verschiedene amerikanische Formate fürs deutsche Fernsehen. Frank Elstner는 독일 텔레비전에 다양한 미국 형식을 적용했습니다.

---

adoptieren [adɔpˈtiːʀən]

⊜ an Kindes Statt annehmen

v. 입양하다, 채택하다

Meine Mutter hat zwei Kinder aus Vietnam **adoptiert**.
우리 엄마는 베트남 출신의 두 아이를 입양하였습니다.

---

flüstern [ˈflʏstɐn]

⊜ leises Sprechen, tuscheln

v. 속삭이다, 소곤거리다

Meine Großmutter hat immer mit meiner Mutter **geflüstert**.
할머니는 항상 내 어머니에게 속삭였다.

---

murmeln [ˈmʊʀml̩n]

⊜ brummeln, raunen

v. 중얼거리다, 웅얼거리다

Was **murmelst** du da in deinen Bart? 너는 무엇을 중얼거리고 있니?

---

stammeln [ˈʃtaml̩n]

⊜ brabbeln, babbeln

v. 말을 더듬다

Was **stammelst** du denn da? 너는 뭐라고 말을 더듬는 거야?

übersiedeln [ˈyːbɐˌziːdl̩n]

⊜ umziehen, auswandern

v. 이주하다, 이사가다

Ich bin von Medellín nach Frankfurt **übergesiedelt**.
나는 메델린에서 프랑크푸르트로 이주하였습니다.

---

debütieren [debyˈtiːʀən]

⊜ anbrechen, ins Rollen kommen

v. 데뷔하다, 첫 무대에 서다

Sie **debütierte** auf der großen Bühne. 그녀는 큰 무대에서 데뷔했습니다.

sich befassen mit
[bə'fasn̩]
● beschäftigen, bearbeiten

(v.) ~을 다루다, 취급하다, 관련을 맺다

Der berühmte Naturforscher **befasste sich** Jahre lang **mit** Bäumen.
그 유명한 자연 연구자는 수년간 나무를 연구했습니다.

---

von klein auf

(phr.) 어려서부터

Frieda brachte ihn zu mir, und zwar, wie es sie **von klein auf** gelehrt worden ist. Frieda는 어린 시절부터 배웠던 것처럼 그를 데려왔다.

---

zischen ['tsɪʃn̩]
● pfeifen, rauschen

(v.) 쉿 소리를 내다

Die Luft **zischte** aus dem Reifen. 공기가 타이어에서 쉿 소리를 내며 나왔다.

---

salopp [za'lɔp]
● leger, lässig

(a.) 격의 없는, 격식을 차리지 않는, 가벼운

Sie fällt immer durch ihre **saloppe** Kleidung auf.
그녀는 항상 캐주얼한 옷으로 주목을 받고 있습니다.

---

souverän [ˌzuvə'ʀɛːn]
● dominant, erhaben

(a.) 주도권을 행사하는, 절대의

Man könnte Somaliland ‚**souverän**' nennen, doch international ist es das nicht, und die aus eigener Kraft erreichten Erfolge finden wenig Anerkennung. 사람들은 소말릴란드를 주권 국가라고 부를 수도 있으나 국제적으로는 그렇지 않다. 그리고 고유한 힘으로 성취된 성공들도 거의 인정을 받지 못한다.

---

aufdecken ['aʊf̯ˌdɛkn̩]
● aufzeigen, enthüllen

(v.) 벗기다, 패를 까 보이다, 폭로하다

Die Wahrsagerin **deckt** eine Tarotkarte **auf**. 점쟁이가 타로 카드를 까 보였다.

---

rinnen ['ʀɪnən]
● spärlich fließen, auslaufen

(v.) 흐르다, 흘러내리다, 새다

Die Tischdecke ist ganz nass geworden, weil die Kanne **rinnt**.
주전자가 새기 때문에 식탁보가 완전 젖었습니다.

---

zerrinnen [tsɛɐ̯'ʀɪnən]
● schmelzen, zerlaufen

(v.) 녹아내리다, 용해되다

Ganz dicht fielen die Tropfen und der letzte Rest Schnee **zerrann** zu Wasser. 방울이 완전 크게 떨어지고 마지막 남은 눈은 물로 녹아내렸다.

---

narrativ [naʀa'tiːf]
● erzählerisch, episch

(a.) 이야기하는, 서술적인

Ein **narrativer** Text ist ein literarisches Kunstwerk, in dem ein Erzähler als Vermittler zwischen Publikum und Erzählhandlung auftritt. 이야기체는 화자가 관객과 이야기 진행 사이의 중재자 역할을 하는 문학 작품이다.

---

herausgreifen
[hɛ'ʀaʊ̯sˌgʀaɪfn̩]
● ausziehen, ausreißen

(v.) 집어내다, 골라내다

Die Polizei hätte die Versammlung zunächst auflösen müssen, wenn sie sich einzelne Personen hätte **herausgreifen** wollen.
개개인을 골라 내고자 했다면 경찰은 먼저 그 집회를 해산시켜야 했다.

---

wirr [vɪʀ]
● chaotisch, blöd

(a.) 혼란한, 난잡한, 당황한

Mir wird ganz **wirr** im Kopf. 나는 머리가 완전히 혼란스럽다.

empfinden als [ɛmˈpfɪndn̩]

⊜ wahrnehmen, auffassen

ⓥ ~을 ~으로 여기다, 느끼다, 지각하다

Die erste Liebe wird allgemein **als** schön **empfunden**.
첫사랑은 보통 아름답다고 느껴집니다.

sich begnügen mit [bəˈgnyːgn̩]

⊜ zufrieden sein

ⓥ ~에 만족하다, ~을 납득하다

Frank ist immer so unsagbar gierig. Er sollte **sich** endlich einmal **mit** dem **begnügen**, was er hat.
프랭크는 항상 말할 수 없이 탐욕스럽다. 그는 한번이라도 자신이 가진 것에 만족해야 된다.

heranziehen [hɛˈʁanˌtsiːən]

⊜ berücksichtigen, herankommen

ⓥ 가까이 끌어당기다, 양성하다, 고려하다

Der Regierungschef machte deutlich, dass die Wirtschaft wachse und die Regierung auch andere Ressourcen **heranziehen** müsse.
정부 수반은 경제를 성장하고 정부가 다른 자원도 양성해야 함을 분명히 하였다.

involvieren [ɪnvɔlˈviːʁən]

⊜ umfassen, einschließen

ⓥ 포함하다, 포괄하다

Der Arbeitsvertrag **involviert** einen Lohn von 2000 Euro.
고용 계약에는 2000 유로의 임금이 포함됩니다.

befolgen [bəˈfɔlgn̩]

⊜ gehorchen, Acht geben

ⓥ 따르다, 복종하다, 고려하다

Sie **befolgte** den Befehl der Vorgesetzten sofort.
그녀는 즉시 상사의 명령을 따랐다.

ausweglos [ˈaʊ̯sveːkˌloːs]

⊜ unlösbar, desperat

ⓐ 절망적인, 가망없는, 출구없는

Wir hatten uns in eine **ausweglose** Lage gebracht.
우리는 절망적인 상황에 처해 있었습니다.

zickig [ˈtsɪkɪç]

⊜ störrisch, trotzig

ⓐ 개방적이 못되는, 융통성이 없는

Auch Kerle sind manchmal ganz schön **zickig**.
또한 남자들은 때때로 꽤 융통성이 없다.

spicken [ˈʃpɪkŋ]	ⓥ 커닝하다, 첨가하다, 매수하다
⊜ betrügen, abgucken	Sie hatte bei jeder Aufgabe **gespickt**. 그녀는 모든 숙제를 베꼈다.

necken [ˈnɛkŋ]	ⓥ 놀리다, 약올리다
⊜ veräppeln, scherzen	Ich habe dich doch nur ein bisschen **geneckt**. 나는 단지 너를 조금 놀렸을 뿐이다.

feig [faɪ̯k]	ⓐ 비겁한, 겁많은
⊜ memmenhaft, zaghaft	Er hat uns **feig** im Stich gelassen. 그는 비겁하게 우리를 방치했다.

hektisch [ˈhɛktɪʃ]	ⓐ 바쁜, 분주한, 산만한
⊜ eilig, durcheinander	Er litt noch viele Tage vor seinem Tode am **hektischen** Husten. 그는 죽기 전에 오랫동안 심한 기침으로 고생했습니다.

zynisch [ˈtsyːnɪʃ]	ⓐ 부끄럼을 모르는, 철면피한, 야비한
⊜ menschenfeindlich, schamlos	"Du bist ja eine hübsche junge Frau", warf er ihr **zynisch** an den Kopf. "당신은 젊고 예쁜 여성입니다." 라고 그는 부끄럼을 모르게 대놓고 말했다.

betreuen [bəˈtrɔɪ̯ən]	ⓥ 돌보다, 보호하다, 담당하다
⊜ sich kümmern, sich annehmen	Sie wohnt jetzt in einer Einrichtung für **betreutes** Wohnen. 그녀는 현재 보조 생활 시설에서 살고 있습니다.

straffällig [ʃtrafˈfɛlɪç]	ⓐ 처벌 받아야 할
⊜ haftpflichtig, schuldig	In Deutschland werden immer mehr ältere Autofahrer und Autofahrerinnen **straffällig**. 독일에서는 점점 나이 많은 운전자와 여성 운전자가 처벌받게 될 것이다.

adäquat [adɛˈkvaːt]	ⓐ 적당한, 적합한
⊜ geeignet, passend	Vakante Posten werden **adäquat** besetzt. 빈 우편물들은 적절하게 채워진다.

sich abwenden [ˈapˌvɛndŋ]	ⓥ 외면하다, 피하다, 막다, 예방하다
⊜ abwehren, abbiegen	Alle Freunde **wandten sich** von ihr **ab**, nachdem ihr der Doktortitel aberkannt worden war. 그녀가 박사 학위를 박탈당한 후에 모든 친구들이 그녀에게서 멀어졌습니다.

sich aufreiben [ˈaʊ̯fˌʁaɪ̯bn̩]
● anstrengen, müde machen

v. 녹초가 되다, 지치게 하다, 문지르다

Beim Völkerballturnier **rieben sich** die Kinder **auf**.
피구 토너먼트에서 아이들은 녹초가 되었다.

---

aufbringen [ˈaʊ̯fˌbʁɪŋən]
● besorgen, auftreiben

v. 조달하다, 퍼뜨리다, 자극하다

Die hohen Lohnnebenkosten können viele kleine Unternehmen kaum noch **aufbringen**. 많은 중소기업들이 높은 임금을 주기 어렵다.

Kompromiss [kɔmpʁoˈmɪs]
Ⓖ *m/n es e*

n. 타협, 협정, 화해

Politik ohne **Kompromisse** gibt es nur in einer Diktatur.
타협 없는 정치는 독재 국가에서만 존재한다.

Eingriff [ˈaɪ̯ngʁɪf]
Ⓖ *m (e)s e*

n. 간섭, 침해, 조작, 수술

Medizinische **Eingriffe** enthalten immer ein gewisses Risiko.
의료 수술은 항상 특정 위험을 포함합니다.

Küste [ˈkʏstə]
Ⓖ *f - n*

n. 해안, 연안

Sie gingen an der **Küste** entlang. 그들은 해안을 따라 걸었습니다.

Schild [ʃɪlt]
Ⓖ *n (e)s er*

n. 간판, 표지판

Die meisten **Schilder** sind heutzutage genormt und auf der ganzen Welt ähnlich oder gleich.
대부분의 표지판들은 오늘날 전세계 표준화되어 유사하거나 동일합니다.

Saurier [ˈzaʊ̯ʁi̯ɐ]
Ⓖ *m s -*

n. 공룡

Die **Saurier** sind nicht ganz ausgestorben, sie leben in Gestalt der Vögel bis heute. 공룡은 완전히 멸종된 것이 아니다. 오늘날까지 조류 형태로 살고 있다.

Filiale [fiˈli̯aːlə]
Ⓖ *f - n*

n. 지사, 지점, 체인점

Im März wird unsere Firma in München eine neue **Filiale** eröffnen.
3 월에 우리 회사는 뮌헨에 새로운 지점을 오픈 할 것입니다.

Besen [ˈbeːzn̩]
Ⓖ *m s -*

n. 비, 빗자루

Ein **Besen** oder Feger ist ein Gebrauchsgegenstand zum Zusammenkehren von Schmutz und Abfall auf Böden.
빗자루 또는 청소 솔은 바닥에 쓰레기와 더러운 것을 모아서 쓸기 위한 필수품입니다.

Anmerkung [ˈanˌmɛʁkʊŋ]
Ⓖ *f - en*

n. 논평, 주석, 각주

Anmerkungen dienen dazu, das Gesagte aus der bearbeiteten Literatur zu belegen. 주석은 다루는 문헌에서 무엇을 말하는지 증명합니다.

Tal [taːl]
Ⓖ *n (e)s ä-er*

n. 골짜기, 협곡

Wir marschieren durch dieses **Tal**. 우리는 이 계곡을 지나 행진합니다.

Fürst [fʏʁst]
Ⓖ *m en en*

n. 영주, 군주

Da er ein **Fürst** war, galt er als Angehöriger des Adels.
그는 군주였기 때문에 귀족의 일원으로 여겨졌다.

Auswanderung
['aʊ̯s,vandəʀʊŋ]

🄖 f - en

n. 이민, 이주

Die **Auswanderung** deutscher Staatsbürger hat in den vergangenen Jahren zugenommen. 최근 몇 년 동안 독일 시민의 이주가 증가했습니다.

Frist [fʀɪst]

🄖 f - en

n. 기한, 기간, 유예

Bis zur Prüfung hat er nur noch eine **Frist** von wenigen Wochen. 그는 시험까지 단지 몇 주간의 기간만 있습니다.

Säule ['zɔɪ̯lə]

🄖 f - n

n. 원주, 기둥

Ein Haus mit großen, weißen **Säulen**. 크고 흰 기둥이 있는 집.

Jenseits ['je:n,zaɪ̯ts]

🄖 n - x

n. 저승

Der ist jetzt im **Jenseits**. 그는 지금 저승에 있습니다.

Diesseits ['di:s,zaɪ̯ts]

🄖 n - x

n. 내세, 속세, 현세

Die Grenze zwischen **Diesseits** und Jenseits ist äußerst schmal. 이승과 저승의 경계는 매우 좁습니다.

Verhaftete [fɛɐ̯'haftətə]

🄖 m/f n n

n. 죄수

Der **Verhaftete** beteuerte seine Unschuld. 죄수는 그의 무죄를 단언했다.

Stab [ʃta:p]

🄖 m (e)s ä-e

n. 막대기, 장대

Er ging mit dem **Stab** in der Hand spazieren. 그는 손에 있는 지팡이로 산책했다.

Rohr [ʀo:ɐ̯]

🄖 n (e)s e

n. 갈대, 관, 통

Je näher man der Küste kommt, desto mehr kann man mit **Rohr** gedeckte Häuser finden. 해안에 가까이 갈수록 초가 지붕의 집이 더 많이 발견됩니다.

Zweig [tsvaɪ̯k]

🄖 m (e)s e

n. 가지, 잔 가지, 분과

Abgebrochene **Zweige** lagen am Boden. 부서진 나뭇가지들이 바닥에 깔려 있다.

Wurzel ['vʊʀts̩l]

🄖 f - n

n. 뿌리, 근원

Löwenzahn hat relativ tiefe **Wurzeln**. 민들레는 비교적 뿌리가 깊다.

Nagel ['na:gl̩]

🄖 m s ä-

n. 못, 손톱

Bei der Maniküre werden die **Nägel** gepflegt. 매니큐어를 하면 손톱이 보호됩니다.

Faden ['fa:dn̩]

🄖 m s ä-

n. 실

Also ich finde, in der Suppe waren so komische **Fäden**. 나는 수프 안에 있는 이상한 실을 발견했다.

Auswertung ['aʊ̯sve:ɐ̯tʊŋ]

🄖 f - en

n. 평가

Die **Auswertungen** der Testergebnisse wurden am Montag in der Lokalzeitung publiziert. 테스트 결과의 평가는 월요일에 현지 신문으로 발표되었습니다.

Zutat [ˈtsuːtaːt]
G f - en

🄝 식재료, 재료, 원료, 부가물

Ich muss noch die **Zutaten** für die Suppe heute Abend einkaufen.
나는 오늘 밤에 수프 재료를 사야한다.

Terminus [ˈtɛʁminʊs]
G m - -ni

🄝 전문용어, 술어

Termini sind im Rahmen einer Theorie begrifflich definierte Fachwörter. 술어는 이론의 맥락 개념의 전문 용어입니다.

Vorwand [ˈfoːɐ̯vant]
G m (e)s ä-e

🄝 핑계, 변명, 구실

Die Trauer um die Toten dient als **Vorwand**, um deutsche Schuld am Zweiten Weltkrieg zu leugnen.
죽은 자를 애도하는 것은 제 2차 세계 대전에서 독일의 죄를 부정하는 구실을 합니다.

Kürzel [ˈkʏʁts̩l]
G n s -

🄝 약부, 기호

Um nicht jedes Mal "zum Beispiel" ausschreiben zu müssen, kann man das **Kürzel** "z. B." benutzen.
매번 "zum Beispiel" 작성하지 않고 "z.B." 라는 약자를 사용할 수 있습니다.

Durchfall [ˈdʊʁçˌfal]
G m (e)s ä-e

🄝 설사, 실패

Plötzlich hatte er den Eindruck, **Durchfall** zu bekommen, und rannte auf die Toilette. 갑자기 그는 설사의 느낌을 받았고 화장실로 달려갔다.

Rivalität [ʁivaliˈtɛːt]
G f - en

🄝 경쟁, 대항

Es kam zu **Rivalitäten** in den Grenzbereichen der Straßengangs.
거리 갱단의 경계 지역에는 경쟁이 있었습니다.

Verfasser [ˌfɛɐ̯ˈfasɐ]
G m s -

🄝 필자, 저자

Der einzige, der nicht lachte, der vielmehr sehr erstaunt war, war der **Verfasser** dieser Geschichten höchstpersönlich.
웃지 않고 오히려 놀란 사람이 이야기의 저자입니다.

Vorhaben [ˈfoːɐ̯ˌhaːbn̩]
G n s -

🄝 계획, 의도

Ich durchschaue ihr dunkles **Vorhaben** und werde alles in meiner Macht stehende tun, um sie aufzuhalten!
나는 그녀의 어두운 의도를 보았고, 내 모든 능력으로 그녀를 막을 것이다!

Abtreibung [ˈapˌtʁaɪ̯bʊŋ]
G f - en

🄝 낙태

Sie erzählte, dass sie schon einmal eine **Abtreibung** gehabt habe, versteckt und illegal. 그녀는 숨어서 불법적으로 낙태를 했다고 말했다.

Sinnbild [ˈzɪnˌbɪlt]
G n (e)s er

🄝 상징, 표상, 비유

Der Sensenmann ist ein **Sinnbild** des Todes.
사신은 죽음의 상징입니다.

Erschaffung [ɛɐ̯ˈʃafʊŋ]
G f - en

🄝 창조, 생산, 창작

Das biblische Buch Genesis handelt unter anderem von der **Erschaffung** der Welt. 성서 창세기는 무엇보다도 세상 창조를 다룬다.

Einstellung [ˈaɪnˌʃtɛlʊŋ]
Ⓖ f - en

n. 정리, 조절, 고용, 입장, 견해

Um Cookies zu erlauben, müssen Sie in Ihrem Browser folgende **Einstellung** vornehmen. 쿠키를 허용하려면 브라우저에서 다음 설정을 해야 합니다.

Aussage [ˈaʊsˌzaːgə]
Ⓖ f - n

n. 진술, 보고, 확인

Er widerrief seine **Aussage**.
그는 진술을 철회했다.

Auseinandersetzung
[aʊsʔaɪˈnandɐˌzɛtsʊŋ]
Ⓖ f - en

n. 토론, 논쟁

Es war eine unrealistische Forderung, die zur kriegerischen **Auseinandersetzung** führen musste.
그것은 군사적 갈등으로 이어져야 하는 비현실적인 요구였습니다.

Zuschlag [ˈtsuːʃlaːk]
Ⓖ m (e)s ä-e

n. 할증요금, 가산금, 낙찰

Der **Zuschlag** durch erhöhte Transportkosten wird laufend angepasst. 증가된 운송 비용으로 인한 할증료는 계속 조정됩니다.

Kloster [ˈkloːstɐ]
Ⓖ n s ö-

n. 수도원, 수녀원

Im frühen Mittelalter waren **Klöster** die Bewahrer der Kultur und Zentren der Bildung. 중세 초기에 수도원은 문화와 교육 센터의 수호자였습니다.

Mönch [mœnç]
Ⓖ m (e)s e

n. 수도사, 승려

Nicht alle **Mönche** leben im Kloster.
모든 승려가 수도원에 살고 있는 것은 아닙니다.

Nonne [ˈnɔnə]
Ⓖ f - n

n. 수녀, 여승

Manchmal, so berichtet ein unbekannter Chronist um das Jahr 900, bieten die Sklavenhändler auch **Nonnen** feil.
900 년경의 어느 한 연대기의 저자는 노예 상인들은 이따금씩 수녀들 또한 팔았다고 보고한다.

Herkunft [ˈheːɐ̯kʊnft]
Ⓖ f - ü-e

n. 태생, 출신, 원천, 출처

Ein Großteil der in Deutschland lebenden Migranten ist türkischer **Herkunft**. 독일에 거주하는 대부분의 이민자들은 터키 출신이다.

Haufen [ˈhaʊfn̩]
Ⓖ m s -

n. 무리, 더미, 무더기

Der **Haufen** an Schrott im Vorgarten muss noch beseitigt werden.
앞 뜰에 있는 고철 더미는 제거되어야 합니다.

Ableiter [ˈapˌlaɪtɐ]
Ⓖ m s -

n. 피뢰침

Der aus dem Wasser herausragende Kopf eines Schwimmers kann dem Blitz nämlich geradezu als **Ableiter** dienen.
즉, 물 밖으로 튀어나온 부표의 머리는 전적으로 피뢰침 역할을 할 수 있다.

Vorrichtung [ˈfoːɐ̯ʀɪçtʊŋ]
Ⓖ f - en

n. 설비, 장치, 기구

Diese **Vorrichtung** dient zum Abbremsen von Eisenbahnwaggons.
이 장치는 철도 차량을 제동하는데 사용됩니다.

Leiter [ˈlaɪtɐ]

G m s -

🄝 지도자, 관리자, 도체

Der **Leiter** eines Unternehmens hat meist große Befugnisse.
회사의 리더는 일반적으로 큰 권한을 가지고 있습니다.

Leiter [ˈlaɪtɐ]

G f - n

🄝 사다리

Der Obstbauer lehnte eine **Leiter** an den Baum und stieg hinauf, um leichter die Früchte erreichen zu können.
과일 농부는 더 쉽게 과일에 닿을 수 있도록 나무에 사다리를 기대고 위로 올라갔습니다.

Vereinbarung
[fɛɐ̯ˈʔaɪnbaːʀʊŋ]

G f - en

🄝 약속, 약정, 협정

Wenn die erforderliche **Vereinbarung** mit einer Behörde fehlt, ist der Antrag nichtig. 당국과 필요한 합의가 누락된 경우 그 법안은 무효입니다.

Befürchtung [bəˈfʏʁçtʊŋ]

G f - en

🄝 공포, 근심

Seine **Befürchtung** die Prüfung nicht zu bestehen, ist glücklicherweise nicht eingetroffen.
시험을 통과하지 않을 것이라는 두려움은 다행스럽게도 실현되지 않았습니다.

Umstellung [ˈʊmʃtɛlʊŋ]

G f - en

🄝 전환, 치환, 포위

Die **Umstellung** führte zu teilweise chaotischen Verhältnissen, obwohl fast alle Zeitungen mehrfach auf die Veränderung hingewiesen hatten. 거의 모든 신문사에서 여러 번 변경 사항을 지적했지만, 이 변화는 부분적으로 혼란스러운 상황을 낳았습니다.

Schlauch [ʃlaʊχ]

G m (e)s ä-e

🄝 관, 호스, 튜브

Mit einem **Schlauch** bewässert man große Grünflächen in Parks.
호스로 공원 안에 큰 녹지를 관개합니다.

Schmied [ʃmiːt]

G m (e)s e

🄝 대장장이

Diesmal lassen wir uns einen Metallzaun vom **Schmied** herstellen.
이번에는 우리는 대장장이가 만든 금속 울타리를 생산하였습니다.

Held [hɛlt]

G m en en

🄝 영웅, 용사

Dieser **Held** rettete seine Frau und Kinder aus dem brennenden Haus. 이 영웅은 그의 아내와 아이들을 불타는 집에서 구출했습니다.

Angehörige [ˈangəˌhøːʀɪgə]

G m/f n n

🄝 가까운 일가, 친척, 구성원

Sie hatte nur wenige **Angehörige**, aber alle erschienen auf dem Begräbnis. 그녀에게는 친척이 거의 없었지만 모두 장례식에 나타났습니다.

Untergang [ˈʊntɐgaŋ]

G m (e)s ä-e

🄝 침몰, 몰락, 쇠퇴

Der **Untergang** der Titanic war eines der schlimmsten Ereignisse der zivilen Schifffahrt. 타이타닉의 침몰은 민간 항해의 가장 나쁜 사건 중 하나였다.

Mitglied [ˈmɪtˌgliːt]

G n (e)s er

🄝 구성원, 회원, 일원

Ria ist **Mitglied** im hiesigen Fußballverein. Ria 는 지역 축구 클럽 회원입니다.

ruhebedürftig
[ˈʀuːə̯bəˈdʏʁftɪç]
⊜ hundemüde, fertig

a. 휴식이 필요한

Ich bin sehr **ruhebedürftig**, mag die Stille und lese gern.
나는 휴식이 매우 필요하며, 조용한 곳에서 책을 읽고 싶다.

---

kollektiv [ˌkɔlɛkˈtiːf]
⊜ gegenseitig, gemeinschaftlich

a. 집합적인, 포괄적인, 공동의

Durch **kollektive** Anstrengungen können wir auch große Projekte, wie ein Wörterbuch, bewältigen.
공동의 노력을 통해 마치 사전과 같은 대규모 프로젝트를 처리할 수 있습니다.

---

beharren [bəˈhaʀən]
⊜ verbleiben, bestehen

v. 주장하다, 고집하다, 머물러 있다

Die iranische Regierung **beharrt** darauf, dass ihr Atomprogramm ausschließlich friedliche Zwecke verfolge.
이란 정부는 핵 계획이 오직 평화적인 목적만 추구한다고 주장한다.

---

plausibel [plaʊ̯ˈziːbl̩]
⊜ verständlich, nachvollziehbar

a. 납득이 가는, 설득력 있는, 그럴듯한

Das ist eine **plausible** Erklärung. 그것은 그럴듯한 설명입니다.

---

einsetzen [ˈaɪ̯nzɛtsn̩]
⊜ anstellen, starten

v. 삽입하다, 시작하다, 설치하다, 돈을 걸다

Heftiger Regen **setzte** ein, als wir das Auto am Anfang des steilen Pfades abstellten.
우리가 가파른 골목 시작 부분에 차를 잠시 주차 할 때 격렬한 비가 시작되었다.

---

anführen [ˈanˌfyːʀən]
⊜ anleiten, wörtlich wiedergeben

v. 이끌다, 인용하다, 언급하다

Ich habe ein Zitat von Manet **angeführt**. 나는 Manet 의 명언을 인용했다.

---

kreisen [ˈkʀaɪ̯zn̩]
⊜ umgehen, rotieren

v. 돌다, 순환하다

Die Erde **kreist** um die Sonne. 지구는 태양 주위를 공전합니다.

---

lauten auf [ˈlaʊ̯tn̩]
⊜ bedeuten, aussagen

v. ~의 내용을 갖다, ~라는 내용이다, ~의 혐의이다.

Die Anklage **lautet auf** schweren sexuellen Missbrauch von Kindern sowie in einem Fall auf Vergewaltigung.
혐의는 심각한 아동 성적 학대와 강간에 대한 것입니다.

---

erstaunen [ɛɐ̯ˈʃtaʊ̯nən]
⊜ erschrecken, überraschen

v. 놀라게 하다, 경탄하다

Sie **erstaunten** über die Leuchtkraft, die die Farben nach so langer Zeit noch hatten. 그들은 그처럼 오랫동안 색이 남아있는 광도에 놀랐습니다.

---

offenbar [ˈɔfn̩baːɐ̯]
⊜ unbestreitbar, klar

a. 공공연한, 분명한, 명료한, 눈에 보이는, 알려진

adv. 보아하니, 추측컨대

Offenbar wollte es ihr einfach nicht gelingen aus ihren Fehlern zu lernen. 명백하게 그녀는 실수에서 배우기를 원치 않았습니다.

---

beheben [bəˈheːbn̩]
⊜ reparieren, zurückziehen

v. 고치다, 극복하다

Er hat das Problem tatsächlich schnell **beheben** können.
그는 실제로 그 문제를 빨리 제거할 수 있었습니다.

allzu [ˈaltsuː]
⊜ extrem, stark

adv. 너무나, 아주, 극도로

Dabei habe ich Zuhause eigentlich nicht **allzu** viel gelernt. In der Regel habe ich nur den Stoff wiederholt und im Unterricht gut aufgepasst. 사실 나는 집에서 아주 많이 공부하지는 않는다. 나는 보통 그 자료를 반복해서 봤고 수업 시간에 잘 집중하였다.

---

zudem [tsuˈdeːm]
⊜ auch, außerdem

adv. 그 외에, 그 위에, 거기에다, 또한

Er muss **zudem** eine Disziplinarstrafe von 500 Euro zahlen. 그는 또한 500 유로의 징계를 지불해야 합니다.

---

ausweiten [ˈaʊ̯sˌvaɪ̯tn̩]
⊜ vergrößern, sich ausdehnen

v. 늘어나게 하다, 확장하다

Die Regierung möchte den Handel mit dem Ausland **ausweiten**. 정부는 외국과 무역을 확대하기를 원한다.

---

laut [laʊ̯t]
⊜ bezüglich, angesichts

präp. ~에 의하면, ~에 따라서

Laut DPA hat es bei dem Erdbeben 80 Tote gegeben. DPA 에 따르면 지진 발생 때 80 명이 사망했다.

---

gemäß [ɡəˈmɛːs]
⊜ zufolge, nach

präp. ~에 따라서, ~에 의거하여

Gemäß seinem Wunsch wurde auf der Feier kein Alkohol getrunken. 그의 소원은 축제 때 취하지 않는 것이다.

---

mittlerweile [mɪtlɐˈvaɪ̯lə]
⊜ während, inzwischen

adv. 그러는 사이에, 그 동안에

Mittlerweile ist es uns gelungen, das Rätsel zu lösen. 그 동안에 우리는 퍼즐을 풀 수 있었습니다.

---

beleben [bəˈleːbn̩]
⊜ ermutigen, verbessern

v. 생기를 주다, 소생시키다, 고무하다

Das frische Quellwasser **belebte** sie. 신선한 샘물이 그녀를 소생시켰습니다.

---

gewaltig [ɡəˈvaltɪç]
⊜ enorm, beträchtlich

a. 강력한, 권력있는, 인상적인, 대단한

Das macht aber einen **gewaltigen** Unterschied! 그러나 그것은 큰 차이를 만듭니다!

---

ankündigen [ˈanˌkʏndɪɡn̩]
⊜ andeuten, anzeigen

v. 예고하다, 알리다, 통지하다

Es wurde **angekündigt**, dass der Zug ein paar Minuten Verspätung habe. 기차가 몇 분 늦는다고 통지되었습니다.

Schaden anrichten

phr. 손해를 야기하다

Geschlechtskrankheiten können unerkannt viel **Schaden anrichten**. 성병은 알려지지 않은 병들을 일으킬 수 있습니다.

---

somit [zoˈmɪt]
⊜ infolgedessen, also

adv. 그러므로, 따라서

Kimmy hatte keinen Führerschein, **somit** musste Lin den Wagen fahren. Kimmy 는 운전 면허증이 없어서 Lin 이 차를 운전해야 했습니다.

schleudern [ˈʃlɔɪdɐn]
⊜ schnellen, werfen

🔵 v. 던지다, 고속으로 회전시키다, 미끄러지다

Sein Auto wurde kürzlich aus der Kurve **geschleudert**, da er nicht bemerkt hatte, dass die Straße glatt war.
그는 도로가 미끄럽다는 것을 알아차리지 못했기 때문에 그의 차는 커브에서 잠깐 미끄러졌다.

sich ableiten aus [ˈapˌlaɪtn̩]
⊜ begründen, herleiten

🔵 v. ~에서 파생하다, 유래하다

Das kann **sich aus** den Ergebnissen doch klar **ableiten**.
이것은 결과에서 명확하게 도출할 수 있습니다.

ablösen [ˈapˌløːzn̩]
⊜ abmachen, entlassen

🔵 v. 떼다, 분리하다, 교대하다

Ich löste meinen Bruder mit der Wache **ab**.
나는 내 동생과 경비를 교대하였다.

suggerieren [zʊgeˈʀiːʀən]
⊜ andeuten, beeinflussen

🔵 v. 암시하다, 착각을 유발하다

Die Art der Fragestellung **suggeriert** schon die Antwort.
질문 방법은 이미 대답에서 암시한다.

bereuen [bəˈʀɔɪən]
⊜ bedauern, büßen

🔵 v. 후회하다, 뉘우치다, 회개하다

Der Dieb **bereut** seine Tat. 도둑은 그의 범행을 후회한다.

sich zuwenden [ˈtsuːˌvɛndn̩]
⊜ sich richten, lenken

🔵 v. ~로 향하다, 열중하다, 종사하다

Das Vorbild der Zeitung lesenden Eltern bewirkt in manchen Fällen, dass **sich** die Jugendlichen ebenfalls dem Printmedium **zuwenden**.
어떤 경우에는 부모의 신문 읽기의 모범이 젊은 사람들의 인쇄 매체에 관심을 갖는데 영향을 미친다.

verehren [fɛɐ̯ˈʔeːʀən]
⊜ anbeten, hochachten

🔵 v. 숭배하다, 존경하다

Ich habe Ihre Frau Mutter bereits viele Jahre heimlich **verehrt**, ehe ich ihr meine Gefühle offenbarte.
내 감정을 드러내기 전부터 수년 동안 몰래 당신의 어머니를 존경했습니다.

zurückgreifen auf [tsuˈʀʏkˌgʀaɪfn̩]
⊜ sich berufen, sich beziehen

🔵 v. ~에 손대다, 이용하다, 소급하다

Diese Untersuchung **greift auf** eine vergleichsweise breite Literaturauswahl sowie auf bislang unveröffentlichtes Archivmaterial **zurück**. 이 연구는 이전에 출판되지 않은 자료 뿐만 아니라 비교적 광범위한 문헌 선택을 이용하고 있습니다.

grob [gʀoːp]
⊜ unmanierlich, wild

🔵 a. 거친, 굵은, 격렬한, 중대한

Der Stein ist bisher nur **grob** behauen. 그 돌은 지금까지 거칠게 다듬어졌다.

anregen [ˈanˌʀeːgn̩]
⊜ affizieren, ermuntern

🔵 v. 고무하다, 촉진하다, 자극하다

Das **regt** die Verdauung **an**, hört man dann. 이것은 소화를 자극한다고 들었다.

abschneiden bei [ˈapˌʃnaɪdn̩]
⊜ als Resultat haben, abschließen

🔵 v. ~의 결과를 갖다, 성과를 갖다

Dieser Sportler **schneidet** sehr gut **ab**.
이 운동 선수는 매우 좋은 성과를 갖는다.

Tag 0701~0800

widmen [ˈvɪtmən] ⊜ dotieren, schenken	ⓥ 바치다, 헌정하다, 전념하다 Er **widmete** sein neues Buch seiner Frau. 그는 그의 아내에게 그의 새 책을 바쳤다.
ausfallen [ˈaʊsˌfalən] ⊜ scheitern, gelingen	ⓥ 빠지다, ~의 결과를 갖다, 소실되다 Die Klausur **fiel** wesentlich besser als erwartet **aus**. 시험 성적은 기대했던 것 보다 좋았다.
sanft [zanft] ⊜ warmherzig, zart	ⓐ 부드러운, 온순한, 유연한, 잔잔한 Dieses Hemd ist aus einem sehr **sanften** Stoff gefertigt. 이 셔츠는 매우 부드러운 천으로 만들어졌습니다.
klischeehaft [kliˈʃeːhaft] ⊜ bürokratisch, schematisch	ⓐ 상투적인, 진부한 Warum müssen die beiden stets so ein **klischeehaftes** Verhalten an den Tag legen? 왜 그들은 항상 진부한 행동을 해야 합니까?
ästhetisch [ˌɛsˈteːtɪʃ] ⊜ kunstvoll, reizvoll	ⓐ 미학적인, 미적인 Die Besitzer legen auf eine **ästhetische** Gestaltung großen Wert. 그 소유자는 미적인 구성을 크게 중시합니다.
gelangen [gəˈlaŋən] ⊜ Erfolg haben, erlangen	ⓥ 도달하다, 이르다 Nach mehreren Stunden Aufstieg **gelangten** wir zur Schutzhütte. 몇 시간의 등반 후에 우리는 피난소에 도착했다.
veranlassen [fɛɐ̯ˈʔanlasn̩] ⊜ verursachen, bringen zu	ⓥ 유발하다, 야기하다 Was **veranlasste** dich dazu, dein Studium abzubrechen? 너는 무엇 때문에 학업을 포기했어?
abgenutzt [ˈapgeˌnʊtst] ⊜ abgebraucht, abgestumpft	ⓐ 낡은, 닳은 "Den Küchentisch haben wir schon so lange, die Oberfläche ist total **abgenutzt**." 우리가 너무 오랫동안 식탁을 가지고 있어서 그 표면은 완전히 마모되었다.
anheften [ˈanˌhɛftn̩] ⊜ befestigen, feststecken	ⓥ ~에 붙이다, 철하다 "Ich will zu Papa", steht auf dem Transparent geschrieben, das auf dem Kinderbuggy des kleinen Abubakar **angeheftet** ist. Abubakar 가 타고 있는 유모차에 붙여진 현수막엔 "나는 아빠한테 가고 싶어요" 라고 쓰여있다.

haften für ['haftn̩]
⊜ verantworten, sich verbürgen

v. ~에 책임을 지다

Banker sollten **für** ihre Verluste selbst **haften**.
은행가는 손실에 대해 스스로 책임을 져야합니다.

inzwischen [ɪn'tsvɪʃn̩]
⊜ mittlerweile, während

adv. 그 동안에, 그러는 사이에

Während sie noch spielten, konnten wir **inzwischen** die nötigen Vorbereitungen treffen. 그들이 놀고 있는 동안 우리는 필요한 준비를 할 수 있었습니다.

erteilen [ɛɐ̯'taɪlən]
⊜ erlauben, gewähren

v. 나누어 주다, 승낙하다

Ich kann Ihnen in der Angelegenheit leider keine Auskunft **erteilen**.
나는 당신에게 그 일에 관한 어떤 정보도 줄 수 없습니다.

unumgänglich [ˌʊnʔʊm'ɡɛŋlɪç]
⊜ erforderlich, unabwendbar

a. 꼭 필요한, 불가피한

Eine vorherige Anmeldung zur Prüfung ist **unumgänglich**.
시험에 대한 사전 등록은 꼭 필요합니다.

ablegen ['apˌleːɡn̩]
⊜ abnehmen, leisten

v. 이행하다, 벗다

Morgen **lege** ich die Prüfung in Schwedisch **ab**.
내일 스웨덴어 시험에 응시합니다.

betten ['bɛtn̩]
⊜ unterbringen, platzieren

v. 숙박시키다

Er hat sich weich **gebettet** und schlief bald ein.
그는 부드럽게 잠자리를 폈고, 곧 잠이 들었습니다.

beten ['beːtn̩]
⊜ anflehen, beschwören

v. 기도하다, 빌다

Ich **bete**, dass die beiden wieder heil nach Hause zurückkommen.
두 사람이 안전하게 집에 돌아올 수 있기를 기도합니다.

imstande [ˌɪm'ʃtandə]
⊜ fähig, möglich

adv. 능력이 있는, 할 수 있는

Ich bin leider nicht **imstande**, dir zu helfen. 불행히도 나는 너를 도울 수 없다.

durchfallen ['dʊʁçˌfalən]
⊜ nicht bestehen, scheitern

v. 실패하다, 시험에 떨어지다

Er hat einen Test gefunden, bei dem erschreckend viele Männer **durchfallen**. 그는 놀랄 만큼 많은 남성들이 실패하는 시험을 발견했습니다.

überbrücken [yːbɐ'bʁʏkn̩]
⊜ überwinden, eine Brücke bauen

v. 극복하다, ~에 다리를 놓다

Als im Zweiten Weltkrieg viele wichtige Brücken von den Deutschen zerstört wurden, haben die Alliierten einige Flüsse provisorisch **überbrückt**. 제 2 차 세계 대전 당시 독일인들에 의해 많은 중요한 다리가 파괴되었을 때, 동맹국들은 일부 강에 임시적으로 다리를 놓았습니다.

fällig ['fɛlɪç]
⊜ unbezahlt, offen stehend

a. 만기의, 지불 기한이 다 된

Beim Fixgeschäft ist die Leistung nach Vertragsschluss unmittelbar **fällig**, auch wenn die Zahlung mit Ziel vereinbart wird.
정기 거래의 경우 지불 기한이 합의 되었어도 지불은 계약 체결 후 즉시 이행되어야 합니다.

erschließen [ɛɐ̯'ʃliːsn̩]
🔵 herausfinden, aufdecken

Ⓥ 이해되다, 이용하다, 개척하다

Das Baugelände ist voll **erschlossen**. 이 건축 부지는 완전히 개척되었습니다.

---

eindeutig ['aɪ̯nˌdɔɪ̯tɪç]
🔵 aufrichtig, deutlich

Ⓐ 명백한, 명확한

Dieser Brief ist eine **eindeutige** Absage. 이 편지는 명백하게 거절 되었습니다.

---

unmittelbar ['ʊnˌmɪtl̩baːɐ̯]
🔵 direkt, unverzüglich

Ⓐ 직접의, 직접적인

Wir haben hier **unmittelbaren** Kontakt zur Bevölkerung.
우리는 여기서 주민과 직접적으로 연락하고 있습니다.

überlassen [yːbɐ'lasn̩]
🔵 abgeben, ablassen

Ⓥ 넘겨주다, 맡기다

Da sie arbeiten muss, **überlässt** sie ihre Kinder der Schwiegermutter.
그녀는 일 때문에 시어머니에게 자녀를 맡깁니다.

---

anderthalb ['andɐt'halp]
🔵 eineinhalb

ⓐⓓⓥ 일과 이분의 일 (1½)

Nach **anderthalb** Jahren hat sich ihre Tochter wieder bei ihr
gemeldet. 1 년 반 후에 그녀의 딸이 다시 연락을 했습니다.

---

entnehmen [ɛnt'neːmən]
🔵 herausnehmen, abtrennen

Ⓥ 끄집어내다, 추론하다

Seinem Gesichtsausdruck **entnahm** ich, dass er mir etwas
verschwieg. 나는 그의 표정에서 그가 나에게서 어떤 것을 숨기고 있다고 추론했습니다.

---

zufolge [tsʊ'fɔlgə]
🔵 bezüglich, laut

ⓟⓡäⓟ. ~에 따라서, ~에 의거해서

Zufolge des Gerüchts geht das Unternehmen bald pleite.
소문에 따르면 그 회사는 곧 파산하게 된다.

---

galaktisch [ga'laktɪʃ]
🔵 enorm, fantastisch

Ⓐ 은하의

Das **galaktische** Zentrum beulte sich durch die
umhergeschleuderten Sterne aus.
은하계 중심은 주위에 움직이고 있는 별들을 통해 팽창했다.

---

hervorbrechen
[hɛɐ̯'foːɐ̯ˌbʁɛçn̩]
🔵 auftreten, aufkommen

Ⓥ 갑자기 나타나다, 분출하다

Denn es werden Wasser in der Wüste **hervorbrechen** und Ströme
im dürren Lande. 사막에서 물이 솟아나고 건조한 땅에서 강이 흐를 것이다.

übereinstimmen
[yːbɐ'ʔaɪ̯nʃtɪmən]
🔵 passen, harmonieren,

Ⓥ 일치하다, 같다, 동감이다

Der Film **stimmte** mit dem Buch **überein**. 그 영화는 그 책과 일치했다.

---

herausfinden
[hɛ'ʁaʊ̯sˌfɪndn̩]
🔵 entdecken, begreifen

Ⓥ 찾아내다, 알아내다, 이해하다

Ich habe **herausgefunden**, dass mein Freund mich betrügt.
나는 내 친구가 나를 속이고 있다는 것을 알아냈다.

---

hervorrufen [hɛɐ̯'foːɐ̯ˌʁuːfn̩]
🔵 erregen, bewirken

Ⓥ 불러내다, 야기하다

Diese Allergie kann Juckreiz **hervorrufen**.
이 알레르기는 가려움증을 유발할 수 있습니다.

verüben [fɛɐ̯ˈʔyːbn̩]
⊜ begehen, verletzen

v. (나쁜 일을) 하다

Bis heute ist umstritten, wer den Mord an J. F. Kennedy **verübte**.
현재까지 누가 J. F. Kennedy 를 살인했는지 의견이 분분합니다.

---

erbeuten [ɛɐ̯ˈbɔɪ̯tn̩]
⊜ stehlen, entwinden

v. 약탈하다, 노획하다

Pumas **erbeuten** Säugetiere nahezu aller Größen.
퓨마는 거의 모든 크기의 포유류를 잡습니다.

---

steil [ʃtaɪ̯l]
⊜ schräg, abschüssig

a. 가파른, 급경사의

Der Weg war ihnen dann doch zu **steil**. 그 길은 그들에게 너무 가파랐습니다.

---

beurteilen [bəˈʔʊʁtaɪ̯lən]
⊜ betrachten, ansehen

v. 판단하다, 평가하다, 비판하다

Sie **beurteilt** alle Leute nach ihrer Kleidung.
그녀는 모든 사람들을 옷으로 판단합니다.

---

temporär [tɛmpoˈʁɛːɐ̯]
⊜ augenblicklich, vorübergehend

a. 일시적인, 임시의

Leider ist mein Job nur eine **temporäre** Beschäftigung.
불행히도 내 일은 단지 임시직입니다.

---

vorübergehend
[foˈʁyːbɐ̯ˌɡeːənt]
⊜ kurzfristig, temporär

a. 일시적인, 임시의, 당분간의

Die Linie 8 fährt nur **vorübergehend** nicht über die
Eisenbahnstraße. 8 번 노선은 Eisenbahnstraße 로 당분간 운행하지 않습니다.

---

verrichten [fɛɐ̯ˈʁɪçtn̩]
⊜ tun, ausüben

v. 수행하다, 하다

Verrichten Sie erst einmal ihre Arbeit, dann können wir über Urlaub
reden. 일단 당신이 그들의 일을 한다면, 우리는 휴가에 대해 이야기할 수 있습니다.

---

sich berufen auf [bəˈʁuːfn̩]
⊜ sich beziehen auf, ausgehen von

v. ~의 증거, 근거로 내세우다

Er **beruft** sich dabei **auf** das Matthäus-Evangelium.
그는 마태 복음을 근거로 내세웁니다.

---

wesentlich [ˈveːzn̩tlɪç]
⊜ genuin, eigentlich

a. 본질적인, 결정적인, 매우

Die **wesentlichen** Änderungen in der neuen Version sind folgende.
새 버전의 주요 변경 사항은 다음과 같습니다.

---

oftmals [ˈɔftmaːls]
⊜ oft, mehrmals

adv. 자주, 여러 번

Durch ihre Krankheit ist sie **oftmals** verwirrt.
그녀의 병 때문에 그녀는 종종 혼란스럽습니다.

---

auftauchen [ˈaʊ̯fˌtaʊ̯χn̩]
⊜ aufkommen, hervorkommen

v. 떠오르다, 나타나다

Du bist gestern gar nicht **aufgetaucht**, war etwas mit dir?
넌 어제 전혀 모습을 드러내지 않았어. 무슨 일 있었어?

belanglos [bə'laŋloːs]
⊜ beziehungslos, minderwertig

a. 사소한, 의미없는

Aber Geldpolitik ist auch nicht **belanglos** für Konjunktur und Beschäftigung. 그러나 통화 정책은 또한 경기와 고용과 무관하지 않다.

---

hingegen [hɪn'geːgn̩]
⊜ dagegen, anders

adv. 이와 반대로, 뿐만 아니라

Lin hat ihr Spiel gewonnen, Kimmy **hingegen** verlor.
Lin 은 게임에서 승리했지만 반대로 Kimmy 는 패했습니다.

---

bislang [bɪs'laŋ]
⊜ bisher, bis jetzt

adv. 이제까지, 지금까지

Kürzlich wurde in Spanien ein **bislang** unbekanntes Goya-Gemälde entdeckt. 최근에 스페인에서 이전에 알려지지 않은 고야 그림이 발견되었습니다.

---

sich aufhalten ['aʊf̩ˌhaltn̩]
⊜ übernachten, bleiben

v. 체류하다, 머무르다

Kimmy **hält sich** gern in seinem Garten **auf**.
Kimmy 는 그의 정원에 머물기를 좋아합니다.

---

versehen mit [fɛɐ̯'zeːən]
⊜ ausfüllen, versorgen mit

v. 공급하다, 준비하다

Er **versah** alle seine Ämter **mit** Hingabe.
그는 그의 모든 직무에 헌신적으로 임하였다.

---

erfüllen [ɛɐ̯'fʏlən]
⊜ genehmigen, verwirklichen

v. 채우다, 충족시키다, 실현하다

Der ganze Raum wurde von einem sanften Vanille-Duft **erfüllt**.
전체 방은 부드러운 바닐라 냄새로 가득 차 있었습니다.

---

ausüben ['aʊ̯sˌʔyːbn̩]
⊜ ausführen, leisten

v. 수행하다, 행하다

Der Direktor wird sein Hausrecht **ausüben** und dich von der Schule verweisen. 그 교장은 교칙을 수행하였고 당신을 학교에서 퇴학을 시킬 것입니다.

---

abschätzen ['apʃɛtsn̩]
⊜ veranschlagen, einschätzen

v. 평가하다, 어림잡다

Wie viele Wohnungen das betreffen kann, können wir heute noch nicht **abschätzen**.
얼마나 많은 집들이 그것과 관련 있는지 요즘엔 아직 어림잡기 어렵습니다.

---

im Verlauf

phr. ~이 진행되는 동안

Im Verlauf der Behandlung traten Komplikationen auf.
치료 과정에서 합병증이 발생했습니다.

---

verdampfen [fɛɐ̯'dampfn̩]
⊜ vergasen, sich verflüchtigen

v. 증발하다, 기화하다

Wenn du das Meerwasser **verdampfst**, bleibt das Salz übrig.
바닷물이 증발하면 소금이 남습니다.

---

gefrieren [gə'friːʁən]
⊜ erstarren, auf Eis legen

v. 얼다, 응결하다

Meerwasser **gefriert** erst deutlich unter null Grad.
바닷물은 분명히 영하 이하에서만 언다.

in der Tat	*phr.*	실제로

Es gebe zwar **in der Tat** eine Menge Geld vom Staat, aber das fließe in notwendige Projekte.
실제로 나라에 많은 돈이 있지만, 그 돈은 필요한 프로젝트에 흘러간다.

---

festlegen auf [ˈfɛstˌleːgn̩]
⊜ vorausbestimmen, determinieren

v. 결정하다, 확정하다, 결정을 강요하다

Historiker können den Beginn des Holocaust nicht **auf** einen Tag **festlegen**. 역사가들은 홀로코스트가 언제 발단했는지 규정할 수 없다.

---

außergewöhnlich [ˈaʊsɐgəˌvøːnlɪç]
⊜ fremdartig, seltsam

a. 비범한, 비상한, 이상한

Der neue Rennfahrer hat einen **außergewöhnlichen** Start hingelegt.
새로운 레이서가 놀라운 출발을 하였습니다.

---

hervorheben [hɛɐ̯ˈfoːɐ̯heːbn̩]
⊜ akzentuieren, betonen

v. 강조하다

In der Anzeige sollte der Produktname noch besser **hervorgehoben** sein. 제품 이름은 광고에서 더 잘 강조되어야 합니다.

---

gebunden [gəˈbʊndn̩]
⊜ unfrei, eingesperrt

a. 구속 된, 의무 지워진

Sie ist dann eine Gemeinschaftsgrundschule und nicht mehr konfessionell **gebunden**.
그것은 종파 혼합 초등학교이며 더 이상 특정 종파에 매어 있지 않습니다.

---

nirgends [ˈnɪʁgn̩ts]
⊜ nirgendwo, an keinem Ort

adv. 어디에도 없다

Ich suche seit zwei Stunden meine Brille, aber ich kann sie **nirgends** finden. 나는 2 시간 동안 내 안경을 찾고 있지만 어디에서도 찾을 수 없다.

---

vollkommen [ˈfɔlkɔmən]
⊜ absolut, vollständig

a. 완전한, 전적인, 완벽한

Ich bin auch **vollkommen** deiner Meinung. 나는 너의 의견에 완전히 동의한다.

---

hintereinander [hɪntɐʔaɪ̯ˈnandɐ]
⊜ nacheinander, fortlaufend

adv. 차례차례로, 연이어

Er musste an fünf Tagen **hintereinander** die Nachtschicht übernehmen. 그는 5 일 동안 연이어 야간 근무를 해야 했다.

---

bezüglich [bəˈtsyːklɪç]
⊜ hinsichtlich, gemäß

präp. ~에 관련하여, 관하여

Wir müssen uns **bezüglich** der Planungen noch genauer verständigen. 우리는 그 계획에 대해 더 정확히 이해해야 합니다.

---

aufwenden [ˈaʊ̯fˌvɛndn̩]
⊜ aufbrauchen, ausgeben

v. 소비하다, 소모하다

Die Kraft, die man **aufwenden** muss, um den Deckel aufzudrehen, hält sich in Grenzen, womit das Produkt auch für ältere Benutzer durchaus geeignet ist.
이 제품은 뚜껑을 열기 위해 소비해야 하는 힘은 제한적이므로 나이든 사용자에게 아주 적합합니다.

---

sich auswirken auf [ˈaʊ̯sˌvɪʁkn̩]
⊜ erreichen, auslösen

v. ~에 영향을 미치다, 작용하다

Übermäßiger Alkoholkonsum **wirkt sich** negativ **auf** die Gesundheit **aus**. 과도한 음주는 건강에 부정적인 영향을 미칩니다.

feucht [fɔɪçt]
● nass, humid

a. 젖은, 축축한

Die Kleidungsstücke sind noch immer etwas **feucht**.
옷 부분에는 여전히 약간 습기가 있습니다.

---

voneinander [fɔnʔaɪ̯'nandɐ]
● gegenseitig, auseinander

adv. 상호간에, 서로서로, 따로따로

Alte und junge Menschen können viel **voneinander** lernen.
노인과 젊은이들은 서로에게서 많은 것을 배울 수 있습니다.

---

einzeln ['aɪnts̩ln]
● extra, separat

a. 단일의, 개별적인, 독신의

adv. 하나씩, 따로, 단독으로

Ich finde im Wäschetrockner hin und wieder eine **einzelne** Socke.
나는 건조기 안의 여기저기에서 양말 한 짝을 찾습니다.

---

einzig ['aɪntsɪç]
● nur, lediglich

a. 유일한, 단 하나의

adv. 오로지, 단지

Wir waren die **einzigen** Gäste in der Freitagabendvorstellung.
우리는 금요일 저녁 공연에서 유일한 손님이었습니다.

---

eigen ['aɪɡən]
● angehörig, individuell

a. 자기의, 자신의, 본래의, 고유의

Der Wagen da gehört der Firma, und das da ist mein **eigenes** Auto.
그 차는 회사 소유이고, 이것은 내 차다.

---

einsam ['aɪnzaːm]
● allein, ledig

a. 홀로, 유일의, 고독한, 외딴

Nach dem Tod seiner Frau fühlte er sich sehr **einsam** und verlassen.
그의 아내가 죽은 후에 그는 매우 외롭고 고독하게 느꼈습니다.

---

gemeinsam [ɡə'maɪnzaːm]
● miteinander, gemeinschaftlich

a. 공동의, 공통의, 함께 하는

Die beiden Länder verfolgen **gemeinsame** Interessen.
양국은 공동의 이익을 추구한다.

---

allgemein [ˌalɡə'maɪn]
● normalerweise, meistens

a. 전반적인, 포괄적인, 공동의, 보통의

adv. 일반적으로

In Deutschland wird **allgemein** rechts gefahren.
독일에서는 일반적으로 우측 통행이다.

übertreiben [yːbɐ'tʁaɪbn̩]
● aufbauschen, hochspielen

v. 과장하다, 도를 지나치다

Findest du nicht, du **übertreibst** ein wenig, wenn du sagst, dass
Raucher schlimmer sind als Mörder?
흡연자가 살인자 보다 나쁘다고 말하면 조금 과장한 것 같다고 생각하지 않니?

---

unterschätzen [ˌʊntɐ'ʃɛtsn̩]
● unterbewerten, missdeuten

v. 과소 평가하다, 낮게 어림잡다

Er **unterschätzt** dieses Problem. 그는 이 문제를 과소 평가했다.

---

erraten [ɛɐ̯'ʁaːtn̩]
● annehmen, mutmaßen

v. 추측하다, 맞추다

Bei diesem Spiel gewinnt derjenige Spieler, der den richtigen Begriff
errät. 이 게임에서 올바른 개념을 맞춘 플레이어가 승리합니다.

weitaus [ˈvaɪtʔaʊ̯s]	*adv.*	(비교급, 최상급 강조) 아주, 훨씬
⊜ erheblich, bedeutend		Meine Schwester war in der Schule immer **weitaus** besser als ich. 내 동생은 학교에서 항상 나보다 훨씬 더 잘했다.

unterschiedlich [ˈʊntɐʃiːtlɪç]	*a.*	여러가지의, 가지가지의, 구분되는
⊜ andersartig, vielfältig		Unter meinen Freunden gibt es ganz **unterschiedliche** Temperamente. 내 친구들 사이에는 완전 여러가지의 기질이 있습니다.

eintragen [ˈaɪ̯nˌtʁaːɡn̩]	*v.*	기입하다, 이익을 가져오다, 그려넣다
⊜ anstreichen, ausfüllen		Bitte **tragen** Sie sich in der Teilnehmerliste **ein**. 참가자 목록에 등록하십시오.

verwinden [fɛɐ̯ˈvɪndn̩]	*v.*	이겨내다, 극복하다, 꼬다
⊜ bewältigen, erdulden		Diesen Schlag wird er wohl kaum **verwinden**. 그는 이 타격을 거의 견디지 못할 것입니다.

verdanken [fɛɐ̯ˈdaŋkn̩]	*v.*	덕분으로 생각하다, ~의 신세를 지고 있다
⊜ Dank schulden, danken		Dem beherzten Einsatz der Rettungskräfte hat er sein Leben zu **verdanken**. 그는 그의 생존을 구조 팀의 용감한 전력 덕분이라고 생각한다.

selbstverständlich [ˈzɛlpstfɛɐ̯ʃtɛntlɪç]	*a.* *adv.*	자명한, 스스로 명백한 물론, 말할것도 없이
⊜ natürlich, freiwillig		Dieser Gedanke ist **selbstverständlich**. 이 생각은 당연하다.

benachteiligen [bəˈnaːχtaɪ̯lɪɡn̩]	*v.*	손해를 끼치다
⊜ schaden, hindern		Sozialer Arbeitsmarkt darf tarifgebundene Unternehmen nicht **benachteiligen**. 사회 노동시장은 관세 협정에 예속된 회사들을 차별 대우하면 안 된다.

dennoch [ˈdɛnɔχ]	*adv.*	그럼에도 불구하고
⊜ trotz, zwar		Ich war zwar nicht müde, legte mich aber **dennoch** schlafen. 나는 피곤하지 않음에도 불구하고 잠을 자러 갔다.

zuvor [ʦuˈfoːɐ̯]	*adv.*	먼저, 미리, 앞서
⊜ voraus, zunächst		Das Fahrzeug hatten sie **zuvor** in der Ritterstraße gestohlen. 그들은 이전에 Ritterstraße 에서 차량을 훔쳤다.

sich beunruhigen [bəˈʔʊnˌʁuːɪɡn̩]	*v.*	걱정하다
⊜ warnen, bekümmern		Es **beunruhigt mich** schon, dass ich zwei Tage nichts von ihm gehört habe. 나는 이틀 동안 그에게서 소식을 듣지 못해서 걱정하고 있습니다.

ausstellen [ˈaʊ̯sʃtɛlən]	*v.*	진열, 전시하다, 발행하다
⊜ vorführen, zeigen		Ich werde mir einen neuen Pass **ausstellen** lassen. 나는 새로운 여권을 발행할 것이다.

bedauern [bəˈdaʊ̯ɐn]	*v.*	동정하다, 유감스럽다
⊜ verzeihen, bejammern		Er **bedauerte** den Tod seines Kollegen. 그는 동료의 죽음을 애도했습니다.

angesichts [ˈangəˌzɪçts] *präp.* ~을 고려하여, 직면하여, 때문에
⊜ bezüglich, dank

Angesichts des nahenden Todes meiner Katze fürchte ich auch um meinen Hund. 내 고양이의 다가오는 죽음에 나는 또한 내 강아지도 걱정됩니다.

---

infolgedessen [ɪnfɔlgəˈdɛsn̩] *adv.* 그 결과로서, 따라서
⊜ folglich, daher

Infolgedessen warf einer der Männer eine Bierflasche gegen eine Fensterscheibe, so dass diese zu Bruch ging.
남자들 중 한 명이 창 유리에 맥주 병을 던져서 그것은 부셔졌습니다.

---

scheu [ʃɔɪ] *a.* 수줍어하는, 소심한
⊜ zurückhaltend, verschämt

Angela Merkel in Wuppertal: "Sie war **scheu**, aber offen"
부퍼탈에서 Angela Merkel : "그녀는 수줍어했지만 개방적이었다."

---

erfassen [ɛɐ̯ˈfasn̩] *v.* 이해하다, 고려하다, 움켜쥐다, 잡아채다
⊜ verstehen, begreifen

Er **erfasste** die Situation sofort. 그는 상황을 즉시 파악했습니다.

---

egoistisch [egoˈɪstɪʃ] *a.* 이기적인, 이기주의의
⊜ ichbezogen, selbstsüchtig

Du hast alle Gummibärchen selbst gegessen - war das **egoistisch**!
너는 모든 곰 젤리를 먹었다. 그것은 이기적이야!

---

vorschlagen [ˈfoːɐ̯ˌʃlaːgn̩] *v.* 제안하다, 건의하다
⊜ empfehlen, zuraten

Ich **schlage vor**, dass wir zuerst die Grundlagen besprechen.
나는 먼저 기본 사항을 논의하는 것을 제안합니다.

---

demgegeüber [ˈdeːmˌgeːgn̩ˈʔyːbɐ] *adv.* 한편으로는, 그것에 비하여
⊜ dagegen, andererseits

Demgegenüber steht die Idee vom freien Welthandel, von einer Welt ohne Zölle. 다른 한편으로 자유 세계 무역과 관세가 없는 세계에 대한 아이디어입니다.

---

beitreten [ˈbaɪ̯ˌtʀeːtn̩] *v.* 가입하다, 찬성하다
⊜ eintreten, sich anschließen

Ich kann der Gewerkschaft nicht **beitreten**. 나는 노동 조합에 가입할 수 없다.

---

schnupfen [ˈʃnʊpfn̩] *v.* 코를 훌쩍이다, 코를 들이마시다
⊜ verkühlen, sich erkälten

Mein Onkel **schnupft** Tabak, seit ich denken kann.
나의 삼촌은 옛날부터 코담배를 핀다.

---

zugeben [ˈʦuːˌgeːbn̩] *v.* 덤으로 주다, 시인하다, 허용하다
⊜ aussagen, zugestehen

Der Mann wollte nicht **zugeben**, dass der Unfall durch ihn verschuldet war. 그 남자는 그 사고가 그의 잘못인 것에 대해 인정하기를 원하지 않았다.

---

beschließen [bəˈʃliːsn̩] *v.* 결정하다, 종결하다
⊜ beenden, entscheiden

Die Regierung hat **beschlossen**, das Steuersystem grundlegend zu reformieren. 정부는 근본적으로 세금 제도를 개혁하기로 결정했다.

---

ratsam [ˈʀaːtzaːm] *a.* 유익한, 권장 할 만한, 쓸모 있는
⊜ aussichtsreich, sinnvoll

Frühes Reservieren ist **ratsam**, denn beliebte Ziele sind schnell ausgebucht. 인기있는 목적지는 빨리 매진되기 때문에 일찍 예약하는 것을 추천합니다.

---

empfehlenswert
[ɛm'pfeːləns͵veːɐ̯t]
⊜ vielversprechend, ratsam

a. 추천할 만한, 적절한

Regenjacke und Gummistiefel sind bei Regen **empfehlenswert**.
비가 올 때는 비옷과 고무 장화를 착용하는 것을 추천합니다.

---

ratifizieren [ʁatifi'tsiːʁən]
⊜ amtlich bestätigen, amtlich festlegen

v. 승인하다, 인가하다

Die Vereinigten Staaten von Amerika haben das Kyoto-Protokoll nicht **ratifiziert**. 미합중국은 교토 의정서를 승인하지 않았습니다.

---

tippen auf ['tɪpn̩]
⊜ abschätzen, vermuten

v. 추측하다, 예상하다, ~에 걸다

Ich **tippe auf** unentschieden. 나는 비길 것으로 예상한다.

---

gerissen [gə'ʁɪsn̩]
⊜ geschickt, ausgebufft

a. 닳고 닳은, 노련한

Der Versicherungsvertreter war so **gerissen**, dass er dem Kunden gleich drei unsinnige Versicherungen aufschwatzte.
보험 외판원이 너무 노련해서 고객에게 3개의 부당한 보험을 팔아 넘겼다.

---

schräg [ʃʁɛːk]
⊜ schief, verquer

a. 비스듬한, 대각선의, 기운

Nicht der Turm von Pisa ist **schräg**, sondern der Rest der Welt!
피사의 탑이 기울어진 것이 아니라 세계의 나머지가 기울었다!

---

agieren [a'giːʁən]
⊜ wirken, tun

v. 행하다, 행동하다

Er **agierte** bei dieser Verhandlung etwas unglücklich.
그는 이 협의에서 다소 불리하게 행동했습니다.

---

reiten ['ʁaɪ̯tn̩]
⊜ galoppieren, im Sattel sitzen

v. 말 타고 가다, 말을 타다

Nach dem Springtraining war das Pony müde **geritten**.
그 조랑말은 점프 트레이닝 후에 피곤하게 갔다.

---

aufführen ['au̯f͵fyːʁən]
⊜ auftreten, herausbringen

v. 상연, 연주하다, 시행하다

Wir werden heute das Theaterstück **aufführen**.
우리는 오늘 연극을 공연할 것입니다.

---

stets [ʃteːts]
⊜ häufig, immer

adv. 항상, 언제나

Bei Föhnwetter bekommt er **stets** Kopfschmerzen.
그는 푄현상 때는 항상 두통을 앓습니다.

---

sich zurückhalten
[tsuˈʀʏkˌhaltn̩]
🔵 bezwingen, einziehen

ⓥ 자제하다, 삼가하다, 소극적이다

Wir werden an einer noblen Tafel speisen, **halte dich** also bitte ein wenig **zurück**. 우리는 고급진 테이블에서 식사를 할 것이므로 조금 삼가 해주세요.

zurückhaltend [tsuˈʀʏkˌhaltn̩t]
🔵 schüchtern, bescheiden

ⓐ 삼가하는, 소극적인, 조심스러운

Sein **zurückhaltendes** Wesen macht ihn zu einem angenehmen Partner. 그의 조심스러운 품성은 그를 편안한 파트너로 만듭니다.

eingeschränkt
[ˈaɪ̯nɡəˌʃʀɛŋkt]
🔵 begrenzt, beschränkt

ⓐ 제한된, 속박된

Soll das Schwammerlsuchen in Mainz **eingeschränkt** werden? 마인츠에서 버섯 채집이 제한되어야 합니까?

verblüffen [fɛɐ̯ˈblʏfn̩]
🔵 erstaunen, überraschen

ⓥ 놀라게 하다, 당혹케 하다

Ich **verblüffte** meinen Gegner mit einem geschickten Zug. 나는 상대방을 숙련된 움직임으로 당황 시켰다.

gestatten [ɡəˈʃtatn̩]
🔵 bejahen, zulassen

ⓥ 승낙하다, 허가하다

Der Zutritt ist Ihnen nicht **gestattet**. 입장이 허용되지 않습니다.

entkommen [ɛntˈkɔmən]
🔵 ausreißen, flüchten

ⓥ 달아나다, 벗어나다

Sie sind der Feuersbrunst gerade noch **entkommen**. 그들은 방금 화재를 피했습니다.

verwurzeln in [fɛɐ̯ˈvʊʀtsl̩n]
🔵 verankern in, sich niederlassen in

ⓥ 뿌리를 박다, 뿌리를 내리다

Er könnte künftig in Deutschland **verwurzeln**. 그는 미래에 독일에 정착할 수도 있습니다.

umkommen [ˈʊmˌkɔmən]
🔵 sterben, zu Tode kommen

ⓥ (사고, 천재로)~에 죽다

Er **kam** durch eine Gasexplosion **um**. 그는 가스 폭발로 사망했습니다.

stoßen auf [ˈʃtoːsn̩]
🔵 treffen auf, begegnen

ⓥ ~와 우연히 마주치다

Das Fuhrwerk **stieß auf** dem holprigen Weg. 마차가 울퉁불퉁한 길을 마주쳤다.

sich anschließen
[ˈanʃliːsn̩]
🔵 begleiten, zustimmen

ⓥ 합류하다, 동의하다, 따르다

Deiner Meinung kann ich **mich** nur **anschließen** 나는 너의 의견에 동의할 뿐이다.

anschließend [ˈanʃliːsn̩t]
🔵 nachher, fortlaufend

ⓐ 그 후에, 곧이어, 이어서

Der Bau einer zweiten Röhre mit **anschließender** Sanierung des bestehenden Tunnels kostet insgesamt rund 3,8 Milliarden Franken. 기존 터널에 이어지는 두 번째 통로를 건설하는 비용은 총 약 38 억 프랑이다.

beantragen [bəˈʔantʀaːɡn̩]
🔵 fordern, verlangen

ⓥ 신청, 요청하다, 제안하다

Einen Pass muss man **beantragen**. 여권을 신청해야 합니다.

daraufhin [daʁaʊ̯fˈhɪn]
⊜ folglich, anschließend

adv. 따라서, 그 때문에, 그러한 관점에서

Ich zeigte ihm meine Ideen. **Daraufhin** schlug er mir ein Geschäft vor. 나는 그에게 내 아이디어를 보여주었다. 그 때문에 그는 나에게 사업 제안을 하였다.

---

gedenken [gəˈdɛŋkn̩]
⊜ sich besinnen auf, erinnern

v. 추모하다, 기억하다, 회상하다

An Allerheiligen wird der Verstorbenen **gedacht**.
만성절에 고인들이 추모됩니다.

---

gedenken zu [gəˈdɛŋkn̩]
⊜ beabsichtigen, zielen auf

v. (zu 부정사와 함께) 계획하다

Wir **gedenken** uns dieses Spiel anzusehen. 우리는 이 게임을 볼 것입니다.

---

lebenstüchtig
[ˈleːbn̩sˌtʏçtɪç]
⊜ diplomatisch, geschickt

a. 처세에 능한, 노련한

Kein Kind könne **lebenstüchtig** werden, wenn man ihm nie gestatte, auch mal ein Risiko einzugehen.
위험을 무릅쓰는 것을 결코 허락하지 않는다면 어떠한 자녀라도 노련해질 수 없다고 한다.

---

kurios [kuˈʁi̯oːs]
⊜ merkwürdig, unüblich

a. 호기심을 자아내는, 진기한

adv. 매우

Ihre Antwort war schon **kurios**. 그녀의 대답은 호기심을 자아냈다.

---

unnütz [ˈʊnˌnʏts]
⊜ nutzlos, entbehrlich

a. 쓸모없는, 헛된, 무익한

Sich vor den Wagen zu werfen war ein gefährliches und **unnützes** Unterfangen. 차 앞에서 몸을 던지는 것은 위험하고 쓸데없는 모험이었습니다.

---

vergeuden [fɛɐ̯ˈgɔɪ̯dn̩]
⊜ verschwenden, verbrauchen

v. 허비하다, 낭비하다

Jonas hat in diesem Monat 50 Euro gespart, weil er sein Taschengeld dieses Mal nicht für Computerspiele **vergeudet** hat.
Jonas 는 이번 주에 컴퓨터 게임에 돈을 쓰지 않았기 때문에 이번 달에 50 유로를 절약했다.

---

verhindern [fɛɐ̯ˈhɪndɐn]
⊜ stoppen, verhindern

v. 막다, 방해하다

Wie kann man Unfälle **verhindern**? 어떻게 사고를 예방할 수 있습니까?

---

sämtlich [ˈzɛmtlɪç]
⊜ vollständig, alles

a. 전체의, 모든, 완전한

adv. 모든, 전부

Ich habe ihre **sämtlichen** Bücher zurückgebracht.
나는 그녀의 모든 책을 되가져왔다.

---

gehorchen [gəˈhɔʁçn̩]
⊜ befolgen, willfahren

v. 복종하다, 따르다

Der kleine Hund wollte seiner Besitzerin nicht **gehorchen**.
그 작은 개는 주인에게 순종하기 싫었다.

---

unbefugt [ˈʊnbəˌfuːkt]
⊜ unqualifiziert, unberechtigt

a. 권능이 없는, 자격없는

Die Person, die den Radlader **unbefugt** in Gebrauch nahm, konnte ermittelt werden. 자격없이 휠로더를 사용한 사람을 색출할 수 있습니다.

abscheiden [ˈapˌʃaɪdn̩]
⊜ schneiden, sterben

ⓥ 헤어지게 하다, 분리하다, 죽다

Der Pfarrer wünschte dem Krebskranken, er möge in Frieden **abscheiden**. 목사는 암 환자가 평화롭게 눈을 감길 바랐다.

überschuldet [ˈyːbɐˌʃʊldət]
⊜ insolvent, bankrott

ⓐ 빚이 많은, 많은 부채를 진

Seine Eltern sind nach dem Hausbau komplett **überschuldet**.
그의 부모님은 주택 건설 후에 완전히 많은 빚을 졌다.

eintreiben [ˈaɪnˌtʀaɪbn̩]
⊜ einfordern, einziehen

ⓥ 몰아넣다, 징수하다

Inkasso-Unternehmen müssen genau erklären, wofür sie Forderungen **eintreiben**.
채권 추심 회사는 그들이 무슨 목적으로 청구를 징수하는 것인지 정확히 설명해야 합니다.

gehorsam [gəˈhoːɐ̯zaːm]
⊜ artig, botmäßig

ⓐ 복종하는, 유순한

Das ist ein sehr **gehorsames** Kind, es widerspricht nicht ständig.
그는 매우 유순한 아이입니다. 그는 계속해서 반항하지 않습니다.

ausscheren [ˈaʊsˌʃeːʀən]
⊜ nach links/rechts ziehen, ausholen

ⓥ 이탈하다, 차선을 벗어 나다

Auf Höhe einer Kuppe wollte er **ausscheren**.
정상에서 그는 이탈하고 싶었습니다.

klemmen [ˈklɛmən]
⊜ pressen, festspannen

ⓥ 끼다, 압착하다, 타박상을 입다

"Pass auf, dass du dich nicht **klemmst**." "끼지 않도록 조심하십시오."

stinkig [ˈʃtɪŋkɪç]
⊜ dumpf riechend, vermieft

ⓐ 악취를 풍기는

Wenn die Temperaturen steigen, kann es in öffentlichen Verkehrsmitteln schnell mal **stinkig**.
기온이 상승하면 대중 교통에서 빠르게 악취가 난다.

sich umziehen [ˈʊmˌtsiːən]
⊜ Kleider wechseln, sich umkleiden

ⓥ 옷을 갈아 입다

Sie hat **sich** gerade **umgezogen**. 그녀는 막 옷을 갈아입었습니다.

sündig [ˈzʏndɪç]
⊜ unangesehen, lasterhaft

ⓐ 죄가 있는, 부정한

Er verließ die Stadt, weil er nichts mehr mit dieser **sündigen** Gesellschaft zu tun haben wollte.
그는 이 부정한 사회에서 아무것도 하기 싫기 때문에 도시를 떠났습니다.

sich anlehnen an [ˈanˌleːnən]
⊜ sich stützen, sich verlassen

ⓥ ~에 의지하다, 기대다

Der wird zwischen den liberalen Kräften und den wirklich Rechten, Rechtspopulisten und Konservativen geführt, die sich an die nationalistische Agenda **anlehnen**. 그것은 국가주의적 의제를 따르는 자유주의 세력들과 극우파와 우파당원들 그리고 보수주의자들 사이에서 실시되고 있다.

verwöhnen [fɛɐ̯ˈvøːnən]
⊜ verhätscheln, verzärteln

ⓥ 버릇없게 키우다

Diese **verwöhnte** Rotznase sollte mal was für ihr Taschengeld tun!
이 버릇없는 아이는 용돈을 위해 뭔가를 해야 합니다!

sich verlaufen [fɛɐ̯ˈlaʊ̯fn̩]
⊜ die Orientierung/Richtung verlieren, sich verfranzen

ⓥ 길을 잃다, 군중이 흩어지다

Hänsel und Gretel haben **sich** im Wald **verlaufen**.
헨젤과 그레텔은 숲에서 길을 잃었습니다.

---

trampen [ˈtʀɛmpn̩]
⊜ Autos anhalten, hitchhiken

ⓥ 히치하이크하다

Als ich kein Geld mehr hatte, bin ich einfach **getrampt**.
나는 돈이 없을 때 히치하이킹을 했다.

---

sich verwachsen
[ˌfɛɐ̯ˈvaksn̩]
⊜ abheilen, zusammenwachsen

ⓥ (상처, 흉터) 아물다

Es dauert einige Zeit, bis die Wunde wieder **verwächst**.
상처가 다시 아물기까지 약간의 시간이 걸립니다.

---

schüchtern [ˈʃʏçtɐn]
⊜ schamhaft, zurückhaltend

ⓐ 수줍어하는, 부끄럼 타는

Als Kind war sie so **schüchtern**, dass sie nicht einmal mit anderen sprach. 어렸을 때 그녀는 많이 수줍어하면서 다른 사람들과 말하지 않았습니다.

---

glänzen [ˈɡlɛntsn̩]
⊜ blinken, leuchten

ⓥ 빛나다, 눈에 띄다

Die goldenen Münzen **glänzen** in der Sonne. 황금색 동전이 태양에 빛난다.

---

entgegensetzen
[ɛntˈɡeːɡn̩ˌzɛtsn̩]
⊜ sich entgegenstellen, gegenüberstellen

ⓥ 반대하여 보다, 비교하다

Dem müssen wir den Wert der Nachricht **entgegensetzen**.
우리는 정보의 가치를 비교해야 합니다.

---

weglassen [ˈvɛkˌlasn̩]
⊜ aussparen, ausklammern

ⓥ 빠뜨리다, 생략하다, 보내다

Wenn zwei Hauptsätze das gleiche Subjekt haben und mit "und" verbunden sind, dann ist es stilistisch besser, das Subjekt nach "und" **wegzulassen**. 두 개의 문장이 같은 주어를 가지고 "und" 와 연결되어 있다면, 문체적으로 "und" 뒤의 주어는 생략하는 것이 좋습니다.

---

trösten [ˈtʀøːstn̩]
⊜ aufheitern, aufmuntern

ⓥ 위로하다

"Selig sind, die da Leid tragen; denn sie sollen **getröstet** werden."
고난 받는 자들은 복이 있나니, 이는 그들이 위로 받을 것이기 때문이라.

---

teilen [ˈtaɪ̯lən]
⊜ segmentieren, abgeben

ⓥ 공유하다, 함께 쓰다, 나누다, 분리하다

Die Mönche **teilen** die Nahrungsmittel mit den Hungrigen.
승려들은 배고픈 사람들과 음식을 나눕니다.

---

zucken [ˈtsʊkn̩]
⊜ beben, erzittern

ⓥ 움찔하다, 경련하다

Seine Nervosität konnte man meist daran ablesen, dass seine Nasenflügel ständig **zuckten**.
보통 긴장감은 콧구멍이 끊임없이 움찔거리는 것에서 읽을 수 있습니다.

---

sich aneignen [ˈanˌʔaɪ̯ɡnən]
⊜ erlernen, erwerben

ⓥ 습득하다, 배우다

Ich habe **mir** die niederländische Sprache innerhalb eines Jahres **angeeignet**. 나는 1 년 만에 네덜란드어를 습득했다.

spezifisch [ʃpeˈtsiːfɪʃ]
⊜ bezeichnend, charakteristisch

a. 특유의, 특수의

Wir müssen unsere **spezifisch** menschlichen Eigenschaften stärken.
우리는 특유의 인도적인 자질을 강화해야 합니다.

---

assoziieren [asotsiˈiːʁən]
⊜ koalieren, sich verbinden

v. 제휴하다, 결합하다

Einige Staaten sind mit der EU **assoziiert**.
일부 나라는 EU 와 제휴 되었습니다.

---

verlegen [fɛɐ̯ˈleːgn̩]
⊜ veröffentlichen, verzögern

v. 옮기다, 연기하다, 출판하다, 차단하다
a. 당황한

Sein erster Roman wurde nur in geringer Stückzahl **verlegt**.
그의 첫 번째 소설은 겨우 몇 권만 출판되었다.

---

peinlich [ˈpaɪ̯nˌlɪç]
⊜ fatal, unangenehm

a. 지나친, 부끄러운, 당황스런

Es war ihm furchtbar **peinlich**, dass er seinen Geldbeutel verloren hatte. 그는 그의 지갑을 잃어버려서 몹시 당황스러웠다.

---

abziehen [ˈapˌtsiːən]
⊜ ablegen, abnehmen

v. 뽑다, 떼다, 빼다, 벗기다

Wenn man zwei von drei **abzieht**, bleibt eins übrig.
3 에서 2 를 빼면 1 이 남습니다.

---

ernsthafte Probleme

phr. 중대한 문제들

Wenn du jetzt nicht mit dem Lernen beginnst, wirst du bald **ernsthafte Probleme** damit haben, im Unterricht mitzukommen.
지금 배우는 것을 시작하지 않으면 너는 곧 수업 시간에서 심각한 문제들이 발생할 것이다.

---

immerhin [ˈɪmɐˌhɪn]
⊜ jedenfalls, doch

adv. 아무튼, 어느 경우든, 물론

Schneider macht seine Sache **immerhin**, die Kritik der anderen kümmert ihn nicht.아무튼 Schneider 는 다른 사람들의 비판은 상관하지 않고 자신의 일을 처리합니다.

---

demnach [ˈdeːmˈnaːχ]
⊜ infolgedessen, danach

adv. 그러므로, 따라서

Ich habe seinen Lebenslauf gelesen. **Demnach** muss er schon viel herumgekommen sein in der Welt.
나는 그의 이력서를 읽었다. 그것에 따라 그는 세계 곳곳을 편력해야 한다.

---

sichtlich [ˈzɪçtlɪç]
⊜ deutlich, erkennbar

a. 눈에 띄게, 명백하게

Sie ist **sichtlich** nervös. 그녀는 눈에 띄게 긴장합니다.

---

visuell [viˈzu̯ɛl]
⊜ optisch, augenscheinlich

a. 시각의, 시각적인

Visuelle Reize werden im Gehirn über mehrere Stufen hinweg aufbereitet. 시각적 자극은 여러 단계를 걸쳐 뇌에서 퍼집니다.

---

bedingen [bəˈdɪŋən]
⊜ auslösen, bewirken

v. 전제하다, 야기시키다, 서로 의존하다

Der **bedungene** Lohn ist der Preis der Arbeit und hängt von den Umständen ab. 조건부 임금은 작업 비용이나 상황에 따라 다릅니다.

entgegenkommen
[ɛnt'geːgn̩ˌkɔmən]
⊜ zugestehen, bewilligen

v. 일치하다, 따르다, 승인하다

Er **kam** ihr **entgegen**, indem er den Preis etwas verringerte.
그는 가격을 조금 내리면서 승인하였다.

üblich [ˈyːplɪç]
⊜ normal, gängig

a. 보통의, 통례의, 관례의

Die Presse erging sich in den **üblichen** Spekulationen.
언론은 일반적인 추측을 발표했다.

---

auf rätselhafte Weise

phr. 불가사의한 방법으로

Die halbe Welt steht Kopf, nachdem **auf rätselhafte Weise**
außerirdisches Magma entdeckt wird.
수수께끼 같은 방법으로 외계의 마그마가 발견된 후에 세계 절반의 사람들의 어안이 벙벙하다.

---

böswillig [ˈbøːsˌvɪlɪç]
⊜ hämisch, mutwillig

a. 나쁜 의도의

Die meisten Menschen sind nicht **böswillig**, aber oft unachtsam,
wenn es um die Belange von Menschen mit Handicap geht.
대부분의 사람들은 악의가 없지만 종종 장애가 있는 사람들의 이해에 대해서는 부주의합니다.

---

erklettern [ɛɐ̯ˈklɛtɐn]
⊜ ersteigen, erklimmen

v. 등반하다

Ich **erkletterte** ihn nie mehr wieder. Ich erkletterte auch keinen
anderen Baum mehr.
나는 결코 다시 그것을 오르지 않을 것이다. 나는 또한 다른 나무도 오르지 않을 것이다.

---

gegebenenfalls
[ɡəˈɡeːbənənfals]
⊜ allenfalls, eventuell

adv. 경우에 따라서, 필요한 경우에는

Das müssen wir **gegebenenfalls** neu vereinbaren.
우리는 필요한 경우에 그것을 새롭게 합의해야 합니다.

---

anstecken [ˈanˌʃtɛkn̩]
⊜ infizieren, anbrennen

v. 꽂다, 끼다, 불 붙이다, 감염시키다

Lass dich von seiner Grippe nicht **anstecken**! 그의 독감에 감염되지 마십시오!

---

kratzen [ˈkʁatsn̩]
⊜ abschaben, ritzen

v. 할퀴다, 긁다

Die Katze **kratzte** leise an der Tür. 고양이는 문을 조용히 긁었다.

---

ausbeuten [ˈaʊ̯sˌbɔʏtn̩]
⊜ auslasten, ausschöpfen

v. 악용하다, 채굴하다

Firmen **beuten** weltweit die Armen **aus**, um mehr Profit zu
erwirtschaften.
기업들은 더 많은 이익을 얻기 위해서 세계적으로 가난한 사람들을 착취하고 있습니다.

---

zart [tsaːɐ̯t]
⊜ mild, sanft

a. 자상한, 연한, 부드러운

Schweizer Schokolade hat den Ruf, sehr **zart** zu sein.
스위스 초콜릿은 매우 부드럽다는 명성이 있습니다.

---

ausgerechnet
[ˈaʊ̯sɡəˌʁɛçnət]
⊜ gerade, unbedingt

adv. 하필이면, 꼭

Warum musste die Heimsuchung **ausgerechnet** sie, die wahren
Gläubigen, treffen? 왜 그 재앙은 하필이면 신앙심이 깊은 그녀에게 닥쳐야만 했을까?

beibringen [ˈbaɪˌbʀɪŋən]
⊜ übermitteln, unterrichten

v. 가르치다, 전달하다, 제시하다

In der ersten Klasse wird den Kindern das Lesen **beigebracht**.
1 학년 때 아이들은 읽기를 배웁니다.

---

sich reimen [ˈʀaɪmən]
⊜ dichten, Verse machen

v. 운을 마추다, 운에 맞게 시를 짓다

Die beiden Wörter **reimen sich**; "fein" reimt sich auf "klein"
이 두 단어는 운을 맞춘다 ; "fein" 은 "klein" 과 운을 맞춘다.

---

seriös [zeˈʀɪ̯øːs]
⊜ ernsthaft, ehrlich

a. 진지한, 심각한, 건실한

Der **seriösen** Warnung sollte man Folge leisten. 이 심각한 경고는 따라야 합니다.

---

auf der Hut sein

phr. 염려하다, 조심하다

Auch in den beliebten Urlaubsländern der Deutschen sollte man **auf der Hut sein**. 또한 독일인들의 인기있는 휴가 국가에서는 조심해야 됩니다.

---

auf dem Kopf stehen

phr. 뒤죽박죽이다

Er **steht auf dem Kopf**! 그는 뒤죽박죽이다!

---

pfeifen [ˈpfaɪfn̩]
⊜ fiepen, piepen

v. 휘파람을 불다, 호각을 불다

Um die anderen zu warnen, **pfiff** er zweimal.
그는 다른 사람들에게 경고하기 위해서 두 차례 휘파람을 불었다.

---

zuständig [ˈtsuːʃtɛndɪç]
⊜ befugt, berechtigt

a. ~에 속한, 권한이 있는

Der Landrat war in diesem Fall die **zuständige** Behörde für das Einschreiten. 이 경우에 그 시의회는 개입할 수 있는 권한을 가진 기관이었다.

---

gemein [ɡəˈmaɪn]
⊜ normal, gemeinsam

a. 일반적인, 보통의, 공공의, 야비한

All diesen Leuten ist die Muttersprache Deutsch **gemein**.
이 모든 사람들은 모국어로서 독일어를 사용합니다.

---

frech [fʀɛç]
⊜ ausfallend, gemein

a. 뻔뻔한, 파렴치한, 대담한

Mit **frechem** Mut sprach er sie an. 대담한 용기로 그는 그녀에게 말을 걸었습니다.

---

kneten [ˈkneːtn̩]
⊜ massieren, walken

v. 반죽하다, 주무르다, 안마하다

Die Kinder **kneten** Figuren aus Knete. 아이들은 점토로 외관을 반죽합니다.

---

schmieren [ˈʃmiːʀən]
⊜ salben, bestechen

v. 기름을 치다, 바르다, 뇌물을 주다

An Maschinen muss man ab und zu die Lager **schmieren**,
가끔 기계의 베어링을 기름칠해야 합니다.

---

für die Katz sein

phr. 헛된 일이다, 수포로 돌아가다

Bleibt zu hoffen, dass dieses Album nicht wieder **für die Katz ist**.
이 앨범이 다시 수포로 돌아가지 않기를 바란다.

---

taub [taʊ̯p]
⊜ gehörlos, stocktaub

a. 귀가 먹은, 귀머거리의

Nach dem lauten Konzert war ich ganz schön **taub**.
시끄러운 콘서트 후에 나는 완전 귀가 먹었다.

überwachen [ˌyːbɐˈvaxn̩]
v. 감시하다, 감독하다
⊜ aufpassen, beaufsichtigen

An vielen öffentlichen Plätzen sind Kameras installiert, die das Gelände und Personen auf kriminelle Handlungen hin **überwachen**.
카메라는 많은 공공 장소에 설치되어 범죄 행위에 대한 그 지역과 사람들을 감시합니다.

---

fummeln [ˈfʊml̩n]
v. 손으로 만지작거리다, 더듬다, 애무하다
⊜ streicheln, zärteln

Sie **fummelte** in der Umhängetasche nach der Taschenlampe.
그녀는 손전등을 찾으려고 숄더백 안을 손으로 더듬거렸다.

---

konstant [kɔnˈstant]
a. 지속적인, 불변의, 확고한
⊜ fortdauernd, stabil

Seit drei Wochen scheint **konstant** die Sonne.
3 주 이래로 태양은 지속적으로 빛납니다.

---

auffliegen [ˈaʊfˌfliːgn̩]
v. 중단되다, 끝장나다, 날아가다
⊜ aufflattern, fehlschlagen

Die Vögel **flogen auf** und setzten sich wieder. 새들이 날아갔다가 다시 앉았다.

---

strecken [ˈʃtʀɛkn̩]
v. 펴다, 뻗다, 내밀다
⊜ ausbreiten, ausweiten

Er **streckt** seinen Arm, damit er nicht einschläft.
그는 잠들기 않기 위해서 팔을 뻗었다.

---

verdrehen [fɛɐ̯ˈdʀeːən]
v. 비틀다, 삐다, 왜곡하다
⊜ sich ausrenken, verfälschen

Plötzlich muss Seri absteigen, die Schulter hatte sich etwas **verdreht**.
갑자기 Seri는 어깨가 약간 삐어서 내려야 했다.

---

einleuchten [ˈaɪnˌlɔɪçtn̩]
v. 이해되다, 분명해지다
⊜ überzeugen, plausibel erscheinen

Wenn euch diese Argumente nicht **einleuchten**, kann ich auch nichts weiter tun. 너희들이 이 논지를 이해 못하면, 나는 더 이상 진행할 수 없다.

---

insgeheim [ɪnsgəˈhaɪm]
a. 남몰래, 비밀의
⊜ heimlich, unbemerkt

Ich wusste, was ich wollte, und ich wusste **insgeheim** auch, dass ich es durchsetzen würde.
나는 내가 원하는 것을 알고 있었고, 나는 또한 마음속에서 그것을 성취할 것이라고 알았다.

---

vorhin [ˈfoːɐ̯hɪn]
adv. 방금, 조금 전에
⊜ kürzlich, vor Kurzem

Ich habe **vorhin** gerade erst eine Suppe gegessen, danke, ich habe jetzt keinen Appetit mehr.
나는 방금 수프를 먹었습니다. 감사합니다, 지금은 식욕이 없습니다.

---

versehentlich [fɛɐ̯ˈzeːəntlɪç]
adv. 실수로
⊜ absichtslos, irrtümlich

Ein **versehentliches** Löschen der Datei sollte eigentlich nicht möglich sein. 사실 실수로 파일을 삭제하는 것은 불가능합니다.

---

aus Versehen
phr. 실수로

Ich habe Ihnen **aus Versehen** die falschen Unterlagen zukommen lassen. 나는 실수로 당신에게 잘못된 문서를 보냈습니다.

---

heikel [ˈhaɪk̩l̩]
⊜ problematisch, schwierig

a. 다루기 힘든, 까다로운

Die Sache ist juristisch **heikel**. 이 사건은 법적으로 까다롭습니다.

---

stöbern [ˈʃtøːbɐn]
⊜ absuchen, kramen

v. 샅샅이 찾아내다, 뒤지다

Warum **stöberst** du in meinen Sachen? 왜 내 것을 뒤지는 거야?

---

unter Umständen

phr. 상황에 따라서

Wer als Geburtsdatum die Gründung seines Unternehmens angegeben hat, steht jetzt **unter Umständen** vor einem Problem. 자신의 회사의 창립일을 생년월일로 신고한 자는 경우에 따라서 문제에 직면할 수도 있다.

Mensa [ˈmɛnza]
Ⓖ f - -sen

n. 대학 구내 식당

Das Essen in der **Mensa** war heute leider versalzen. 오늘 학식은 안타깝게도 너무 짰다.

---

einigermaßen
[ˈaɪnɪgɐˌmaːsn̩]
⊜ annehmbar, geeignet

a. 어느 정도, 대략, 꽤

Auch wenn sie sehr betrunken war, gelang es ihr sich wenigstens **einigermaßen** zu benehmen. 그녀는 술에 취해 있었지만 어느 정도는 꽤 잘 행동했습니다.

---

vergebens [fɛɐˈgeːbn̩s]
⊜ erfolglos, nutzlos

adv. 무익하게, 쓸모없이, 헛되이

Alle Mühe war **vergebens**. 모든 노력은 헛된 것이었다.

---

anhaben [ˈanˌhaːbn̩]
⊜ jemandem, einer Sache Schaden zufügen

v. 옷을 입고 있다, 손해를 입히다

Sie kann mir in dieser Sache nichts **anhaben**. 그녀는 이 문제에 대해 나에게 해를 끼칠 수 없다.

---

großzügig [ˈgʁoːsˌtsyːgɪç]
⊜ großmütig, hochherzig

a. 아량이 있는, 인색하지 않은

Du bist ja sehr **großzügig** mit dem Trinkgeld. 당신은 팁에 매우 관대합니다.

---

brüllen [ˈbʁʏlən]
⊜ aufschreien, kreischen

v. 포효하다, 외치다

Mein Nachbar hat wohl eine neue Anlage. Die Musik **brüllt** nun den ganzen Tag aus seiner Wohnung. 내 이웃은 아마도 새로운 악곡 구상을 가지고 있을 것입니다. 요즘 그 음악이 그의 집에서 하루 종일 소리쳐 나온다.

übrigens [ˈyːbʀɪɡn̩s]
⊜ eigentlich, apropos

adv. 어쨌든, 덧붙여서, 그건 그렇고

Ah, **übrigens**, wusstest du, dass wir ein neues Auto gekauft haben?
아, 그런데, 너는 우리가 새 차를 샀다는 것을 알고 있어?

roh [ʀoː]
⊜ natürlich, grob

a. 날것의, 자연 그대로의, 대략의

Der **rohe** Diamant muss erst geschliffen werden.
다이아몬드 원석은 먼저 연마해야 합니다.

wie sonst

phr. 여느때처럼

Natürlich hat sie **wie sonst** fleißig gelernt.
물론 그녀는 평소와 같이 부지런히 배웠습니다.

schleunig [ˈʃlɔɪnɪç]
⊜ alsbaldig, prompt

a. 신속한, 즉시의, 급한

Doch hatte dies alles die **schleunige** Durchführung des Prozesses samt der Vollstreckung des Todesurteils nicht hindern können.
그러나 이 모든 것이 사형 선고를 포함한 재판의 신속한 실행을 방해하지 않았다.

schleichend [ˈʃlaɪçn̩t]
⊜ chronisch, sukzessive

a. 만성의, 잠행성의, 완만한, 천천히 진행하는

Warum der Islam **schleichend** Europa erobert?
이슬람교가 유럽을 점점 점령하는 이유는 무엇입니까?

wach [vaχ]
⊜ geweckt, lebhaft

a. 깨어있는, 의식이 있는

Nach einem langen Arbeitstag hat Samed Schwierigkeiten, **wach** zu bleiben. Samed 는 직장에서의 긴 하루를 보낸 후에 정신차리기 힘들다.

auflassen [ˈaʊ̯fˌlasn̩]
⊜ aufbehalten, offen lassen

v. 열어 놓다, 폐업하다, 모자를 쓰고 있다

Die Tür zum Mikrowellenherd sollte man nicht zu lange **auflassen**, weil die Beleuchtung dabei unnötig Strom verbraucht. 조명이 불필요하게 전력을 소모하기 때문에 전자레인지의 문을 너무 오랫동안 열어 놓으면 안됩니다.

angehen [ˈanˌɡeːən]
⊜ anfangen, betreffen

v. 상관있다, 관계있다, 착수하다, 시작하다

Was das **angeht**, werden wir später darüber reden.
그것에 관해서는 나중에 이야기할 것입니다.

anscheinend [ˈanʃaɪnənt]
⊜ vermutlich, wahrscheinlich

adv. 짐작컨대, 아마, 겉보기에는

Anscheinend wird es heute nicht regnen.
짐작컨대 오늘 비가 내리지 않을 것이다.

nachsehen [ˈnaːχˌzeːən]
⊜ überprüfen, nachgucken

v. 확인하다, 검사하다, 점검하다

Die Frage kann ich nicht beantworten; da muss ich erst **nachsehen**.
나는 그 질문에 답을 할 수 없다. 왜냐하면 먼저 확인해야 되기 때문이다.

knusprig [ˈknʊspʀɪç]
⊜ knackig, kross

a. 바삭바삭한

Es gibt **knusprige** Pommes ohne Fett. 지방이 없는 바삭한 감자튀김이 있습니다.

sympathisch [zʏmˈpaːtɪʃ]
⊜ wohlgefällig, lieblich

a. 호감이 가는, 공감하는

Auf mich wirkt Frau Yu sehr **sympathisch**. Frau Yu 는 나에게 매우 호감이 보인다.

sparsam [ˈʃpaːɐ̯zaːm]
⊜ geizig, ökonomisch

a. 아끼는, 절약하는, 근소한

Mit dem Trinkwasser müssen wir **sparsam** umgehen.
우리는 마시는 물을 아껴야 합니다.

stiften [ˈʃtɪftn̩]
⊜ aufbauen, begründen

v. 창설, 설립하다, 기부하다

Er hat seinem Sportverein das Grundstück für ein Vereinshaus
gestiftet. 그는 자신의 스포츠 단체에게 회관 건설을 위한 토지를 기증했다.

einbegreifen [ˈaɪ̯nbəˈɡʀaɪ̯fn̩]
⊜ beinhalten, einschließen

v. 포함하다, 셈에 넣다

Sollte sie nicht auch städtische Möglichkeiten **einbegreifen**?
그녀는 시립의 가능성을 넣어서는 안됩니까?

inbegriffen [ˈɪnbəˌɡʀɪfn̩]
⊜ eingeschlossen,
einschließlich

a. 포함된, 포함하여

Die Beilage ist im Preis **inbegriffen**, sie brauchen daher nicht mehr
zu zahlen. 반찬은 가격에 포함되어 있으므로 그들은 더 이상 지불할 필요가 없습니다.

sich verloben [fɛɐ̯ˈloːbn̩]
⊜ sich versprechen, zu heiraten
beabsichtigen

v. 약혼하다

Sie haben **sich** gestern **verlobt.** 그들은 어제 약혼했습니다.

vorankommen [foˈʀanˌkɔmən]
⊜ fortkommen,
vorwärtskommen

v. 나아가다, 발전하다, 진보하다

Die Bergungsarbeiten **kommen** langsam **voran.**
구조 작업이 천천히 진행되고 있습니다.

aufklären [ˈaʊ̯fˌklɛːʀən]
⊜ herausfinden, aufhellen

v. 밝히다, 진상을 규명하다, 설명하다

Der Unfall **klärte** sich von selbst **auf**, als die Ermittler die Schäden
am Fahrzeug begutachteten.
조사관이 차량 손상을 조사했을 때 그 사고는 자연히 해결되었습니다.

ausverkauft [ˈaʊ̯sfɛɐ̯ˌkaʊ̯ft]
⊜ vergriffen, abverkauft

a. 품절된, 다 팔린

Das neue Rollenspiel erfreut sich einer so großen Nachfrage, dass es
in Japan bereits nach wenigen Tagen **ausverkauft** ist.
새로운 롤 플레잉 게임은 수요가 많아서 일본에서는 불과 며칠 만에 절판되었습니다.

verleihen [fɛɐ̯ˈlaɪ̯ən]
⊜ borgen, überlassen

v. 빌려주다, 대여하다, 수여하다

Ich **verleihe** meine Zahnbürste grundsätzlich nicht.
기본적으로 나는 칫솔을 빌려주지 않습니다.

miserabel [mizəˈʀaːbl̩]
⊜ katastrophal, mies

a. 비참한, 형편없는, 가엾은

Die Personenbeschreibungen waren vage, die angegebenen Namen
oft falsch, die Fotos der Festgenommenen von **miserabler** Qualität.
인상 묘사가 애매하고 주어진 이름이 종종 틀렸으며 체포된 사람들의 사진의 품질은 형편없었다.

sich abfinden [ˈapˌfɪndn̩]
⊜ akzeptieren, dulden

v. 순응, 감수하다, 보상하다, 타협하다

Wir müssen **uns** wohl damit **abfinden**, dass die Energiekosten
steigen. 우리는 에너지 비용이 상승하고 있다는 사실을 감수해야 합니다.

einwandfrei [ˈaɪnvantˌfʁaɪ]
⊜ fehlerlos, korrekt

a. 이의, 의심의 여지가 없는, 명백한

Der Computer hat **einwandfrei** funktioniert.
컴퓨터가 완벽하게 작동했습니다.

---

obenan [ˈoːbn̩ˈan]
⊜ an der Spitze, an erster Stelle

adv. 선두에, 상위에

Ganz **obenan** steht der Wunsch nach einem erfüllten Privatleben.
이루고 싶은 개인 생활에 대한 희망이 가장 위에 쓰여 있다.

---

anklagen [ˈanˌklaːɡn̩]
⊜ vorwerfen, anschuldigen

v. 기소하다, 비난하다

Er wurde **angeklagt**, obwohl es keine Beweise gab.
그는 증거가 없음에도 불구하고 기소되었다.

---

tadellos [ˈtaːdl̩loːs]
⊜ ausgezeichnet, brillant

a. 결점없는, 탁월한, 뛰어난

Das Buch ist zwar gebraucht, befindet sich aber in einem **tadellosen** Zustand. 이 책은 중고이지만 결함 없는 상태이다.

---

schaukeln [ˈʃaʊ̯kl̩n]
⊜ wippen, schwanken

v. (앞뒤, 위아래로) 움직이다, 흔들다

Das Boot hat sehr stark auf den Wellen **geschaukelt**.
보트는 매우 강한 파도에 흔들렸습니다.

---

wackeln [ˈvakl̩n]
⊜ rütteln, schütteln

v. 흔들거리다, 흔들다

Der Sturm war so stark, dass das Haus **wackelte**.
폭풍이 너무 강해 집이 흔들렸습니다.

---

wedeln [ˈveːdl̩n]
⊜ schwenken, schwingen

v. 흔들다, 빨리 움직이다, 털다

Auch **wedeln** und heulen sie, wenn der Herr zurückkommt, und springen ihm vor Herzensfreude auf die Schultern. 주인이 돌아오면 그들은 또한 꼬리를 흔들고 울부짖으며 감격에 찬 기쁨으로 그의 어깨로 뛰어든다.

---

einnicken [ˈaɪnˌnɪkn̩]
⊜ dösen, duseln

v. 끄덕이다, 꾸벅꾸벅 졸다

Wie er da so vor dem Kamin in seinem Sessel saß, begann er **einzunicken**.
그는 벽난로 앞의 안락 의자에 앉아 있는 것처럼 꾸벅꾸벅 졸기 시작했습니다.

---

kneifen [ˈknaɪ̯fn̩]
⊜ zwacken, zwicken

v. 꼬집다, 압착하다

Kneift mich, ob ich wach bin! 내가 깨어 있는지 아닌지 나를 꼬집어봐!

übereinander [yːbɐˈaɪ̯ˈnandɐ]
⊜ aufeinander, wechselseitig

adv. 서로 포개어, 겹쳐서, 서로에 관하여

Die einzelnen Gemälde waren sehr akkurat **übereinander** angebracht worden. 각각의 그림들은 서로 포개어 정확하게 위치되었습니다.

---

verraten [fɛɐ̯ˈʁaːtən]
⊜ hervortreten, verzinken

v. 누설하다, 나타내다, 배신하다

Wenn du meinem Gegner bei dieser Sache hilfst, dann **verrätst** du mich! 너가 내 상대편을 도우면, 너는 나를 배반한 거야!

---

entfalten [ɛntˈfaltn̩]
⊜ auffalten, ausbreiten

v. 펴다, 풀다, 발전하다

Er **entfaltete** das Geschenkpapier. 그는 선물 포장지를 펼쳤다.

falten ['faltn̩]
⊜ verknicken, umbiegen

v. 접다, 찡그리다, 포개어 교차시키다

Den Brief bitte nicht **falten**. 편지를 접지 마세요.

---

verschränken [fɛɐ̯ˈʃʀɛŋkn̩]
⊜ kreuzen, verbinden

v. (팔,다리를) 교차시키다

Was wir wollten, war Wohnen und Arbeiten in dieser Form **verschränken**. 우리가 원했던 것은 이런 방식으로 생계와 일을 교차시키는 것이었습니다.

---

sorgfältig ['zɔʁkfɛltɪç]
⊜ aufmerksam, behutsam

a. 꼼꼼한, 세심한, 신중한, 주의깊은

Die Nachrichten sind neue, wahrheitsmäßig und **sorgfältig** wiedergegebene Informationen.
뉴스는 새롭고 진실되고 주의 깊게 재현된 정보입니다.

---

prall [pʀal]
⊜ straff, stramm

a. 탄력의, 힘찬, 팽팽한

Anhand ihrer **prallen** Brüste konnte man auf Silikonimplantate schließen. 탄력 있는 가슴을 위해 실리콘 보형물을 넣을 수 있었습니다.

---

schlaff [ʃlaf]
⊜ locker, schlottrig

a. 느슨한, 헐거운, 시든, 힘없는

Die Hemden, die sie am Vortag von den Somaliern bekommen haben, hängen **schlaff** an ihren Körpern.
전날 소말리아 사람들에게 받은 셔츠가 그들의 몸에 헐겁게 걸쳐져 있다.

---

hastig ['hastɪç]
⊜ eilig, schnell

a. 서두르는, 성급한

Der Dieb nahm **hastig** ein paar herumliegende Wertsachen und floh, als er die Sirenen der Polizei hörte.
경찰의 사이렌을 들었을 때 도둑은 성급히 귀중품을 들고 도망쳤다.

---

voraus [foˈʀaʊ̯s]
⊜ davor, vorauf

adv. 앞서, 미리, 선두에

Ich danke Ihnen im **Voraus**. 미리 감사드립니다.

---

tappen ['tapn̩]
⊜ schleichen, zuckeln

v. 더듬거리며 걸어가다, 손으로 더듬다

Unsicher **tappte** er nach dem Wasserglas.
불안정하게 그는 물컵을 향해서 손을 더듬거렸다.

---

belagern [bəˈlaːɡɐn]
⊜ umstellen, umzingeln

v. 포위하다

Unser Haus wurde von Paparazzi **belagert**. 우리 집은 파파라치에 포위됐다.

---

drängeln ['dʀɛŋl̩n]
⊜ drücken, schieben

v. 떠밀다, 밀치다, 재촉하다

Vor allem nachts **drängeln** sich die Lkw auf den wenigen Parkplätzen. 특히 밤에는 트럭이 좁은 주차장에 몰려듭니다.

---

rau [ʀaʊ̯]
⊜ borstig, stürmisch

a. 거친, 황량한, 난폭한

Die Gegner haben sich ein ziemlich **raues** Spiel angewöhnt.
상대편은 꽤 거친 경기에 익숙해졌습니다.

---

wickeln ['vɪkl̩n]
⊜ aufrollen, binden

v. (실) 감다, 말다, 싸다, 감싸다

Das Seil hatte sich unglücklicherweise um den Knöchel des Anglers **gewickelt**. 불행히도 그 로프는 낚시꾼의 발목 주위를 감쌌다.

Tastatur [tasta'tuːɐ̯]
G f - en

n. 건반, 키보드

Dieser Text wurde mit einer **Tastatur** geschrieben.
이 텍스트는 키보드로 쓰였습니다.

Habilitationsschrift
[habilita'tsi̯oːnsʃrɪft]
G f - en

n. 대학 교수 자격 취득 논문

Die **Habilitationsschriften** der Absolventen unserer Fakultät finden Sie in dem Segment dort drüben.
저기서 우리 학부 졸업생들의 교원 자격 논문을 찾을 수 있습니다.

---

verschwommen
[fɛɐ̯'ʃvɔmən]
⊜ unklar, vage

a. 희미한, 불명료한, 몽롱한

Als sie eines Morgens aufwacht, sieht sie auf dem linken Auge nur mehr **verschwommen**.
그녀가 어느 날 아침에 잠에서 깼을 때 그녀는 왼쪽 눈이 더 흐리게 보였다.

---

zuverlässig ['tsuːfɛɐ̯ˌlɛsɪç]
⊜ getreu, ehrlich

a. 신용할 수 있는, 믿을 만한, 확실한

adv. 확실히, 틀림없는

Ehrlichkeit und Gerechtigkeitssinn sind die einzigen **zuverlässigen** Grundlagen von Wohlstand und Ansehen.
정직과 정의의 의미는 안녕과 명망을 유일하게 신뢰할 수 있는 토대입니다.

Vereinigte Staaten
[fɛɐ̯'ʔaɪ̯nɪçtə 'ʃtaːtn̩]
G pl.

n. 미국

Washington ist die Hauptstadt der **Vereinigten Staaten**.
미국의 수도는 워싱턴 입니다.

---

nebensächlich
['neːbn̩ˌzɛçlɪç]
⊜ belanglos, unwichtig

a. 중요하지 않은, 사소한, 종속적인

Kein Wunder, dass er mit seiner Arbeit nicht vorankommt, wenn er sich dauernd mit solchen **nebensächlichen** Kleinigkeiten beschäftigt.
끊임없이 사소한 일로 바쁘다면 그가 작업을 진행할 수 없다는 것에 놀랄 일도 아니다.

---

behindern [bə'hɪndɐn]
⊜ aufhalten, beeinträchtigen

v. 방해하다, 훼방하다

Das Unfallfahrzeug blockiert die Straße und **behindert** den Verkehr.
사고 차량은 도로를 차단하고 교통을 방해합니다.

Konsequenz
[kɔnze'kvɛnts]
G f - en

n. 결과, 결론

Er hält an seiner Idee mit äußerster **Konsequenz** fest.
그는 최악의 결과인 그의 아이디어에 고집합니다.

---

ahnen ['aːnən]
⊜ annehmen, fühlen

v. 예감하다, 눈치채다, 어렴풋이 느끼다

Das kann doch keiner **ahnen**, dass das nur ein Scherz war!
아무도 이것이 단지 농담이라고 눈치채지 못한다!

---

anhaften ['anˌhaftn̩]
⊜ anhängen, ankleben,

v. 수반되다, 달라붙다, 묻다, 붙다

Der Fleck **haftete** sehr hartnäckig am Kragen des Pullovers **an**.
얼룩이 스웨터의 깃에 아주 완전히 달라붙었습니다.

sich halten an [ˈhaltn̩]
⊜ gehorchen, gehorsam sein

v. ~에 따라 행동하다, ~에 따르다, ~에 의지하다

Konsequenterweise muss diese Position gleichzeitig fordern, dass alle Menschen **sich an** diese gemeinsamen Werte auch **halten**. 결과적으로 이 상황은 동시에 모든 사람들이 공동적인 가치를 준수하도록 요구해야 한다.

Kommilitone [ˌkɔmiliˈtoːnə]
Ⓖ *m n*

n. 학우, 동창

Es war normal, dass ich mich ihnen anschloss, da wir keinen Zugang zu den reichen Studenten hatten, der Mehrzahl unserer **Kommilitonen**. 대다수의 부자 학우들에게 접근할 수 없었기 때문에 나는 그들에게 합류하는 것이 정상적이었다.

Verfassung [fɛɐ̯ˈfasʊŋ]
Ⓖ *f* - *en*

n. 헌법, 제도

Das Gesetz konnte nicht verabschiedet werden, da es gegen die **Verfassung** verstieß. 헌법을 위반하면서 법을 통과시킬 수는 없었다.

---

zunächst [tsuˈnɛːçst]
⊜ anfangs, zuerst

adv. 처음에, 맨 먼저, 우선

Behandeln wir **zunächst** die Symptome des Problems, später dessen Ursache. 우리가 먼저 문제의 증상을 치료한다면 나중에 그 원인을 알 수 있습니다.

---

auseinandersetzen [aʊ̯sʔaɪ̯ˈnandɛzɛtsn̩]
⊜ erklären, diskutieren

v. 토론하다, 설명하다, 몰두하다

Mit diesem Problem werden wir uns **auseinandersetzen** müssen. 우리는 이 문제에 대해 토론해야 할 것입니다.

---

herausnehmen [hɛˈʁaʊ̯sˌneːmən]
⊜ entnehmen, herausholen

v. 꺼내다, 빼내다, 주제넘은 짓을 하다

Er **nahm** sich ein Bonbon aus der Tüte **heraus**. 그는 봉지에서 사탕을 꺼냈다.

---

um - herum

phr. ~의 주변에

Die Welt **um** euch **herum** wird sich ständig bewegen. 세계는 당신들 주변에서 끊임없이 움직일 것입니다.

---

aneignen [ˈanˌʔaɪ̯gnən]
⊜ erbeuten, erlernen

v. 취득하다, 습득하다, 터득하다

Ich habe mir die niederländische Sprache innerhalb eines Jahres **angeeignet**. 나는 1년 만에 네덜란드어를 습득했다.

---

schlicht [ʃlɪçt]
⊜ simpel, einfach

a. 간단한, 솔직한, 소박한, 단순한

Dieses **schlichte** Kleid wird eine Art Uniform für Frauen mit Geschmack werden. 이 간단한 복장은 취향에 따라 여성들에게 일종의 유니폼이 될 것입니다.

Anhäufung [ˈanhɔɪ̯fʊŋ]
Ⓖ *f* - *en*

n. 축적(물)

Durch den Ausfall der Müllabfuhr war die **Anhäufung** von Müll vor den Häusern ein gewohnter Anblick. 쓰레기 수거의 취소로 인해 집 앞에 쓰레기가 쌓이는 것은 일반적인 광경이었습니다.

---

ohne roten Faden

phr. 중심 주제 없이, 근본 없이

Die Tagebücher seien schwer zu lesen, da sie Informationen **ohne roten Faden** aneinander reihten, führte er aus. 정보를 중심 주제 없이 서로 연결시켰기 때문에 그 일기는 읽기 어렵다고 그는 설명했습니다.

Eifer [ˈaɪ̯fɐ]

G _m_ _s_ _x_

🔵 _n._ 열심, 열정, 열의

Er zeigte deutlichen **Eifer**, als er seine Hausaufgaben erledigte.
그는 숙제를 할 때 확연한 열정을 보였습니다.

---

abgesehen von

🔵 _phr._ ~를 제외하고, ~를 별도로 하고

Abgesehen von einem Schaden bei dem eingesetzten Longfront-Bagger sind alle Arbeiten bisher reibungslos verlaufen.
굴착기가 손상된 것을 제외하고는 모든 작업이 지금까지 순조롭게 진행되었습니다.

---

verschaffen [fɛɐ̯ˈʃafn̩]

⊖ besorgen, erbringen

🔵 _v._ 마련하다, 공급하다, 알선하다

Das Arbeitsamt **verschaffte** ihm einen Arbeitsplatz.
노동 관청은 그에게 일자리를 제공했습니다.

Standardwerk [ˈstandaʁtˌvɛʁk]

G _n_ _(e)s_ _e_

🔵 _n._ 학술 서적, 전문 서적

Der Katalog gilt als **Standardwerk**. 그 카탈로그는 전문 서적으로 통한다.

Lektüre [lɛkˈtyːʁə]

G _f_ - _n_

🔵 _n._ 독서

Im Urlaub bevorzugen viele eine leichte **Lektüre**.
휴가 중에 많은 사람들은 가볍게 독서를 하는 것을 선호합니다.

Haltung [ˈhaltʊŋ]

G _f_ - _en_

🔵 _n._ 자세, 태도, 각오, 마음가짐

Eine ruhige, selbstbewusste **Haltung** zeichnete sie aus.
차분하고 자신감 있는 태도가 그녀의 특징이었습니다.

Wust [vuːst]

G _m_ _es_ _x_

🔵 _n._ 쓰레기, 난잡한 것

In seinem Arbeitszimmer fand sich ein **Wust** von Zeitungsausschnitten aus längst vergangenen Tagen.
그의 연구실은 지난 수일 동안 신문 스크랩 조각들로 난잡했다.

Trugschluss [ˈtʁuːkʃlʊs]

G _m_ _es_ _ü-e_

🔵 _n._ 잘못된 결론, 궤변

Dieser **Trugschluss** führte letztendlich zur Katastrophe.
이 잘못된 결론은 결국 재앙으로 이어졌습니다.

Vorgehen [ˈfoːɐ̯ˌgeːən]

G _n_ _s_ _x_

🔵 _n._ 행동, 행태, 대응

Die eigentliche Idee war gut, aber ein solches **Vorgehen** sorgte für Kritik. 아이디어는 좋았지만 그런 대응은 비판이 우려된다.

---

sich entpuppen als [ɛntˈpʊpn̩]

⊖ sich zeigen als, sich ausweisen als

🔵 _v._ 정체가 드러나다, 고치를 뚫고 나오다

Was wie ein Glücksgriff erschien, **entpuppte sich als** folgenschwere Fehlentscheidung. 행운인 것처럼 보였던 것은 중대하게 잘못된 결정으로 밝혀졌습니다.

---

quälen [ˈkvɛːlən]

⊖ leiden, lasten

🔵 _v._ 괴롭히다, 고통을 주다

Wie um unsere Schwierigkeiten noch zu vergrößern, hatten uns den ganzen Tag Moskitos und Sandmücken **gequält**.
우리의 스트레스를 더 키우려고 하는 것처럼 모기들은 하루 종일 우리를 괴롭혔습니다.

Qual [kvaːl]
G f - en

n. 고통, 고민, 번뇌

Er verspürte unendliche **Qualen**. 그는 끊임없이 고통을 느꼈다.

---

wiedergeben [ˈviːdɐˌgeːbn̩]
⬭ aufzeigen, zurückgeben

v. 되돌려주다, 묘사하다, 인용하다, 재현하다

Leider muss ich ihm sein Buch **wiedergeben**; ich hätte es gerne behalten. 안타깝게도 나는 그에게 그의 책을 돌려줘야 한다; 나는 사실 그것을 가지고 싶었다.

Epoche [eˈpɔxə]
G f - n

n. 시대, 시기

Novalis war ein deutscher Schriftsteller aus der **Epoche** der Romantik. Novalis 는 낭만주의 시대의 독일 작가였습니다.

---

kitzeln [ˈkɪtsl̩n]
⬭ jucken, reizen

v. 간지럽히다, 자극하다

Es ist möglich, jemanden zu Tode zu **kitzeln**.
누군가를 죽을 때까지 간지럽히는 것은 가능할 수도 있습니다.

---

aufweisen [ˈaʊ̯fˌvaɪ̯zn̩]
⬭ aufzeigen, hinweisen

v. 입증하다, 내보이다, 추방하다

Ich **wies auf**, wie ich über die Sache denke.
나는 그 문제에 대해 어떻게 생각하는지 제시하였다.

---

ethisch [ˈeːtɪʃ]
⬭ moralisch, sittlich

a. 윤리학의, 윤리적인

Die Gesetzesvorlage versucht, **ethische** Ansprüche zu verwirklichen.
그 법안은 윤리적 요구를 실현하려고 합니다.

Gewissensbisse
[gəˈvɪsn̩sˌbɪsə]
G pl.

n. 양심의 가책

Was macht der Drogendealer, wenn er **Gewissensbisse** bekommt?
마약상이 양심의 가책을 느낀다면 무엇을 할까?

---

verwalten [fɛɐ̯ˈvaltn̩]
⬭ administrieren, führen

v. 관리하다, 감독하다, 맡다

Er **verwaltet** sein Amt nach Recht und Gesetz.
그는 정의와 법률에 따라 그의 직무를 행합니다.

---

drosseln [ˈdrɔsl̩n]
⬭ abbremsen, aufhalten

v. 줄이다, 늦추다, 제한하다

Im zweiten Quartal blieb die deutsche Wirtschaft auf Wachstumskurs, **drosselte** nach dem starken Jahresauftakt allerdings ihr Tempo etwas. 독일 경제의 2/4 분기는 성장 궤도에 머물렀지만 연초가 시작한 이후에는 다소 둔화되었습니다.

---

leuchten [ˈlɔɪ̯çtn̩]
⬭ blinken, scheinen

v. 빛나다, 반짝이다

Als sie den neuen Werkzeugkasten sah, begannen ihre Augen zu **leuchten**. 그녀가 새로운 도구 상자를 보았을 때 그녀의 눈은 반짝이기 시작했다.

---

platzen [ˈplatsn̩]
⬭ explodieren, zerknallen

v. 파열하다, 터지다

Der Luftballon **platzte** vor Überhitzung. 풍선이 과열로 파열되었습니다.

---

steif [ʃtaɪ̯f]
⬭ starr, stramm

a. 뻣뻣한, 굳은, 딱딱한, 서투른, 진한

Durch den Einsatz von Wäschestärke war der Kragen ganz **steif**.
세탁 풀을 사용했기 때문에 옷깃은 아주 뻣뻣했습니다.

---

kondolieren [kɔndoˈliːʀən]

⊜ Beileid aussprechen,
Anteilnahme ausdrücken

v. 조의를 표하다

Er schrieb sich ins Kondolenzbuch, also hat er **kondoliert**.
그는 조문록을 작성해서 조의를 표했습니다.

---

umständlich [ˈʊmʃtɛntlɪç]

⊜ kompliziert, verzwickt

a. 형식적인, 허례허식의, 성가신, 까다로운

Die Aufgabe wurde sehr **umständlich** gelöst.
그 일은 매우 까다롭게 해결되었다.

Sirene [ˌziˈʀeːnə]

Ⓖ *f - n*

n. 경보기, 사이렌

Die **Sirenen** der Feuerwehr heulten gestern sehr oft.
어제 소방서의 사이렌 소리가 자주 울렸습니다.

Anführungszeichen
[ˈanfyːʀʊŋsˌtsaɪçn̩]

Ⓖ *n s -*

n. 인용 부호, 따옴표

Ein wortwörtliches Zitat muss in **Anführungszeichen** gesetzt
werden. 축어적 인용구는 따옴표로 묶어야 합니다.

Tonfall [ˈtoːnˌfal]

Ⓖ *m s ä-e*

n. 음의 억양

Er brachte seine Kritik in einem sehr sarkastischen **Tonfall** vor.
그는 빈정대는 억양으로 비평을 말했다.

Krampf [kʀampf]

Ⓖ *m (e)s ä-e*

n. 경련, 발작

Bei einem **Krampf** helfen manchmal Massagen.
마사지는 때때로 경련에 도움이 됩니다.

Dominanz [ˌdomiˈnants]

Ⓖ *f - en*

n. 우성, 우세, 우월

Googles **Dominanz** wird nicht ewig währen.
Google 의 지배력은 영원히 지속되지는 않을 것이다.

Ausgeglichenheit
[ˈaʊsgəglɪçənhaɪt]

Ⓖ *f - x*

n. 균형, 조화가 이루어짐, 원만함

Er zeichnet sich im Gegensatz zu den anderen durch seine
auffallende **Ausgeglichenheit** aus.
그는 다른 사람들과 비교해서 눈에 띄는 조화로움으로 두각을 나타냈다.

Drohung [ˈdʀoːʊŋ]

Ⓖ *f - en*

n. 협박, 위협, 공갈

Die **Drohung** mit einem Zivilprozess ließ ihn seine Forderung
zurücknehmen. 그는 민사 소송의 위협으로 인해 그의 요구를 철회하게 되었습니다.

Pantomime [ˌpantoˈmiːmə]

ⓖ *f* - *n*

n. 무언극

Um die **Pantomime** verstehen zu können, braucht man keiner Sprache mächtig zu sein. 판토마임을 이해하기 위해서는 말이 필요하지 않습니다.

Würfel [ˈvʏʁfl̩]

ⓖ *m* *s* -

n. 주사위, 정육면체

Der **Würfel** zeigt vier Augen, deshalb darf ich vier Felder weiterziehen. 주사위 눈이 4 개이므로 나는 4 칸을 이동할 수 있다.

Barriere [baˈʁi̯eːʁə]

ⓖ *f* - *n*

n. 울타리, 책, 장애물

Ich übertrete die **Barriere**. 나는 울타리를 넘을 거야.

Inhaber [ˈɪnˌhaːbɐ]

ⓖ *m* *s* -

n. 소유자, 점유자

Der **Inhaber** des Restaurants beschwerte sich bei der Polizei über randalierende Jugendliche.
식당 주인은 경찰에게 난동부리는 십대들에 대해 불평했다.

Sternzeichen [ˈʃtɛʁnˌtsaɪ̯çən]

ⓖ *n* *s* -

n. 별자리

Sie fragt ihn, wann er geboren ist, und es stellt sich heraus, dass er Schütze ist, ein sehr gutes **Sternzeichen**. 그녀는 그가 언제 태어났냐고 물었습니다. 그리고 그는 아주 좋은 별자리인 궁수 자리라는 것이 밝혀졌습니다.

Schwalbe [ˈʃvalbə]

ⓖ *f* - *n*

n. 제비

Die **Schwalben** fliegen heute tief. 오늘은 제비가 낮게 난다.

Schwall [ʃval]

ⓖ *m* *(e)s* *e*

n. 대량의 물, 큰 파도

Aus dem gebrochenen Rohr kam ein **Schwall** Wasser.
깨진 파이프에서 대량의 물이 나왔습니다.

Kater [ˈkaːtɐ]

ⓖ *m* *s* -

n. 수고양이, 숙취

Der **Kater** springt vom Dach. 고양이가 지붕에서 뛰어내린다.

Initiative [initsi̯aˈtiːvə]

ⓖ *f* - *n*

n. 주도, 창의, 결단력

In der Metropole Berlin gab es ähnliche Veranstaltungen, aber meist auf lokale **Initiative** von Aktivisten hin.
베를린 대도시에서도 이와 비슷한 시위가 있었지만 대부분 지역 운동가들의 활동이었다.

Ressort [ʁɛˈsoːɐ̯]

ⓖ *n* *s* *s*

n. 관할영역, 소관 사항, 권한

In diesem **Ressort** haben wir zu wenige Mitarbeiter.
이 부서에는 직원이 너무 적습니다.

Gemüt [ɡəˈmyːt]

ⓖ *n* *(e)s* *er*

n. 마음, 심정, 감정

Sie hat ein kindliches, liebevolles **Gemüt**.
그녀는 어린애 같은 사랑스러운 마음이 있습니다.

Falle [ˈfalə]

ⓖ *f* - *n*

n. 덫, 함정

Die Ermittler stellten bei dem Verhör eine geschickte **Falle**, in die der Verdächtige prompt tappte.
수사관들은 심문할 때 용의자가 여지없이 걸려들도록 능란한 함정을 만들었다.

Plagiat [pla'gia:t]
_G_ _n_ _(e)s_ _e_

_n._ 표절, 표절 작품

Das Werk dieses Wissenschaftlers ist ein **Plagiat**.
이 과학자의 작품은 표절입니다.

Resultat [ˌʀezʊl'ta:t]
_G_ _n_ _(e)s_ _e_

_n._ 결과, 성과, 결말

1+2 oder 2+1 ergeben das gleiche **Resultat**.
1+2 또는 2+1 는 동일한 결과를 제공합니다.

Fußnote ['fuːsˌnoːtə]
_G_ _f_ _-_ _n_

_n._ 주석, 각주

Unabdingbare Begleiter der Quellen waren die Fußnoten. Ohne
Fußnoten keine Geisteswissenschaft.
출처의 꼭 필요한 안내자는 각주였다. 각주가 없으면 인문학도 없다.

Modalität [modali'tɛːt]
_G_ _f_ _-_ _en_

_n._ 방법, 양식, 사정

Zunächst müssen die **Modalitäten** geklärt werden.
첫째로 양식을 명확히 해야 합니다.

Didaktik [di'daktɪk]
_G_ _f_ _-_ _en_

_n._ 교수학, 교수학 논문, 수업 방법

Heute ist **Didaktik** eng mit der Mathetik verbunden.
오늘날 교육은 수학과 밀접하게 관련되어 있습니다.

Karikatur [kaʀika'tuːɐ̯]
_G_ _f_ _-_ _en_

_n._ 풍자화, 만화

Die **Karikatur** ist die bildliche Form der Satire.
풍자화는 풍자의 그림 형식입니다.

Absurdität [ˌapzʊʀdi'tɛːt]
_G_ _f_ _-_ _en_

_n._ 불합리, 부조리

Die **Absurdität** entfaltet sich immer erst im Kontext.
부조리는 항상 주위 환경에서 전개됩니다.

Jubiläum [jubi'lɛːʊm]
_G_ _n_ _s_ _-läen_

_n._ 기념일

Die Stadt hat am Wochenende ihr 700. **Jubiläum** gefeiert.
이 도시는 주말에 700 주년을 기념했습니다.

Blitz [blɪts]
_G_ _m_ _es_ _e_

_n._ 번개, 섬광

An **Blitz** und Donner erkennt man ein Gewitter.
번개와 천둥으로 뇌우를 인식한다.

Bewältigung [bə'vɛltɪgʊŋ]
_G_ _f_ _-_ _en_

_n._ 극복, 성취

Die Firma äußert sich zur **Bewältigung** der Finanzkrise.
그 회사는 금융 위기를 극복하기 위해 입장을 표명했다.

Mandant [man'dant]
_G_ _m_ _en_ _en_

_n._ 의뢰인, 위탁자, 위임자

Mein **Mandant** kann ein lückenloses Alibi für die Tatzeit vorweisen.
내 의뢰인은 범죄 당시의 완벽한 알리바이를 입증할 수 있습니다.

Buchführung ['buːχˌfyːʀʊŋ]
_G_ _f_ _-_ _x_

_n._ 부기, 경리부

Tatsächlich ist die **Buchführung** bei unseren Bauern noch nicht
übermäßig verbreitet. 사실 부기는 우리 농민들에게 아직 널리 퍼지지 않았습니다.

Ermittlung [ɛɐ̯ˈmɪtlʊŋ]

G f - en

n. 발견, 탐구, 조사

Nach bisherigem Stand könnte es sich um einen Familienstreit handeln. Das werden die weiteren **Ermittlungen** noch klären müssen. 지금까지의 상황은 가족 분쟁에 관한 것일 수도 있다. 그것은 아직 더 조사를 명확히 해야 한다.

Routine [ʁuˈtiːnə]

G f - x

n. 지루한 되풀이, 틀에 박힌 것, 숙련

Aufgrund seiner **Routine** könnte man meinen, dass er bei der Veranstaltung ganz locker ist.
그의 틀에 박힌 일과 때문에 그는 그 행사가 아주 편안하다고 생각할 수도 있습니다.

Einarbeitung [ˈaɪ̯nʔaʁˌbaɪ̯tʊŋ]

G f - en

n. 가공, 처리, 훈련

In der vorliegenden Handlungsempfehlung werden die wesentlichen Punkte zusammengefasst, an die bei der **Einarbeitung** von Mitarbeiterinnen und Mitarbeitern zu denken ist.
앞에 있는 권장 사항은 직원 교육 시 고려해야 할 주요 사항을 요약한 것입니다.

Beförderung [bəˈfœʁdəʁʊŋ]

G f - en

n. 승진, 진급

Die **Beförderung** zum Filialleiter liegt nun auch wieder fast zehn Jahre zurück. 지점 관리자로 승진했던 것은 거의 10 년 전으로 거슬러 올라갑니다.

Gehalt [ɡəˈhalt]

G n (e)s ä-er

n. 임금, 급료, 봉급

Mein **Gehalt** ist schon seit Jahren nicht gestiegen. Gleichzeitig werden Strom und Lebensmittel immer teurer.
내 연봉은 몇 년 동안 오르지 않았습니다. 동시에 전기와 생필품은 점점 더 비싸 지고 있습니다.

Stelle [ˈʃtɛlə]

G f - n

n. 장소, 자리, 일자리, 부서

Haben Sie sich für diese **Stelle** beworben? 당신은 이 일에 지원했습니까?

Teilzeitstelle [ˈtaɪ̯lˌtsaɪ̯tˌʃtɛlə]

G f - n

n. 파트타임 일

Er wird bis zu seiner Pensionierung eine **Teilzeitstelle** in Wiesbaden antreten. 그는 퇴직할 때까지 비스바덴에서 파트타임으로 일을 할 것입니다.

Umschulung [ˈʊmʃuːlʊŋ]

G f - en

n. 전학, 진학, 재교육

Mehr als 80 Prozent aller Absolventen finden nach der **Umschulung** schnell einen passenden Job.
모든 졸업생의 80 % 이상이 재교육 후 빠르게 적절한 직업을 찾습니다.

Bündnis [ˈbʏntnɪs]

G n ses se

n. 동맹, 연합

Vorerst zögern sie noch, das geplante **Bündnis** einzugehen.
당분간 그들은 계획된 연합에 가입하는 것을 꺼리고 있다.

Brett [bʁɛt]

G n (e)s er

n. 널빤지, 마루판자

Eine der wichtigsten Einrichtungen im Sommerzeltlager war das **Brett** mit den Programmaushängen.
여름 텐트 캠프에서 가장 중요한 시설 중 하나는 프로그램을 게시하는 게시판이었습니다.

Trittbrettfahrer
['tʀɪtbʀɛt̩ˌfaːʀɐ]

G m s -

n. 노력없이 남의 일에서 이득을 보는 사람, 무임승차자

Der Mann bekannte sich schließlich als **Trittbrettfahrer** und wollte Kapital aus dem Verbrechen schlagen.
결국 그 남자는 노력없이 이득을 보는 사람으로 알려졌고 범죄로 이득을 보고싶어 했다.

Paraphrase [paʀaˈfʀaːzə]

G f - n

n. 의역, 풀어쓰기

Zu Bundespräsident kann man als **Paraphrase** "Präsident der Bundesrepublik Deutschland" bilden.
연방 대통령은 "독일 연방 공화국의 대통령" 이라고 풀어서 쓸 수 있습니다.

Solidarität [ˌzolidaʀiˈtɛːt]

G f - en

n. 연대, 연대감, 결속

Solidarität ist ein Schlüsselbegriff der Gewerkschaften.
결속은 노조의 핵심 관념입니다.

Ruder ['ʀuːdɐ]

G n s -

n. 노, 키, 방향타

Leider hatten sie ein **Ruder** verloren und waren daher nicht mehr konkurrenzfähig. 불행히도 그들은 방향을 잃어서 더 이상 경쟁력이 없었습니다.

Interjektion [ˌɪntɐjɛkˈtsi̯oːn]

G f - en

n. 감탄사

Eine Sonderstellung in Bezug auf die Etymologie nehmen die **Interjektionen** (Ausrufewörter) ein.
감탄사는 어형론적으로 특별한 상태를 가진다.

---

aufschluchzen
['aʊfʃlʊxtsn̩]

⊜ schluchzen, seufzen

v. 흐느껴 울다

Dann kommen Sätze, die den Leser fast **aufschluchzen** lassen.
다음에 독자들이 거의 흐느껴 울 만한 문장이 나온다.

Besprechung [bəˈʃpʀɛçʊŋ]

G f - en

n. 논의, 협의, 비평, 주술

Nach dem Abschluss des Bauprojektes erfolgte eine ausführliche **Besprechung**. 건설 프로젝트가 완료된 후 자세한 논의가 이루어졌습니다.

Spalt [ʃpalt]

G m (e)s e

n. 틈, 균열, 불화

Als sie uns die Tür öffnet, haben wir Mühe, unseren Koffer durch den kleinen **Spalt** ins Vorzimmer zu zwängen.
그녀가 문을 열었을 때, 우리는 현관의 작은 틈으로 여행 가방을 밀어 넣는데 힘들었다.

Stall [ʃtal]

G m (e)s ä-e

n. 우리, 마구간, 외양간

Aus dem **Stall** stinkt es zum Himmel. 마구간에서 악취가 풍긴다.

Grat [gʀaːt]

G m (e)s e

n. 산마루, 산등

Wir kletterten über den **Grat** zum Gipfel.
우리는 정상을 향해 능선을 기어올랐다.

Antritt ['antʀɪt]

G m (e)s e

n. 시작, 출발, 넘겨받음

Das Abitur ist eine Voraussetzung zum **Antritt** des Hochschulstudiums. Abitur 는 대학 공부를 시작하기 위한 전제 조건입니다.

Prämie [ˈpʀɛːmi̯ə]

G *f* - *n*

n. 특별 수당, 사례, 보상금, 보수

Für den Gewinn der Goldmedaille gibt es eine hohe **Prämie**.
금메달 우승은 높은 상금이 있습니다.

Schreiner [ˈʃʀaɪ̯nɐ]

G *m* *s* -

n. 가구공, 목수

Den Schrank haben wir uns vom **Schreiner** machen lassen.
우리는 목수에게서 옷장을 만들어 달라고 했다.

Kantine [kanˈtiːnə]

G *f* - *n*

n. 매점, 구내식당

Mittags ging ich in die **Kantine** zum Essen. 정오에 나는 점심 먹으러 매점에 갔다.

Plunder [ˈplʊndɐ]

G *m* *s* *n*

n. 잡동사니, 쓰레기

Diesen **Plunder** können wir wohl wegwerfen.
우리는 이 쓰레기를 잘 버릴 수 있습니다.

Broschüre [bʀɔˈʃyːʀə]

G *f* - *n*

n. 소책자, 팜플렛

Beim Verlassen der Werbeveranstaltung drückten sie mir noch eine **Broschüre** in die Hand. 판촉 행사를 마칠 때 그들은 내 손에 팜플렛을 주었습니다

Akquisition [akviziˈtsi̯oːn]

G *f* - *en*

n. 획득, 조달, 고객유치

Die **Akquisition** der konkurrierenden Firma ist fehlgeschlagen.
경쟁사의 고객유치는 실패했습니다.

Aufwand [ˈaʊ̯fvant]

G *m* *(e)s* *ä-e*

n. 소비, 소모, 비용, 낭비

Wir haben großen **Aufwand** getrieben, um diese Sache fertig zu kriegen. 우리는 이것을 끝내기 위해 많은 지출을 했습니다.

Liegestütz [ˈliːɡəʃtʏts]

G *m* *es* *e*

n. 팔굽혀펴기

Jeden Morgen 30 **Liegestütze** hält einen fit!
매일 아침 30 번의 팔 굽혀 펴기로 몸매를 유지합니다!

Schema [ˈʃeːma]

G *n* *s* *men*

n. 틀, 도식, 도해, 개요

Liebesromane sind immer nach dem gleichen **Schema** aufgebaut.
로맨스 소설은 항상 같은 틀로 만들어집니다.

Armut [ˈaʀmuːt]

G *f* - *x*

n. 가난, 빈곤, 부족

Die in der Welt herrschende **Armut** sollte die Menschen zum Nachdenken bringen. 사람들은 세계적인 빈곤을 고찰해야 합니다.

Reichtum [ˈʀaɪ̯çtuːm]

G *m* *(e)s* *ü-er*

n. 부, 재력, 풍요

Der **Reichtum** des Landes begründet sich auf Öl.
그 나라의 부는 석유를 기반으로 합니다.

UN-Vollversammlung [ˈfɔlfɛɐ̯ˌzamlʊŋ]

G *f* - *en*

n. UN 총회

Die **UN-Vollversammlung** hat am Freitag die Beratungen über einen globalen Migrationspakt beendet.
유엔 총회는 금요일에 세계 이주 협약에 관한 회담을 끝냈다.

Wiese [ˈviːzə]
G f - n

n. 목초지, 초원

Die **Wiesen** bilden vor allem zur Beutejagd sowie zum Ruhen und Sonnen einen wichtigen Sommerlebensraum.
초원은 중요한 여름 서식지이며 볕이 날 뿐만 아니라 휴식처와 특히 먹이 사냥을 형성한다.

Übergriff [ˈyːbɐˌgʀɪf]
G m (e)s e

n. 간섭, 침해

Der **Übergriff** auf ihre körperliche Unversehrtheit ist eine Straftat.
신체적 안전을 침해하는 것은 범죄입니다.

Epidemie [epideˈmiː]
G f - n

n. 유행병, 전염병, 돌림병

Diese Grippe-**Epidemie** hat wirtschaftlich großen Schaden verursacht. 이 독감 전염병은 큰 경제적 손실을 초래했습니다.

Senior [ˈzeːni̯oːɐ̯]
G m s en

n. 연장자, 노령자

Im Bus habe ich mich mit zwei **Senioren** unterhalten.
나는 버스에서 두 명의 연장자들과 이야기했습니다.

Substantiv [ˈzʊpstanˌtiːf]
G n s e

n. 명사

Substantive werden im Deutschen groß geschrieben.
명사는 독일어로 대문자로 표기됩니다.

Misstrauen [ˈmɪsˌtʀaʊ̯ən]
G n s x

n. 불신, 의심

Das **Misstrauen** gilt auch der Politik. 미신은 정치에도 영향이 있다.

Unterdrückung
[ˌʊntɐˈdʀʏkʊŋ]
G f - en

n. 억압, 진압, 억제

Studentischer Dachverband kritisiert **Unterdrückung** an Hochschulen. 학생회는 대학에서의 억압을 비판합니다.

Manier [maˈniːɐ̯]
G f - en

n. 방식, 방법, 작품, 행동, 품행

Seine scheinbare Schüchternheit war mehr ein Ausdruck guter **Manieren** und verbarg eine gute Portion Selbstsicherheit.
그의 수줍음은 좋은 매너의 표현이었고 자신 있는 태도를 감춘다.

Gatte [ˈgatə]
G m n n

n. 남편

Ihr **Gatte** ist drei Jahre älter als sie. 그녀의 남편은 그녀보다 3 살 많습니다.

Mücke [ˈmʏkə]
G f - n

n. 모기

Eine **Mücke** hat mich letzte Nacht gestochen. 어젯밤에 모기가 나를 물었다.

Spitzenreiter [ˈʃpɪtsn̩ˌʀaɪ̯tɐ]
G m s -

n. 선두 주자

Gerade die **Spitzenreiter** bei den Mädchen, Sophie und Marie, sind vor allem als zweiter und dritter Name sehr beliebt. 특히 소녀들에게 Sophie 와 Marie 이름은 두 번째와 세 번째 선두그룹으로 인기가 있습니다.

Lemma [ˈlɛma]
G n s ta

n. 표제, 전제

Jeder Artikel besteht aus **Lemma** (Artikelkopf), Textteil und gegebenenfalls dem Verweisteil.
각 기사는 표제 (머리글), 텍스트 섹션 및 필요한 경우에는 참조 섹션으로 구성됩니다.

Kerze ['kɛʁtsə]
G *f - n*

n. 초, 양초

Die **Kerze** ist gleich abgebrannt. 촛불이 바로 불타버렸습니다.

Elend ['eːlɛnt]
G *n (e)s x*

n. 불행, 고통, 고뇌, 궁핍

Nach ihrer Flucht aus Jugoslawien sind sie ins **Elend** geraten.
유고 슬라비아에서 탈출 한 후에 그들은 궁핍에 빠졌습니다.

Befragung [bə'fʁaːgʊŋ]
G *f - en*

n. 문의, 조회, 조사

Eine **Befragung** im Sinne einer genehmigungspflichtigen
Angelegenheit lag nicht vor. 승인 문제에 대한 문의는 없었습니다.

Diener ['diːnɐ]
G *m s -*

n. 하인, 종, 신하

Ein **Diener** lernt auf einer speziellen Schule, wie er sich gegenüber
dem Herren verhalten muss.
하인은 특수 학교에서 주인에게 행동하는 법을 배웁니다.

Schwelle ['ʃvɛlə]
G *f - n*

n. 문지방, 문턱

Wir stehen an der **Schwelle** zu einer neuen Ära.
우리는 새로운 시대의 문턱에 서있습니다.

Gravitation [gʁavita'tsi̯oːn]
G *f - x*

n. 중력

Die **Gravitation** hält die Planeten auf ihren Bahnen und lässt den
Apfel zu Boden fallen. 중력은 행성을 궤적에 유지하고 사과를 땅으로 떨어뜨립니다.

Prinzip [pʁɪn'tsiːp]
G *n s -ien*

n. 원칙, 규범, 신조, 원리

Der Herr Wolf war ihren **Prinzipien** Zeit seines Lebens treu.
울프씨는 평생 동안 자신의 원칙에 충실했습니다.

Weide ['vaɪ̯də]
G *f - n*

n. 목초지, 목장, 버드나무

Weide ist ein Weichholz. 버드나무는 부드러운 나무입니다.

Balkendiagramm
['balkn̩dia̩gʁam]
G *n s e*

n. 막대그래프

Zur Darstellung der Rangfolge der Länder mit den größten
Ölreserven nutzte er ein **Balkendiagramm**.
그는 막대그래프를 사용하여 가장 큰 석유 매장량을 가진 국가의 순위를 보여주었습니다.

Schach [ʃax]
G *n s s*

n. 장기, 체스

Am Neuen Markt lässt sich jetzt **Schach** spielen.
이제 Neuen Markt 에서 체스를 할 수 있습니다.

Orden ['ɔʁdn̩]
G *m s -*

n. 훈장, 공로장, 결사, 교단

Er bekam für seine besonderen Verdienste einen **Orden** verliehen.
그는 특별 공로 훈장을 수여받았다.

Kittel ['kɪtl̩]
G m s -

n. 가운, 덧옷, 윗도리

Für Chemiker gehört ein **Kittel** zur Arbeitsbekleidung.
화학자에게는 가운은 작업복에 속합니다.

Gips [gɪps]
G m es e

n. 석고, 회, 황산칼슘

Im Krankenhaus bekam ich einen **Gips**, damit der Bruch heilen konnte. 나는 병원에서 깁스를 했고 골절을 치료할 수 있었다.

Baumwolle ['baʊ̯mˌvɔlə]
G f - n

n. 솜, 목화, 면화

Der Anbau der **Baumwolle** ist nur in tropischen und subtropischen Gebieten möglich. 목화 재배는 열대 및 아열대 지역에서만 가능합니다.

Gießkanne ['giːsˌkanə]
G f - n

n. 물 뿌리개

Manche Blumen müssen jeden Tag mit der **Gießkanne** bewässert werden. 일부 꽃들은 물 뿌리개로 매일 물을 줘야합니다.

Haube ['haʊ̯bə]
G f - n

n. 두건, 모자, 뚜껑

Der Koch trägt in der Küche immer seine weiße **Haube**.
그 요리사는 항상 부엌에서 그의 하얀 두건을 두른다.

Molekül [moleˈkyːl]
G n s e

n. 분자

Das leichteste **Molekül** ist ein Wasserstoffmolekül.
가장 가벼운 분자는 수소 분자입니다.

Spalte ['ʃpaltə]
G f - n

n. 틈, 균열, 단

Die erste **Spalte** dient oft zur Durchnummerierung.
첫 번째 단은 종종 번호 매기기에 사용됩니다.

Junggeselle ['jʊŋɡəˌzɛlə]
G m n n

n. 총각, 미혼남, 독신남

Ihr Sohn ist schon 64 Jahre alt und immer noch **Junggeselle**.
그녀의 아들은 이미 64 세이며 여전히 독신입니다.

Fräulein ['fʀɔɪ̯laɪ̯n]
G n s -

n. 미혼녀, 처녀

Die Bezeichnung **Fräulein** ist heutzutage bei vielen Frauen verpönt.
Fräulein 이라는 명칭은 오늘날 많은 여성들에게 엄금합니다.

Anglistik [aŋˈɡlɪstɪk]
G f - x

n. 영어 영문학

Die **Anglistik** untersucht u.a. die Geschichte der englischen Sprache.
영어 영문학은 특히 영어의 역사를 연구합니다.

Politologie [politoloˈgiː]
G f - x

n. 정치학

Die **Politologie** setzt sich wissenschaftlich mit politischen Fragen auseinander. 정치학은 정치적 문제를 학문적으로 다룹니다.

Herde [ˈheːɐ̯də]

G *f* - *n*

n. 가축의 떼, 무리

Nach Angaben des betroffenen Tierhalters sind 10 der 12 Tiere umfassende **Herden** getötet worden.
가축 주인에 따르면 12 마리의 가축 무리 중 10 마리가 죽었습니다.

Rudel [ˈʁuːdl̩]

G *n* *s* -

n. 짐승들의 떼, 무리, 패

Wölfe treten in **Rudeln** auf. 늑대 무리가 나타났습니다.

Schwarm [ʃvaʁm]

G *m* *(e)s* *ä-e*

n. (물고기들) 떼, (새) 무리, 집단

Ein **Schwarm** von Vögeln fliegt über den See.
새 무리가 호수 위로 날아간다.

Strohhalm [ˈʃtʁoːˌhalm]

G *m* *(e)s* *e*

n. 짚대, 빨대

Eiskaffee trinkt man mit dem **Strohhalm**. 아이스 커피는 빨대로 마신다.

Mikroskop [mikʁoˈskoːp]

G *n* *s* *e*

n. 현미경

Wir betrachteten die geschnittene Zwiebelschale unter dem **Mikroskop**. 우리는 현미경으로 얇게 썬 양파 껍질을 관찰했습니다.

Erhebung [ɛɐ̯ˈheːbʊŋ]

G *f* - *en*

n. 언덕, 승급, 봉기, 징수, 조사, 정신적인 고양

Einer neuen **Erhebung** zufolge sind 80% aller Statistiken falsch.
새로운 조사에 따르면 모든 통계의 80 % 가 잘못되었습니다.

Klotz [klɔts]

G *m* *es* *ö-e*

n. 나무, 장작, 그루터기

Es ist schwer, so einen **Klotz** zu spalten. 장작을 쪼개는 것은 어렵습니다.

Kern [kɛʁn]

G *m* *(e)s* *e*

n. 씨, 알맹이, 핵심, 중심

Pfirsiche haben große, harte **Kerne**. 복숭아는 크고 단단한 씨가 있습니다.

Atommeiler [aˈtoːmˌmaɪ̯lɐ]

G *m* *s* -

n. 원자로

Die pannenanfälligen belgischen **Atommeiler** sind für Deutschland immer wieder Grund zur Sorge.
붕괴되기 쉬운 벨기에 원자로는 항상 독일에서 우려의 대상이다.

Ruine [ʁuˈiːnə]

G *f* - *n*

n. 폐허, 고허

Die **Ruine** des Schlosses darf wegen Einsturzgefahr nicht mehr betreten werden. 성곽의 고허는 붕괴 위험 때문에 들어갈 수 없습니다.

Laus [laʊ̯s]

G *f* - *äu-e*

n. (벌레) 이

Sein Kopf ist voller **Läuse**. 그의 머리는 이가 가득합니다.

Kakerlake [kakɐˈlaːkə]

G *m* *n* *n*

n. 바퀴벌레

Harvard-Ingenieuren ist es gelungen, nach einer Roboter-Biene auch eine Roboter-**Kakerlake** zu entwickeln.
하버드 엔지니어들은 로봇 꿀벌과 로봇 바퀴벌레를 개발하는 것을 성공했습니다.

Damm [dam]

G *m* *(e)s* *ä-e*

n. 제방, 둑

Hinter dem **Damm** stauten sich gewaltige Wassermassen, deren Energie sich in den 400 Meter tiefergelegenen Turbinen entlud, um weite Teile des Landes mit Elektrizität zu versorgen.
댐 뒤에는 막대한 양의 물이 쌓여 있었고 그 에너지는 400 미터 높이의 터빈으로 방전되어 그 나라의 큰 영역에 전기를 공급했다.

Kunststoff [ˈkʊnstʃtɔf]

G *m* *(e)s* *e*

n. 합성수지, 플라스틱

Die ersten **Kunststoffe** entstanden, als Mitte des 19. Jahrhunderts Rohstoffe wie Holz oder Metalle immer knapper und damit teurer wurden. 첫 번째 플라스틱은 19 세기 중반에 목재나 금속과 같은 천연 자원이 점차적으로 부족하여 더 비싸게 되었을 때 만들어졌습니다.

Draht [dʀaːt]

G *m* *(e)s* *ä-e*

n. 철사, 전화선

Für kleinere Reparaturen genügt manchmal ein Stück **Draht**.
간단한 수리는 때때로 철사 조각 하나로 충분하다.

Benehmen [bəˈneːmən]

G *n* *s* *x*

n. 처신, 행동거지

Wir müssen rechtzeitig absagen, das ist eine Frage des **Benehmens**.
우리는 제 시간에 취소해야 합니다, 그것은 태도의 문제입니다.

Wiege [ˈviːɡə]

G *f* - *n*

n. 유모차

Glücklicher Säugling! Dir ist ein unendlicher Raum noch die **Wiege**.
예쁜 아기야! 너에게는 이 유모차가 무궁무진한 공간이야.

Eule [ˈɔʏ̯lə]

G *f* - *n*

n. 부엉이

Die **Eule** gilt oft als Sinnbild der Weisheit.
올빼미는 종종 지혜의 상징으로 여겨집니다.

Gewächshaus
[ɡəˈvɛksˌhaʊ̯s]

G *n* *es* *ä-er*

n. 온실, 비닐하우스

Im **Gewächshaus** gedeihen die Pflanzen besonders gut.
온실에서는 식물이 특히 잘 번성합니다.

Mäppchen [ˈmɛpçən]

G *n* *s* -

n. 필통, 작은 케이스

Kannst du mir mal bitte mein **Mäppchen** wiedergeben?
내 필통 다시 돌려줄래?

Stillstand [ˈʃtɪlʃtant]

G *m* *(e)s* *ä-e*

n. 정지, 정체

Wegen der Schäden an den Anlagen kam es zu einem **Stillstand** der Produktion. 시설들의 손상으로 인해 생산이 중단되었습니다.

Schlitten [ˈʃlɪtn̩]

G m s -

n. 썰매

Die Kinder jagen schon den ganzen Tag lang mit ihren **Schlitten** den Abhang hinunter. 아이들은 산 중턱에서 하루 종일 썰매를 타고 있습니다.

Krug [kʀuːk]

G m (e)s ü-e

n. 항아리, 단지, 맥주잔

Sie saßen die ganze Nacht am **Krug**. 그들은 밤새 술을 마셨다.

Feldfrüchte [ˈfɛltˌfʀʏçtə]

G pl.

n. 농작물, 곡식

Die Reben haben eine tiefere Wurzel als **Feldfrüchte**. 포도 나무는 농작물보다 뿌리가 깊습니다.

Gelenk [ɡəˈlɛŋk]

G n (e)s e

n. 관절

Die Männer fingerten zwischen den **Gelenken** der Puppe herum. 남자들은 인형의 관절 사이를 만지작거렸다.

Rinde [ˈʀɪndə]

G f - n

n. 껍질, 외피

Aus der **Rinde** der Korkeiche stellt man Korken her. 코르크는 코르크 오크 나무 껍질에서 만들어집니다.

Sternschnuppe [ˈʃtɛʀnˌʃnʊpə]

G f - n

n. 유성, 별똥별

Wenn eine **Sternschnuppe** fällt, hat man einen Wunsch frei. 별똥별이 떨어지면 소원이 이루어집니다.

Beerdigung [bəˈʔeːɐ̯dɪɡʊŋ]

G f - en

n. 장례식, 매장

Der **Beerdigung** schloss sich ein Leichenschmaus im Dorfgasthof an. 장례식은 마을 여인숙에서 문상객들을 대접하였다.

---

abwegig [ˈapˌveːgɪç]

⊜ abseitig, absurd

a. 정도를 벗어난, 잘못된, 드문

Genauigkeit und leicht **abwegiger** Humor kennzeichnen ihre Inszenierungen. 그녀의 연출은 정확성과 살짝 정도를 벗어난 유머가 특징이다.

---

zittern [ˈtsɪtɐn]

⊜ rütteln, schlottern

v. 떨다, 진동하다, 걱정하다

Was ist denn los? Du **zitterst** ja am ganzen Körper. 무슨 일이야? 너는 온몸을 떨고 있어.

Fledermaus [ˈfleːdɐˌmaʊ̯s]

G f - ä-e

n. 박쥐

Die **Fledermaus** streckt schnuppernd das Köpfchen aus der Höhle. 박쥐는 킁킁거리며 동굴에서 머리를 내밀었다.

---

sich anhören [ˈanˌhøːʀən]

⊜ anmerken, spüren

v. 어떤 느낌/인상을 주다

Dein Angebot **hört sich** gar nicht mal so schlecht **an**. 그 제안은 그렇게 나쁜 느낌은 아닙니다.

Schall [ʃal]

G m (e)s e

n. 소리, 음향

Das Gerät erzeugt Kühlung unter Einsatz von **Schall** und verursacht damit einen ohrenbetäubenden Lärm. 그 장치는 음향을 사용하여 시원한 공기를 생성하지만 귀가 멀 정도의 소음을 일으킵니다.

Kletterpflanze
['klɛtɐpflantsə]
G f - n

n. 덩굴 식물

Im Regenwald findet man eine unüberschaubare Zahl an **Kletterpflanzen**. 열대 다우림에서 수 많은 덩굴 식물을 발견했다.

---

antun ['anˌtuːn]
⊜ anziehen, beibringen

v. 베풀다, 가하다, 매혹하다

Bitte **tu** mir nichts **an**! 제발 나에게 피해 되는 어떤 것도 하지마!

---

verleiten [fɛɐ̯'laɪ̯tn̩]
⊜ verführen, verlocken

v. 유인하다, 유혹하다

Nun zeigen US-amerikanische Studien, dass die fettreduzierten Lebensmittel genau das Gegenteil erreichen: Sie **verleiten** Menschen eher dazu, mehr zu essen. 현재 미국 연구에 따르면 저지방 식품은 정확히 반대의 역할을 합니다. 그것들은 사람들을 유혹하여 더 많이 먹는 경향이 있습니다.

---

aufspüren ['aʊ̯fˌʃpyːʀən]
⊜ ermitteln, detektieren

v. 냄새를 맡다, 탐지하다

Ein Polizeidiensthund konnte die drei Männer im Bereich eines nahe gelegenen Einkaufszentrums **aufspüren**.
경찰견이 인근 쇼핑몰 근처에서 세 남자를 탐지할 수 있었습니다.

Tropen ['tʀoːpn̩]
G pl.

n. 열대, 열대지방

In den **Tropen** toben oft heftige Stürme.
거친 폭풍은 종종 열대 지방에서 불어닥친다.

Bestäubung [bə'ʃtɔɪ̯bʊŋ]
G f - en

n. (식물) 수분, 수정

Nicht nur die bekannte Honigbiene ist für die **Bestäubung** der Pflanzen wichtig. 잘 알려진 꿀벌만이 식물의 수분을 위해 중요한 것은 아니다.

---

prächtig ['pʀɛçtɪç]
⊜ ausgezeichnet, prachtvoll

a. 화려한, 아름다운, 훌륭한

Unser Weihnachtsbaum war **prächtig** geschmückt.
우리의 크리스마스 트리는 화려하게 장식되었습니다.

---

anbringen ['anˌbʀɪŋən]
⊜ befestigen, fixieren

v. 설치하다, 말하다, 팔다, 가지고 들어오다

Yumi wird morgen das Bild **anbringen**. 유미가 내일 사진을 가지고 올 것이다.

---

betrachten als [bə'tʀaχtn̩]
⊜ ansehen als, halten für

v. ~로 간주하다, 여기다

Ich **betrachte** die Situation **als** wenig aussichtsreich.
나는 그 상황을 별로 유망하지 않다고 여긴다.

---

abstatten ['apˌʃtatn̩]
⊜ leisten, besuchen

v. 행하다, 나타내다, 베풀다

Er werde seine Anschrift in Erfahrung bringen und ihm einen Besuch **abstatten**. 그는 그의 주소를 알아내고 그를 방문할 것이다.

---

in Kauf nehmen

phr. 감수하고 받아들이다

Wenn du an dem Spiel teilnimmst, wirst du allerdings Erin **in Kauf nehmen** müssen. 너는 그 게임에 참여하면 당연히 Erin 을 받아들여야 한다.

Manöver [maˈnøːvɐ]
G n s -

n. 훈련, 작전, 방향 조종

Als **Manöver** bezeichnet man eine realistische militärische Übung.
현실적인 군사 훈련을 Manöver 라고 부른다.

Flügel [ˈflyːɡl̩]
G m s -

n. 날개

Der Vogel bewegt seine **Flügel** und schwingt sich in die Lüfte.
새는 날개를 움직이고 공중으로 날아올랐습니다.

---

flattern [ˈflatɐn]
⊜ fliegen, zittern

v. 날아 가다, 팔랑거리며 떨어지다, 떨다

Lasst die olympischen Fahnen **flattern**! 올림픽 깃발을 펄럭이자!

---

düsen [ˈdyːzn̩]
⊜ rasen, rennen

v. 빨리 타고 가다, 빠른 속도로 달려 가다

Nach einer halben Stunde **düst** die Limousine wieder davon.
30 분 후에 리무진은 다시 달린다.

---

mittels [ˈmɪtl̩s]
⊜ anhand, mit

präp. ~을 도구로 하여, ~을 이용하여, ~에 의하여

Er drehte die Schraube anschließend **mittels** eines
Schraubendrehers in die Wand.
그리고 그는 드라이버를 이용하여 나사를 벽에 돌렸다.

---

inmitten [ɪnˈmɪtn̩]
⊜ unter, zwischen

präp. ~한가운데에, ~하는 중에

Inmitten einer Menschenansammlung habe ich deinen Freund
getroffen. 군중 한가운데서 나는 네 친구를 만났어.

---

betören [bəˈtøːʀən]
⊜ verführen, bezirzen

v. 우롱하다, 속이다, 유혹하다

Männer lassen sich gern von schnellen Autos **betören**.
남자들은 빠른 차에 현혹 받습니다.

Gewächs [ɡəˈvɛks]
G n es e

n. 식물, 농산물

Dieses **Gewächs** ist harmlos sagt immerhin der Arzt.
이 식물은 무해하다고 의사는 말합니다.

---

naschen [ˈnaʃn̩]
⊜ schnökern, schlecken

v. 몰래 집어 먹다, 군것질 하다

Ich **nasche** immer Brombeeren. 나는 항상 블랙 베리를 먹는다.

überragend [ˌyːbɐˈʀaːɡn̩t]
⊜ ausgezeichnet,
   außergewöhnlich

a. 우수한, 뛰어난

Von Max Planck, einem der **überragendsten** Köpfe unseres
Jahrhunderts, wissen wir, dass er eigentlich Nationalökonom werden
wollte. 우리는 맥스 플랑크가 우리 시대의 가장 뛰어난 사람들 중에 하나이지만, 우리는
실제로는 그가 국민 경제학자가 되기를 원했다는 것을 압니다.

Paraboloid [paʀaˈboːlɪt]
G n (e)s e

n. 포물선

Der Randträger ist so geformt, dass sich das Dach nach Einbau der
Bespannung als hyperbolisches **Paraboloid** darstellt. 가장자리 대들보가
그렇게 형성되어 있어서 덮개의 삽입 후 지붕은 쌍곡선의 포물선으로 보여 진다.

konkav [kɔŋ'kaːf]
⊖ gekrümmt, geschwungen

a. 오목한

In der Mitte der Wand war ein großer **konkaver** Spiegel angebracht.
벽의 중앙에는 큰 오목 거울이 있었다.

einzigartig ['aɪntsɪç,ʔaːɐ̯tɪç]
⊖ außergewöhnlich, beispiellos

a. 유일무이의, 비범한, 출중한

Sie hatte ein **einzigartiges** Wesen. 그녀는 독특한 성격을 가졌습니다.

Gefilde [gə'fiːdə]
Ⓖ *n s e*

n. 광야, 들판, 지역

Im Vergleich hierzu zieht es Touristen aus dem Ausland in südliche **Gefilde**, denn die meisten ausländischen Besucher kommen nach Bayern. 반면 외국인 방문객 대부분이 바이에른으로 가기 때문에 이곳과 비교하면 외국인 관광객들은 남부 지방에 끌린다.

erschweren [ɛɐ̯'ʃveːʁən]
⊖ aufhalten, beeinträchtigen

v. 어렵게 하다, 방해하다, (죄) 더 무겁게 하다

Die feuchte Luft **erschwert** mir das Atmen.
습기가 많은 공기가 숨 쉬는 것을 방해한다.

halbrund ['halp,ʁʊnt]
⊖ gebogen, geschweift

a. 반원형의

Bald waren die Plätze an den Tischen und im **halbrunden** Zelt besetzt. 곧 자리는 테이블과 반원형 텐트에 채워졌습니다.

Schüssel ['ʃʏsl̩]
Ⓖ *f - n*

n. 사발, 대접, 음식

Hol doch mal die **Schüssel** aus dem Schrank. 찬장에서 그릇을 꺼내십시오.

Ortung ['ɔʁtʊŋ]
Ⓖ *f - en*

n. 위치의 측정, 전파 탐지

Die **Ortung** des Fahrzeuges war, nachdem es in einen Überseecontainer verbracht wurde, nicht mehr möglich.
차량의 위치 측정은 해외 컨테이너로 옮겨진 후에 더 이상 가능하지 않았습니다.

anweisen ['anvaɪzn̩]
⊖ anordnen, zuweisen

v. 맡기다, 지도하다, 할당하다, 입금시키다

Er wurde dazu **angewiesen**, den Müll raus zu bringen.
그는 쓰레기를 내다 버리라는 지시를 받았다.

Anziehung ['an,tsiːʊŋ]
Ⓖ *f - en*

n. 매력, 유혹

Zwischen der Erde und dem Mond besteht eine gegenseitige **Anziehung**. 지구와 달 사이에는 상호 인력이 있습니다.

Fang [faŋ]
Ⓖ *m (e)s ä-e*

n. 잡음, 포획, 포획물

Der **Fang** von Tieren erfordert einige Erfahrung.
동물을 잡는 데는 약간의 경험이 필요합니다.

Beute ['bɔɪ̯tə]
Ⓖ *f - n*

n. 노획물, 전리품, 벌집, 반죽통

Die Jäger kehrten mit reicher **Beute** heim.
사냥꾼들은 많은 노획물과 함께 귀가했습니다.

reklamieren [ʁekla'miːʁən]
⊖ beanspruchen, einfordern

v. 환불을 요구하다, 손해 배상을 청구하다, 항의하다

Die Kunden **reklamieren** reihenweise ihre defekten Mobiltelefone.
고객은 불량 휴대전화를 줄지어 환불합니다.

Konjunktur [kɔnjʊŋkˈtuːɐ̯]
G f - en

n. 시세, 국면, 경기

Die gute **Konjunktur** sorgt für mehr Arbeitsplätze.
경제 호황은 더 많은 일자리를 보장합니다.

Klettverschluss
[ˈklɛtfɛɐ̯ˌʃlʊs]
G m es ü-e

n. 벨크로, 찍찍이

Möchtest du lieber Schuhe mit Schnürsenkeln oder mit
Klettverschluss? 너는 끈이 있는 신발을 원해? 아니면 벨크로 신발을 원해?

Raumfahrt [ˈʁaʊ̯mˌfaːɐ̯t]
G f - en

n. 우주비행

Die Crew wird morgen zur nächsten **Raumfahrt** starten.
승무원은 내일 우주 비행을 시작할 것입니다.

Murks [mʊʁks]
G m es x

n. 손재주가 없는 사람, 실수, 실패, 작은사람

So ein **Murks**! Er sollte sich schämen, so eine Arbeit abzuliefern!
완전 졸작이야! 그는 이런 작품을 건네 줬다는 것에 부끄러워해야 한다!

Konsumgüter
[kɔnˈzuːmˌɡyːtɐ]
G pl.

n. 일상생활 필수품, 소비재

Weniger als drei Prozent der neuen **Konsumgüter** erreichen einen
Umsatz von mehr als 50 Millionen Euro im ersten Jahr.
새로운 소비재의 3 % 미만이 첫 해에 5 천만 유로가 넘는 매출을 올렸습니다.

---

zerbröseln [tsɛɐ̯ˈbʁøːzl̩n]
⊜ zerbröckeln, zerkrümeln

v. 부수다, 분쇄하다

Sie **zerbröselte** die trockenen Brötchen, um sie an die Enten zu
verfüttern. 그녀는 오리에게 먹이를 주기 위해 마른 빵을 부셨습니다.

übrig [ˈyːbʁɪç]
⊜ überschüssig, überzählig

a. 남아 있는, 나머지의

Wieviel ist denn vom Kuchen von gestern noch **übrig**?
어제의 남은 케이크는 얼마나 있습니까?

---

schlau [ʃlaʊ̯]
⊜ gerissen, klug

a. 교활한, 약삭빠른, 간사한

Kimmy und Lin waren sicherlich **schlau**, aber nicht gescheit.
Kimmy와 Lin은 확실히 약삭빠르지만 똑똑하지는 않았습니다.

---

begreifen [bəˈɡʁaɪ̯fn̩]
⊜ erfassen, verstehen

v. 이해하다, 납득하다, 간주하다

Der Junge benötigt noch etwas Zeit, bis er die Rechenart wirklich
begreift. 그 아이는 계산법을 제대로 이해하기까지 시간이 더 필요합니다.

Bon [bɔŋ]
G m s s

n. 어음, 증권, 쿠폰

Umtausch oder Erstattung gibt es nur gegen Vorlage des **Bons**.
교환 또는 환불은 영수증을 제시해야만 가능합니다.

Lamento [laˈmɛnto]
G n s s

n. 비탄, 비가

Sie fielen in ein lautes **Lamento** über die drohenden Kosten.
그 위협적인 금액에 대해 그들은 큰 소리로 비탄했다.

betreffen [bə'tʀɛfn̩]
⊜ angehen, beziehen

v. 관계하다, 당면하다, 닥치다

Das Schreiben **betrifft** den Kaufvertrag über das Grundstück.
이 문서는 부동산 구입 계약과 관련이 있습니다.

---

unterschieben [ˈʊntɐˌʃiːbn̩]
⊜ anlasten, unterjubeln

v. 떠넘기다, 위조하다, 밀어내다

Wenn er kein Kind wollte, dann würde ich ihm keines
unterschieben. 그가 아이를 원하지 않았으면 그에게 아기를 떠넘기지 않았을 것이다.

Anspruch [ˈanʃpʀʊx]
Ⓖ *m (e)s ü-e*

n. 권리, 기대, 요구

Als Chef stellte er allerhöchste **Ansprüche** an sich selbst und an
seine Mitarbeiter. 사장으로서 그는 자신 스스로와 그의 동료들에게 기대치가 높다.

---

ohnehin [ˈoːnəhɪn]
⊜ sowieso, schon

adv. 그렇지 않아도, 더욱이, 하여튼

Es ist **ohnehin** schon entschieden. Man kann es nicht mehr ändern!
어쨌든 이미 결정되었습니다. 더 이상 변경할 수 없습니다!

Entbindung [ɛntˈbɪndʊŋ]
Ⓖ *f - en*

n. 석방, 출산, 방출

Zwei Wochen nach der **Entbindung** war sie schon wieder topfit.
출산 2 주 후 그녀는 다시 컨디션이 최고가 되었습니다.

---

wachsen [ˈvaksn̩]
⊜ gedeihen, reif werden

v. 발생하다, 생기다, 행하다, 성장하다

Diese Früchte **wachsen** an Bäumen. 이 과일은 나무에서 자랍니다.

---

eigenhändig [ˈaɪɡn̩ˌhɛndɪç]
⊜ selbst geschrieben,
autographisch

a. 자신의, 스스로의, 자필의

Ein Testament muss immer **eigenhändig** geschrieben sein.
유언장은 항상 손으로 써야합니다.

Aufwand betreiben

phr. 사치하다, 낭비하다

Bitte, keinen unnötigen **Aufwand betreiben**.
불필요한 낭비를 하지 마십시오.

Gebrauch [ɡəˈbʀaʊx]
Ⓖ *m (e)s ä-e*

n. 사용, 이용, 적용, 응용

Die Maschine haben wir noch nicht in **Gebrauch** genommen.
우리는 아직 그 기계를 사용하지 않았습니다.

---

aufbewahren
[ˈaʊfbəˌvaːʀən]
⊜ aufheben, behalten

v. 보존하다, 보관하다

Ich **bewahrte** meine alte Schallplattensammlung lange Zeit **auf**.
나는 오랜 시간 동안 낡은 레코드 컬렉션을 보관했습니다.

---

befeuern [bəˈfɔɪɐn]
⊜ anfachen, anheizen

v. 불을 때다, 촉진하다

Es wäre erfreulich, wenn du in den nächsten zwei Stunden den Ofen
befeuern könntest. 2 시간 안에 화덕에 불을 붙일 수 있으면 좋을 것이다.

Wahn [vaːn]
Ⓖ *m (e)s e*

n. 광기, 미침, 정신 착란

Die Patientin lebt in dem **Wahn** verfolgt zu werden.
그 환자는 쫓긴다는 망상 속에 살아간다.

umgehend [ˈʊmɡeːənt]
⊜ unverzüglich, direkt

a. 즉시, 즉각, 지체없이

Danke für die **umgehende** Beantwortung meines Briefes.
제 편지에 바로 답장해 주셔서 감사합니다.

Bruch [bʀʊχ]
Ⓖ m (e)s ü-e

n. 깸, 파손, 부서짐, 결렬

Ein **Bruch** mit den Traditionen setzte ein. 관습을 깨면서 시작되었습니다.

unsachgemäß
[ˈʊnˌzaχˌɡəˈmɛːs]
⊜ falsch, inkorrekt

a. 사실에 입각하지 않은, 적절하지 않은

Beim Transport sollen die Arzneimittel nicht **unsachgemäß** gelagert worden sein. 운송 중에 약물이 부적합하게 보관되어서는 안됩니다.

Notwehr [ˈnoːtˌveːɐ̯]
Ⓖ f - x

n. 긴급 방어, 정당 방위

Der Polizist handelte mit seinem Schuss aus **Notwehr**.
경찰관은 정당 방위로 발포하였다.

sich abspielen [ˈapˌʃpiːlən]
⊜ sich ereignen, erfolgen

v. 일어나다, 진행되다

Es ist ein Drama, was in der Höhle **sich abspielen** muss.
동굴에서 일어나는 일은 드라마틱하다.

auflehnen [ˈaʊ̯fˌleːnən]
⊜ aufbegehren, protestieren

v. 기대다, 거역하다

Die Sklaven **lehnten** sich gegen ihren herrischen Besitzer **auf**.
노예들은 그들의 주인에 반항했다.

Regress [ʀeˈɡʀɛs]
Ⓖ m es e

n. 상환, 손해 배상 청구

Als der Endkunde den Mangel beanstandete, nahm der Händler den Hersteller in **Regress**.
고객이 결함에 대해 불만을 제기하자 딜러는 제조업체에 손해 배상 청구를 하였다.

namhaft [ˈnaːmhaft]
⊜ bekannt, berühmt

a. 유명한, 중요한

Der Spender war eine **namhafte** Persönlichkeit.
그 기부자는 상당한 인격의 소유자였다.

beharrlich [ˌbəˈhaʀlɪç]
⊜ dauernd, hartnäckig

a. 참을성이 강한, 고집하는, 완고한

Der mutmaßliche Täter schweigt **beharrlich**.
그 용의자는 완고하게 침묵했다.

unentgeltlich
[ˈʊnʔɛntˌɡɛltlɪç]
⊜ umsonst, kostenlos

a. 무료의, 공짜의
adv. 무료로, 공짜로

Alles dies geschieht in etlichen Stunden Arbeit **unentgeltlich**, einfach aus Freude an der Gemeinschaft.
이 모든 일은 수 시간 동안 무료로 진행되며 단지 지역 사회를 즐기기 위한 것입니다.

13

1201~1300

Tag

---

bewandert [bə'vandɛt]

⊜ erfahren, fachkundig

ⓐ 경험있는, 정통한

Wir benötigen einen Mitarbeiter, der nicht nur auf seinem Fachgebiet sehr **bewandert** ist, sondern auch über bestimmte Personal Skills verfügt. 우리는 자신의 전문 분야에 정통할 뿐만 아니라 특정 개인 기술을 갖춘 직원이 필요합니다.

---

verfassen [fɛɐ̯'fasn̩]

⊜ formulieren, aufsetzen

ⓥ 작성하다, 기초하다, 저작하다

Wer hat dieses Pamphlet **verfasst**? 누가 이 팜플렛을 썼습니까?

---

dotieren [do'tiːʀən]

⊜ spenden, stiften

ⓥ 기부하다, 돈을 마련하다, 증여하다

Der Stifter **dotierte** den Preis für die ehrenamtlichen Helfer mit 200 Euro. 기부자는 자원 봉사자에게 200 유로의 포상을 증여했습니다.

Rezension [ʀetsɛn'ʣi̯oːn]

ⓖ *f* - *en*

ⓝ 비평, 평론

Am Anfang, als Assistent und Privatdozent, hatte er auf jeden Sonderdruck mit einem Brief reagiert, der oft die Länge einer **Rezension** hatte.
처음에는 조수와 강사로서 그는 종종 비평이 담긴 편지의 별책에 대해 응답했습니다.

---

entwerfen [ɛnt'vɛʀfn̩]

⊜ konzipieren, ausarbeiten

ⓥ 윤곽을 그리다, 입안하다, 설계하다

Der Künstler hat sie alle **entworfen**, aber nur ganz wenige davon selbst ausgearbeitet. 그 예술가는 그것들을 모두 입안했지만 극히 일부만이 스스로를 끝냈습니다.

Sparte ['ʃpaʀtə]

ⓖ *f* - *n*

ⓝ 부분, 분야, 칸(난)

In dieser **Sparte** der Autoproduktion hat das Wachstum drei Jahre weltweit angehalten. 자동차 생산 부문의 성장은 전 세계적으로 3 년 동안 정체되었습니다.

---

gegenwärtig ['geːgn̩ˌvɛʀtɪç]

⊜ momentan, aktuell

ⓐ 현재의, 지금의, 지금 있는, 출석하고 있는

Zum **gegenwärtigen** Zeitpunkt können wir noch nichts sagen.
지금은 아무것도 말할 수 없습니다.

Verband [fɛɐ̯'bant]

ⓖ *m* (e)s *ä-e*

ⓝ 결합, 연맹, 협회, 부대, 무리

Die **Verbände** haben ihre Lobby in Berlin. 협회는 베를린에 로비를 두고 있습니다.

Endausscheidung ['ɛntˌaʊ̯sʃaɪ̯dʊŋ]

ⓖ *f* - *en*

ⓝ 최종 예선

In der **Endausscheidung** setzte sich das Team in mehreren Durchgängen gegen seine Konkurrenten durch.
그 팀은 최종 예선의 경쟁자들과 몇 차례의 경기에서 우승하였다.

117

Manuskript [manuˈskrɪpt]

G n (e)s e

> *n.* 원고, 초고, 사본
>
> Ein von Hand geschriebener Brief ist ein **Manuskript**.
> 손으로 쓴 편지는 초고입니다.

Band [bant]

G n (e)s ä-er

> *n.* 끈, 띠, 리본, 인대
>
> Die Frau trug **Bänder** im Haar. 여자는 머리에 리본을 했다.

Band [bant]

G m (e)s ä-e

> *n.* 권, 책, 단행본
>
> Das Lexikon soll in 10 **Bänden** erscheinen.
> 그 백과사전은 10 권으로 출판되어야 한다.

Band [bɛnt]

G f - s

> *n.* 밴드, 악단, 악대
>
> Die **Band** spielt Blues. 밴드는 블루스를 연주합니다.

Ausschreibung
[ˈaʊsʃraɪbʊŋ]

G f - en

> *n.* 공고, 공고문
>
> Zu der **Ausschreibung** der Gartengestaltung bei uns gab es fast
> keine Bewerbungen. 우리 정원 디자인의 공고에 대한 지원은 거의 없었습니다.

Lyrik [ˈlyːrɪk]

G f - x

> *n.* 서정시
>
> Die **Lyrik** wurde und wird immer wieder auch von der populären
> Musikkultur beeinflusst.
> 그 시는 인기있는 음악 문화에 의해 반복적으로 영향을 받았고 받을 것이다.

Schnittmenge [ˈʃnɪtˌmɛŋə]

G f - n

> *n.* 교집합
>
> Die Menge C ist die **Schnittmenge** aus den Mengen A und B.
> 집합 C 는 집합 A 와 B 의 교집합입니다.

alteingesessen
[altˈʔaɪŋɡəzɛsn̩]

⊜ bodenständig, eingeboren

> *a.* 옛날부터 살고 있는
>
> Unsere Nachbarn gehören zu den hiesigen **alteingesessenen**
> Familien. 우리의 이웃은 이 지역에서 옛날부터 살고 있는 가족이다.

sich beteiligen an
[bəˈtaɪlɪɡn̩]

⊜ teilnehmen, beitragen

> *v.* 관여하다, 협력하다, 참가하다
>
> Er **beteiligte sich an** allen Projekten des Vereins.
> 그는 협회의 모든 프로젝트에 참여했습니다.

ausloben [ˈaʊsˌloːbn̩]

⊜ ausschreiben, aussetzen

> *v.* 현상금을 걸다
>
> In diesem schwierigen Fall muss man wohl eine höhere Summe
> **ausloben** als gewöhnlich.
> 이렇게 어려운 경우에는 평소보다 더 많은 액수의 현상금을 걸어야 할 것입니다.

nominieren [nomiˈniːrən]

⊜ aufstellen, benennen

> *v.* 지명하다, 임명하다, 등록하다
>
> Der Trainer **nominierte** die Spieler für das Qualifikationsspiel.
> 코치는 선수들을 예선에 지명했다.

Jury [ˈʒyːri]

G f - s

> *n.* 심사 위원회, 배심원
>
> Die **Jury** des Gerichtes benötigte laut dem New York Herald nur 20
> Minuten, um die Angeklagte schuldig zu sprechen.
> 뉴욕 헤럴드에 따르면 법원의 배심원은 피고인을 유죄 판결하는데 20 분 밖에 안 걸렸다.

beiliegen [ˈbaɪˌliːɡn̩]
⊜ beigefügt sein, besitzen

ⓥ 덧붙여져 있다, 동봉되어 있다

Die entsprechenden Unterlagen **liegen bei**. 해당 문서가 동봉됩니다.

Viertel [ˈfɪɐtl̩]
ⓖ n s -

ⓝ 4분의 1, 시의 구역

Zwischen 1975 und 1979 kamen mindestens 1,7 Millionen Menschen durch Folter, Mord, Zwangsarbeit und Hungersnöte um. Das war ein **Viertel** der damaligen Bevölkerung. 1975 년에서 1979 년 사이에 고문, 살인, 강제 노동 및 기근으로 최소 170 만명이 죽었습니다. 그것은 그 당시 인구의 4 분의 1 이었습니다.

eintauchen [ˈaɪnˌtaʊχn̩]
⊜ tunken, stippen

ⓥ 담그다, 잠기다, 가라앉다

Er **tauchte** seinen Finger in die Soße **ein** und leckte ihn genüsslich ab. 그는 소스에 손가락을 담그고 즐겁게 핥아먹었다.

zierlich [ˈtsiːɐlɪç]
⊜ zart, anmutig

ⓐ 사랑스러운, 귀여운, 우아한

Diese **zierlichen** Porzellanfigürchen zerbrechen wohl bei geringster Berührung. 이 우아한 도자기 피규어들은 아마 조금이라도 만지면 깨질 것입니다.

Kabine [kaˈbiːnə]
ⓖ f - n

ⓝ 선실, 객실, 침실, 작은 방

Sie verließen niemals ihre **Kabine** - wir nahmen an, dass sie unter der Seekrankheit litten.
그들은 선실을 떠나지 않았습니다 – 우리는 그들이 뱃멀미로 고통받았다고 생각했습니다.

oberhalb [ˈoːbɐhalp]
⊜ oben, über

ⓟräp. 위쪽에, 상부에

Die Nase befindet sich **oberhalb** des Mundes. 코는 입 위에 있다.

Tagung
ⓖ f - en

ⓝ 회의, 집회, 학술 회의

Hat sich die **Tagung** letzte Woche für Dich gelohnt?
지난 주 컨퍼런스는 너에게 유익했어?

einlassen [ˈaɪnˌlasn̩]
⊜ hereinlassen, einfügen

ⓥ 들여보내다, 끼워 넣다, 입장을 허락하다

Der Mann dürfte nach Aussagen seiner Ex-Freundin gedroht haben, die Türe zu ihrer Wohnung einzutreten, wenn sie ihn nicht **einlasse**.
그의 전 여자 친구에 따르면, 그녀가 그를 들여보내지 않았을 때 그는 그녀의 집에 들어간다고 협박했다고 한다.

simultan [zimʊlˈtaːn]
⊜ gemeinsam, gleichlaufend

ⓐ 동시의, 공동의, 공통의

Der Lehrer unterrichtet zwei Klassen **simultan**.
그 교사는 두 가지 수업을 동시에 가르칩니다.

Sachverhalt [ˈzaχfɛɐˌhalt]
ⓖ m (e)s e

ⓝ 사정, 정세, 실상

Bevor ich sie rechtlich beraten kann, müssen wir zunächst den **Sachverhalt** klären. 법적으로 조언을 하기 전에 먼저 실상을 분명히 해야 합니다.

einarbeiten [ˈaɪnʔaɐˌbaɪtn̩]
⊜ vorbereiten, eingewöhnen

ⓥ 숙달시키다, 익숙하게 만들다

Da die beiden Wirtschaftswissenschaftler keine Chemikerausbildung absolviert haben, müssen sie sich zunächst **einarbeiten**.
두 경제학자는 화학 교육을 끝내지 않았으므로 먼저 숙달시켜야 합니다.

Einfühlung [ˈaɪnfyːlʊŋ]
G f - x

n. 감정이입

Mit Vertrauen und **Einfühlung**, aber auch mit Nachdruck habe er gefragt, bis die Menschen erzählten.
믿음과 공감으로, 또한 강조하면서 그는 사람들이 이야기할 때까지 물었다.

---

hinterher [ˈhɪntɛheːɐ̯]
⊜ anschließend, danach

adv. 뒤에서, 배후에서, 뒤늦게

Er aß zwei Spiegeleier und **hinterher** noch ein Müsli.
그는 두 개의 계란 후라이를 먹은 후 시리얼을 먹었습니다.

---

schwirren [ˈʃvɪʁən]
⊜ zwitschern, zirpen

v. 웅웅거리다, 시끌벅적대다, 웅성대다

Es **schwirren** zwei Helikopter über dem Haus.
헬리콥터 두 대가 집 위에서 윙윙거리고 있습니다.

Schleife [ˈʃlaɪfə]
G f - n

n. 고, 매듭, 만곡, 올가미

Im Kindesalter lernt man **Schleifen** zu binden.
어린 시절에 매듭 묶는 법을 배웁니다.

---

konsekutiv [ˈkɔnzekutiːf]
⊜ nachfolgend, angehend

a. 연속하는, 결과를 나타내는

Mit der Subjunktion "sodass" wird ein **konsekutives** Verhältnis ausgedrückt. 접속사 "sodass" 는 결과적인 관계를 나타냅니다.

---

zurückgehen
[tsuˈʁʏkˌgeːən]
⊜ abstammen, austreten

v. 소급하다, 연원하다, 돌아오다

Die Verhaltensmuster des Menschen **gehen** teilweise bis in die Urzeit **zurück**. 인간의 행동 패턴은 부분적으로 선사 시대로 돌아간다.

Anrecht [ˈanʁɛçt]
G n (e)s e

n. 요구, 권리, 정기 회원권

Das **Anrecht** kann unter bestimmten Voraussetzungen selbstständig an der Börse gehandelt werden.
권리는 증권 거래소의 특정 조건 하에서 독립적으로 거래될 수 있습니다.

---

bescheren [bəˈʃeːʁən]
⊜ beschenken, schenken

v. 주다, 선물하다

Bei uns werden die Kinder erst nach dem Abendessen **beschert**.
아이들은 먼저 저녁 식사 후에 우리에게 선물할 것입니다.

Retter [ˈʁɛtɐ]
G m s -

n. 구조자, 구제자

Bei diesem Brand kamen die **Retter** leider zu spät.
불행히도 구조 대원은 이 화재에 너무 늦게 왔습니다.

Verarmung [fɛɐ̯ˈʔaʁmʊŋ]
G f - en

n. 빈곤화, 빈궁, 영락

Die EU-Kommission muss sich bewusst sein, dass sie mit CEPA Abholzung, Gewalt und **Verarmung** fördert.
EU 위원회는 CEPA 가 벌목, 폭력 및 빈곤을 조장한다는 사실을 알고 있어야 합니다.

Verwitterung [fɛɐ̯ˈvɪtəʁʊŋ]
G f - en

n. 풍화, 풍식

Das Dach soll die Mauer künftig vor **Verwitterung** schützen.
지붕은 향후 풍화 작용으로부터 벽을 보호해야 합니다.

gravierend [gʀaˈviːʀənt]
○ ernst, wichtig

a. 무거운, 중대한, 심한

Dies war ein **gravierender** Fehler. 이것은 심각한 실수였습니다.

---

ausgelaugt [ˈaʊsgəˌlaʊkt]
○ müde, erschöpft

a. 힘이 빠진, 기진맥진한, 고갈된, 탈진한

Gegen Abend waren alle **ausgelaugt**, so schwer war die Arbeit.
그 일이 너무 힘들어서 해 질 무렵에는 모두가 기진맥진했다.

---

schier [ʃiːɐ̯]
○ pur, fast

a. 순수한, 섞임이 없는

adv. 거의, 참으로, 곧

Bitte geben Sie mir ein **schieres** Stück Fleisch. 살코기 한 덩이 주세요.

---

roden [ˈʀoːdn̩]
○ fällen, abholzen

v. 개간하다, 뿌리 뽑다

Niemals **rodet** er komplette Rebzeilen oder sogar ganze Lagen, sondern ersetzt immer nur altersschwache oder tote Rebstöcke durch neue. 그는 포도 덩굴의 전체 층을 완전히 뿌리 뽑지는 못하지만, 항상 시들거나 죽은 덩굴 부분만 새 포도 덩굴로 바꿉니다.

Dünger [ˈdʏŋɐ]
Ⓖ *m s -*

n. 비료

Mein Onkel verwendet keinen chemischen **Dünger**, er düngt seinen Boden nur mit dem Mist seiner Schafe und Kühe.
삼촌은 화학 비료를 사용하지 않고 양과 소의 배설물만으로 토양을 비옥하게 합니다.

übertünchen [yːbɐˈtʏnçn̩]
○ verdecken, verhüllen

v. 숨기다, 덮다

Die Schmierereien wurden inzwischen vom Maler **übertüncht**.
그 낙서는 이제 화가로부터 덮어졌다.

Wiederherstellung
[ˈviːdɐheːɐ̯ˌʃtɛlʊŋ]
Ⓖ *f - en*

n. 복구, 회복, 치유

Erst nach fünf Wochen Krankenstand bestätigte der Arzt die **Wiederherstellung** des Patienten.
5 주의 입원 후에 의사가 환자의 회복을 확인했습니다.

Ebene [ˈeːbənə]
Ⓖ *f - n*

n. 평야, 평지, 평면, 영역, 정도

Hinter den Bergen erstreckt sich eine scheinbar endlose **Ebene**.
산 뒤에는 끝이 없는 평야가 펼쳐져 있습니다.

Fleck [flɛk]
Ⓖ *m (e)s e*

n. 흑점, 얼룩, 오점, 땅(구획)

Sein neuestes Kunstwerk ist eine blau gestrichene Regentonne mit drei rosafarbenen **Flecken**.
그의 최신 예술 작품은 세개의 핑크 반점이 있는 푸른 색칠된 통이다.

Ernte [ˈɛʀntə]
Ⓖ *f - n*

n. 거두어 들임, 수확물, 수익

Bei dem Brand wurde die gesamte **Ernte** vernichtet.
화재 때 모든 수확물이 사라졌습니다.

---

karg [kaʀk]
○ gering, dürr

a. 초라한, 볼품없는, 불충분한, 척박한

Wir fuhren durch eine **karge** Gegend. 우리는 척박한 지역을 지나갔다.

Ast [ast]
G *m (e)s ä-e*

n. (나무)가지, (혈관)분지

Der **Ast** der alten Eiche wurde vom Sturm abgerissen.
폭풍에 의해 오래된 떡갈나무의 가지가 부러졌다.

---

verrotten [fɛɐ̯'ʀɔtn̩]
⊜ verderben, verfaulen

v. 썩다, 부패하다

Der Baumstumpf beginnt zu **verrotten**. 나무 그루터기가 썩기 시작했다.

---

gehaltvoll [gə'halt‚fɔl]
⊜ nahrhaft, mächtig

a. 내용이 풍부한, 영양가가 풍부한

Wie **gehaltvoll** sind die Informationen dort überhaupt?
거기엔 도대체 정보가 얼마나 풍부합니까?

Archäologe [aʁçɛo'lo:gə]
G *m n n*

n. 고고학자

Die **Archäologen** arbeiteten bei der Erforschung und Interpretation der Funde mit zahlreichen Kollegen aus Nachbardisziplinen zusammen. 고고학자들은 많은 동료들과 함께 발굴물의 연구하고 해석하는데 협력했습니다.

---

einst [aɪ̯nst]
⊜ früher, damalig

adv. 언젠가, 이전, 과거, 후일에

Vorfahren der Inuit haben **einst** hier gelebt, sind aus unbekannten Gründen aber wieder verschwunden.
이누이트 족의 조상은 한때 이곳에 살았지만 알려지지 않은 원인으로 사라졌습니다.

Scherbe ['ʃɛʁbə]
G *f - n*

n. 깨진 조각, 파편

Der Boden lag voller **Scherben**. 바닥은 파편들로 가득 차 있었습니다.

Gefäß [gə'fɛːs]
G *n es e*

n. 그릇, 통

Schnell, irgendein **Gefäß**, um das Wasser aufzufangen!
빨리, 아무 그릇이나, 물을 받아!

---

anrichten ['an‚ʀɪçtn̩]
⊜ verursachen, anstellen

v. 야기하다, 끼치다

Der Täter hat ein regelrechtes Blutbad **angerichtet**.
그 범인은 본격적인 학살을 일으켰다.

Fäkalien [fɛ'ka:li̯ən]
G *pl.*

n. 배설물, 분뇨

Neben alten Zelten, Dosen und leeren Sauerstoffflaschen, verschmutzen auch **Fäkalien** die Natur auf dem Berg.
오래된 텐트, 깡통 및 빈 산소통 이외에, 대변도 산의 자연을 오염시킵니다.

---

fermentieren [fɛʁmɛn'ti:ʀən]
⊜ gären, säuern

v. 발효시키다

Die Teeblätter werden **fermentiert**. 그 찻잎은 발효된 것이다.

---

porös [po'ʀøːs]
⊜ durchdringbar, löchrig

a. 구멍이 많은, 다공성의, 침투성의

Regenwasser fließt in Flüsse oder sickert in den Boden und **poröses** Gestein. 빗물은 강으로 흘러가거나 토양과 다공성 암석으로 스며든다.

Unterschlupf ['ʊntɐʃlʊpf]
G *m (e)s ü-e*

n. 대피소, 숨을 곳, 은신처

Der Igel fand einen **Unterschlupf** unter der Hecke.
고슴도치는 덤불 아래에 은신처를 발견했습니다.

Fäulnis [ˈfɔɪ̯lnɪs]
G f - x

n. 부패, 부란, 타락

Es roch nach **Fäulnis**, und die Fliegen umschwirrten uns wie Aas.
썩는 냄새가 났고 파리는 썩은 고기처럼 우리 주위에 맴돌았다.

beisetzen [ˈbaɪ̯ˌzɛtsn̩]
⊜ beerdigen, begraben

v. 첨가하다, 묻다, 매장하다

Das Familienoberhaupt wurde unter großer Anteilnahme feierlich **beigesetzt**. 그 가장은 큰 동정을 받으며 장엄하게 묻혔습니다.

dezentral [detsɛnˈtʁaːl]
⊜ peripher, lokal

a. 중심점에서 떨어진, 여러 곳으로 분산된

Die politische Organisation Deutschlands mit seinen vielen Bundesländern kann als **dezentral** aufgefasst werden.
많은 연방 구성의 주가 있는 독일의 정치 조직은 분권화 된 것으로 볼 수 있습니다.

im großen Stil

phr. 대규모로, 호화롭게

In einigen Fällen müssen Abfälle aber auch **im großen Stil** entsorgt werden. 그러나 경우에 따라서 폐기물을 대량으로 폐기해야 합니다.

intakt [ɪnˈtakt]
⊜ heil, unbeschädigt

a. 손대지 않은, 온전한, 흠 없는, 결점이 없는

Ich kam wieder und das Auto war immer noch **intakt**.
나는 돌아왔고 차는 여전히 온전했다.

pflügen [ˈpflyːɡn̩]
⊜ ackern, umbrechen

v. 쟁기질을 하다, 갈다, 경작하다

Der Bauer **pflügt** auf dem Acker. 농부는 경작지에서 쟁기질을 한다.

propagieren [pʁopaˈɡiːʁən]
⊜ werben, promoten

v. 선전하다, 광고하다

Der Bankberater **propagiert** einen durch eine Lebensversicherung abgesicherten Hypothekenkredit.
은행 상담원은 생명 보험으로 보증한 담보 대출을 선전합니다.

Kompost [kɔmˈpɔst]
G m (e)s e

n. 퇴비

Zur Herstellung eines guten **Kompostes** benötigt man viele Regenwürmer. 좋은 퇴비를 생산하려면 많은 지렁이가 필요합니다.

divers [diˈvɛʁs]
⊜ allerlei, einige

a. 몇 개의, 여럿의

Wir haben **diverse** Möglichkeiten, um den Fall zu lösen.
이 사건을 해결할 수 있는 다양한 방법이 있습니다.

aufbrauchen [ˈaʊ̯fˌbʁaʊ̯χn̩]
⊜ erschöpfen, verprassen

v. 다 써버리다, 소진하다

Es macht keinen Sinn, schon wieder Zucker und Mehl zu kaufen, das wird nur schlecht. Lass uns erstmal die bestehenden Vorräte **aufbrauchen**. 설탕과 밀가루를 또 사는 것은 말도 안된다. 먼저 비축되어 있는 것부터 써라.

punktförmig [ˈpʊŋktˌfœʁmɪç]
⊜ rund, kreisförmig

a. (반)점 모양의

Die Hautfläche war mit roten **punktförmigen** Flecken übersät.
피부가 빨간 점들로 덮여 있다.

eher [ˈeːɐ]
⊜ besser, früher

adv. 더 일찍이, 보다 이전에, 오히려

Eher werfe ich mein Geld aus dem Fenster, als dass ich es dir gebe.
오히려 내가 너에게 주는 것 보다 나는 돈을 물 쓰듯이 쓴다.

flächig [ˈflɛçɪç]
⊜ zweidimensional, eben

a. 평평한, 평면의, 평범한

Die Grundform der Tragelemente kann dabei eindimensional stabförmig oder zweidimensional **flächig** sein.
지지대 요소의 기초 형태는 1 차원의 막대 모양 또는 2 차원의 평면 일 수 있습니다.

Substrat [zʊpˈstʀaːt]
Ⓖ n (e)s e

n. 기초, 토대, 기초 물질

Man wird dann fast mit Sicherheit neue Einsichten über die fundamentalen **Substrate** der Natur gewinnen.
그러면 자연의 근본적인 기질에 대한 새로운 통찰력을 얻게 될 것입니다.

taugen [ˈtaʊɡn̩]
⊜ geeignet sein, brauchbar sein

v. 쓸모 있다, 유용하다, 적합하다

Gewalt **taugt** wenig, um Konflikte zu lösen.
폭력은 갈등을 해소하기에 적합하지 않습니다.

Senat [zeˈnaːt]
Ⓖ m (e)s e

n. 상원, 원로원, 시의회

Das Verfahren liegt dem ersten **Senat** zur Entscheidung vor.
그 처리는 결정을 위해 첫 번째 상원 앞에서 진행됩니다.

Abwasser [ˈapˌvasɐ]
Ⓖ n s ä-

n. 생활 하수, 폐수

118 Orte leiten ihr **Abwasser** direkt in den Strom, nur ein Drittel wird gereinigt.
118 개 장소에서 폐수를 바로 하천으로 보내고, 오직 3 분의 1 만 청소합니다.

Kanalisation [kanalizaˈʦjoːn]
Ⓖ f - en

n. 운하 개설, 하수 장치, 하수망

In der **Kanalisation** fühlen sich die Ratten wohl, da nicht nur Scheiße daher schwimmt. 하수구에서는 배설물들이 많이 떠다니기 때문에 쥐가 좋아한다.

Stickstoff [ˈʃtɪkʃtɔf]
Ⓖ m (e)s x

n. 질소

Um die Dreifachbindung des **Stickstoffs** aufzulösen, ist viel Energie nötig, nur bestimmte Mikroorganismen (aber keine Tiere oder Pflanzen) sind dazu in der Lage. 질소의 삼중 결합을 하기 위해서는 많은 에너지가 필요합니다. 그러나 오직 특정 미생물 (동물이나 식물이 아닌) 만 할 수 있습니다.

Hintergrund [ˈhɪntɐˌɡʀʊnt]
Ⓖ m (e)s ä-e

n. 배경, 원경, 배후 관계

Im **Hintergrund** des Bildes befindet sich ein Fluss.
그림의 배경에는 강이 있다.

Schraube [ˈʃʀaʊbə]
Ⓖ f - n

n. 나사, 나사못

Für den ganzen Schrank braucht man nur acht **Schrauben**.
전체 장롱에는 8 개의 나사만 필요하다.

Reichstag [ˈʀaɪçsˌtaːk]
Ⓖ m (e)s e

n. 독일 제국 의회 (의사당)

Der schwedische **Reichstag** bestand 2010 aus 349 Abgeordneten.
2010 년 스웨덴 국회는 349 명의 의원으로 구성되었습니다.

Verein [fɛɐ̯'ʔaɪ̯n]

G *m* (e)s e

n. 단체, 결사, 조합, 클럽

Die **Vereine** erfüllen also wichtige Funktionen in der Gemeinde.
그 단체는 지역 사회에서 중요한 기능을 수행합니다.

Begründer [bə'gʁʏndɐ]

G *m* s -

n. 설립자, 창시자

Der deutsche Naturforscher Alexander von Humboldt gilt als der **Begründer** der Biogeographie.
독일 자연 연구자 알렉산더 폰 훔볼트는 생물 지리학의 창시자로 여겨진다.

Antrieb ['an.tʁiːp]

G *m* (e)s e

n. 동기, 동인, 자극, 원동력

Mein Spielzeugauto ist mit einem elektrischen **Antrieb** ausgestattet.
내 장난감 자동차에는 전기 구동 장치가 장착 되어있습니다.

Gemeinde [gə'maɪ̯ndə]

G *f* - *n*

n. 공동체, 조합, 단, 구

Jene Auswanderer bildeten eine brüderliche **Gemeinde**, trafen sich regelmäßig an ihren Treffpunkten und halfen sich gegenseitig.
그 이민자들은 형제같은 공동체를 형성하고, 모임 장소에서 정기적으로 만났으며, 서로 도왔습니다.

Gewerkschaft [gə'vɛʁkʃaft]

G *f* - *en*

n. 노동 조합

Die **Gewerkschaften** riefen einen Streik aus. 노조는 파업을 촉구했다.

Narbe ['naʁbə]

G *f* - *n*

n. 상처 자국, 흉터, 상흔

Wenn die Wunde gut verheilt, werden kaum **Narben** bleiben.
상처가 잘 치료되면 흉터는 거의 남지 않습니다.

Abfolge ['ap.fɔlgə]

G *f* - *n*

n. 연속, 순번

Die richtige **Abfolge** der Ereignisse ist wichtig. 사건의 올바른 순서가 중요합니다.

Bescheid [bə'ʃaɪ̯t]

G *m* (e)s e

n. 정보, 소식, 통지, 회답

Ich habe bei der Krankenkasse angefragt, aber offensichtlich einen falschen **Bescheid** erhalten.
나는 의료 보험 조합에 문의하였지만 분명히 잘못된 회답을 받은 것 같다.

Zugehörigkeit

['ʦuːgə.høːʁɪçkaɪ̯t]

G *f* - *en*

n. 소속, 귀속 소유

Kriminalität hat keine Religion oder ethnische **Zugehörigkeit**, sie ist weder türkisch noch deutsch. 범죄는 종교도 민족도 없으며 터키도 독일도 아니다.

Gedanke [gə'daŋkə]

G *m* ns *n*

n. 생각, 사고, 사상, 이념, 견해

Es bleibet dabei, die **Gedanken** sind frei! 생각을 자유롭게 해라!

Schelle ['ʃɛlə]

G *f* - *n*

n. 방울, 초인종, 벨

Am Gewand des Narren waren einige **Schellen** angebracht.
그 광대의 옷에는 방울이 달려있었습니다.

Spaten ['ʃpaːtn̩]

G *m* s -

n. 삽, 스페이드

Der **Spaten** ist sehr schmal. 그 삽은 매우 작습니다.

14

Klee [kleː]

G *m s x*

n. 클로버

Im Rasen vor dem Haus wachsen auch **Klee** und Löwenzahn.
집 앞 잔디 밭에서 클로버와 민들레가 자랍니다.

Mord [mɔʁt]

G *m (e)s e*

n. 살인, 살해

Sie wurde wegen **Mordes** an zwei Wachmännern angeklagt.
그녀는 두 명의 경비원을 살해한 혐의로 기소되었다.

Zwerg [tsvɛʁk]

G *m (e)s e*

n. 난쟁이, 꼬마

Schneewittchen und die sieben **Zwerge**. 백설 공주와 일곱 난쟁이.

Witwe [ˈvɪtvə]

G *f - n*

n. 과부, 미망인

Als **Witwe** hat sie es schwer, ihre Kinder allein zu erziehen.
미망인으로서 그녀는 혼자 자녀를 키우는 것에 어려움을 겪습니다.

Hölle [ˈhœlə]

G *f - n*

n. 지옥

Die **Hölle** wird im westlichen Kulturraum häufig als Höllenrachen, als lodernder Flammenort und auch als Höllenberg dargestellt.
서양 문화 지역에서는 지옥은 종종 불타는 화염 장소와 지옥 산으로 묘사됩니다.

Abhilfe [ˈaphɪlfə]

G *f - n*

n. 구제, 시정

Der Garten ist völlig verwahrlost, jetzt soll ein Gärtner **Abhilfe** schaffen. 정원은 완전히 폐허가 되어서 지금 정원사가 구제해야 합니다.

Lid [liːt]

G *n (e)s er*

n. 눈꺼풀

Nur am Zucken ihrer **Lider** konnte man ihre Aufregung erkennen.
그녀의 눈꺼풀을 경련할 때는 그녀의 흥분을 알아차릴 수 있다.

Kompositum
[kɔmˈpoːzitʊm]

G *n s -ta*

n. 합성어, 복합어

"Dampfschiff" ist ein **Kompositum** aus "Dampf" und "Schiff".
"증기선" 은 "증기" 와 "선박" 의 복합어입니다.

Stange [ˈʃtaŋə]

G *f - n*

n. 막대기, 장대

Ich habe noch ein paar **Stangen** aus Holz, die wir zum Abstützen des Garagendaches nehmen können.
차고의 지붕을 지탱할 수 있는 몇 개의 나무 막대기들을 가지고 있습니다.

Aufsehen erregend
phr. 세간의 이목을 끄는

Aufsehen erregend sind derzeit die Baustellen bei der mehr als 100 Jahre alten Wehranlage.
100 년도 더 된 방어 시설의 공사 현장은 현재 장관을 이루고 있습니다.

aufgeklärt [ˈaʊfgəˌklɛːɐ̯t]
⊜ realistisch, vorurteilsfrei

a. 편견에서 벗어난, 개화된

Während einige bereits in jungen Jahren von ihren Eltern aufgeklärt werden, werden andere überhaupt nicht **aufgeklärt**.
일부는 어린 나이에 부모로부터 개화된 반면 다른 사람들은 전혀 그렇지 않다.

verstauen [fɛɐ̯ˈʃtaʊ̯ən]
⊜ abstellen, aufbewahren

v. 차곡차곡 쌓다

Urlaubsgepäck wie Koffer, Reisetaschen und sperrige Sportgeräte sollten vor Reisebeginn fachgerecht im Auto **verstaut** werden.
케리어 같은 여행 가방 및 부피가 큰 스포츠 장비는 출발하기 전에 차에 차곡차곡 쌓아서 보관해야 합니다.

mutmaßlich [ˈmuːtˌmaːslɪç]
⊜ angenommen, anscheinend

a. 추측할 수 있는, 추측의, 가정적인
adv. 추측하건대, 아마도

Der **mutmaßliche** Täter ist selbst Vater von zwei Kindern.
예상 범인은 두 자녀의 아버지입니다.

ausschließen [ˈaʊ̯sˌʃliːsən]
⊜ absondern, ausgrenzen

v. 쫓아내다, 제명하다

Wir haben ihn nun gänzlich aus der Planung **ausgeschlossen**.
우리는 그를 계획에서 완전히 제명하였습니다.

auswaschen [ˈaʊ̯sˌvaʃn̩]
⊜ ausspülen, befreien

v. 씻다, 세탁하다, 침식하다

Die Rotweinflecken lassen sich nicht **auswaschen**.
적포도주 얼룩은 씻겨지지 않는다.

aufspannen [ˈaʊ̯fˌʃpanən]
⊜ ausbreiten, anbringen

v. 펴다, 펼치다, 열다

Zum Abheben braucht sie die Flügel nicht, sie könnte auch einfach ihre Segelohren **aufspannen**.
날기 위해서 그녀는 날개가 필요 없다, 그녀는 단지 그녀의 귀를 펼치면 된다.

verstreuen [fɛɐ̯ˈʃtʀɔɪ̯ən]
⊜ verteilen, ausbreiten

v. 흩뿌리다, 산재시키다

Die Basilikumblätter zerrupfen und über den Tomaten und dem Mozarella **verstreuen**. 바질 잎을 찢어서 토마토와 모짜렐라 위에 뿌린다.

Maßstab [ˈmaːsˌʃtaːp]
G m (e)s ä-e

n. 기준, 척도, 축적, 자

Als **Maßstab** für den Mindestabstand gelten jene städtische Kernbereiche, wo bisher schon die Häuser enger zusammenstehen können. 지금까지 집들이 빼곡히 들어설 수 있는 그 도시의 핵심 지역들은 최소거리를 기준으로 삼는다.

Authentizität [ˌaʊ̯tɛntitsiˈtɛːt]
G f - x

n. 순수성, 신빙성, 권위

Die **Authentizität** des Dokuments ist überprüft worden und nicht zu bestreiten. 문서의 진위 여부가 확인되었으므로 반박을 할 수 없습니다.

Integrität [ɪntegʀiˈtɛːt]

ⓖ *f - x*

ⓝ 무결, 정직, 고결, 성실

Die **Integrität** der gespeicherten Daten ist zweifelhaft.
저장된 데이터의 신빙성은 의심스럽습니다.

---

bestehend [bəˈʃteːənt]

🔵 beinhaltend,
  zusammengesetzt aus

ⓐ 현재의, 성립된, 현행의

Hier ist ein Familiencampingplatz, **bestehend** aus 50 Stellplätzen mit Strom. 이곳은 전기가 공급되고 50 개의 구역으로 구성된 가족 캠프장이 있습니다.

---

verpflichten [fɛɐ̯ˈpflɪçtn̩]

🔵 anstellen, bestimmen

ⓥ 의무를 지우다, 확약시키다, 약속하다

Als Strafe wurde er dazu **verpflichtet**, 30 Tage Sozialarbeit zu leisten. 처벌로서 그는 30 일 동안 사회 봉사 활동을 해야 했습니다.

---

verzieren [fɛɐ̯ˈtsiːʀən]

🔵 ausgestalten, ausschmücken

ⓥ 장식하다, 아름답게 하다, 미화하다

Die Konditorin **verziert** die prächtige Hochzeitstorte mit Rosen aus Buttercreme.
그 제과업자는 버터크림으로 만든 장미로 아름답게 장식한 결혼식 케이크를 꾸민다.

---

gewollt [ɡəˈvɔlt]

🔵 erwünscht, wünschenswert

ⓐ 원했던, 바랐던

Es sind die wirtschaftlichen Zwänge und unternehmerischen Ziele, die aus dem politisch **gewollten** leistungsorientierten Vergütungssystem resultieren. 그것은 정책적으로 바랐던 성과 중심 보상 시스템이 결과가 되는 경제적 영향력과 기업적 목표입니다.

Fortsetzung [ˈfɔɐ̯tˌzɛtsʊŋ]

ⓖ *f - en*

ⓝ 계속, 속행, 연속

Die **Fortsetzung** der Diskussion wurde beschlossen.
토론의 지속이 결정되었습니다.

---

subtil [zʊpˈtiːl]

🔵 diskret, sensitiv

ⓐ 섬세한, 미세한, 면밀한

Diese **subtilen** Zeichnungen erschließen sich erst bei genauerem Hinsehen. 이 섬세한 그림들은 보다 상세한 관찰로 비로소 이해될 수 있다.

---

präzise [pʀɛˈtsiːzə]

🔵 akkurat, bestimmt

ⓐ 정확한, 엄밀한

Sie erwies sich im Zeugenstand als knapp, sachlich und **präzise**.
그녀는 증인석에서 간결하고 사실적이며 정확하게 입증했습니다.

---

schlüpfen [ˈʃlʏpfn̩]

🔵 ablegen, gleiten

ⓥ 미끄러지다, 빠져 나가다

Ich bin rasch ins Haus **geschlüpft**. 나는 집으로 빨리 들어갔다.

---

bewundern
[bəˈvʊndɐn]

🔵 anbeten, anschwärmen

ⓥ 경탄하다, 찬미하다, 감탄하다

Ich **bewundere** deine Ruhe und Gelassenheit im Umgang mit Kindern. 나는 네가 아이들을 대할 때 평온함과 침착함에 감탄했습니다.

---

lagern [ˈlaːɡɐn]

🔵 abstellen, aufbewahren

ⓥ 저장하다, 보관하다, 야영하다

Der Winzer **lagert** den Wein im Weinkeller.
포도 재배자는 와인 저장고에 와인을 저장합니다.

einweihen [ˈaɪnˌvaɪən]
⊜ aufklären, informieren

Ⓥ 봉납하다, 알려주다, 전수하다

Tausende von Menschen aller Gesellschaftsschichten wurden in dieses Geheimnis **eingeweiht**.
모든 사회 계층의 수천명의 사람들이 이 비밀을 알게 되었습니다.

---

sich befinden [bəˈfɪndn̩]
⊜ sein, präsent sein

Ⓥ (장소/상태)에 있다

Der Tresor **befindet sich** hinter dem Bild im Wohnzimmer.
금고는 거실의 그림 뒤에 있습니다.

---

veröffentlichen [fɛɐ̯ˈʔœfn̩tlɪçn̩]
⊜ publizieren, verlegen

Ⓥ 널리 알리다, 공고하다, 출판하다

Das Buch wurde 1958 **veröffentlicht**.
이 책은 1958 년에 출판되었습니다.

Anstoß [ˈanʃtoːs]
Ⓖ m es ö-e

Ⓝ 원동력, 자극, 충돌

Er hat mir für diese **Aktion** den nötigen Anstoß gegeben.
그는 나에게 이 행동을 위한 자극을 주었습니다.

Reformation [ʁefɔʁmaˈtsi̯oːn]
Ⓖ f - en

Ⓝ 개혁, 개조

Die **Reformation** war einer der großen Wendepunkte in der Geschichte des Abendlandes.
종교 개혁은 서양 역사에서 커다란 전환점 중 하나였습니다.

Kurfürst [ˈkuːɐ̯ˌfʏʁst]
Ⓖ m en en

Ⓝ 선제후, 선국왕

Jedenfalls musste der **Kurfürst** Truppen einsetzen, um die Rebellion niederzuschlagen. 어쨌든 선제후는 반란을 진압하기 위해 부대를 투입해야 했다.

---

umfassend [ʊmˈfasn̩t]
⊜ reichhaltig, umfangreich

Ⓐ 포용력 있는, 광범위한, 전면적인

Ein **umfassendes** Geständnis würde Strafmilderung ergeben.
전면적인 자백은 처벌의 완화가 될 수도 있다.

Weisheit [ˈvaɪshaɪt]
Ⓖ f - en

Ⓝ 슬기로움, 지혜, 교훈, 격언

Die Alten achtete man früher wegen ihrer **Weisheit**.
옛날에는 나이 많은 사람들이 지혜로 인하여 존경받았습니다.

---

ursprünglich [ˈuːɐ̯ʃpʁʏŋlɪç]
⊜ anfangs, natürlich

Ⓐ 기원의, 본원의, 최초의

ⓐ𝒹𝓋 최초에, 원래

Ursprüngliche Aufgabe der Polizei war der Schutz der Gesellschaft vor Verkehrsunfällen und vor Verbrechen.
경찰의 주요 임무는 교통 사고와 범죄로부터 사회를 보호하는 것이었습니다.

---

aussterben [ˈaʊsˌʃtɛʁbn̩]
⊜ erlöschen, untergehen

Ⓥ 사멸하다, 발멸하다, 사라지다

Die amerikanische Wandertaube ist seit 1914 **ausgestorben**.
미국 나그네 비둘기는 1914 년 이래로 멸종되었습니다.

---

vererben [fɛɐ̯ˈʔɛʁbn̩]
⊜ hinterlassen, übertragen

Ⓥ (유산) 남기다, 유전시키다, 계승되다

Mein Vater **vererbte** mir ein schönes Haus.
아버지는 나에게 멋진 집을 유산으로 남기셨다.

überwiegend ['yːbɐˌviːɡn̩t]
⊜ besonders, vorwiegend

a. 월등하게, 우세한, 주로

Der **überwiegende** Teil der Bevölkerung ist dagegen.
주민의 대다수는 그것에 반대합니다.

---

voranschreiten
[foˈʀanˌʃʀaɪtn̩]
⊜ fortschreiten, gedeihen

v. 앞장 서서 걷다, 선두에서 걸어가다

Selbst nach dieser Niederlage blieb ihm nichts anderes übrig, als mit erhobenem Haupt **voranzuschreiten**.
이 패배 이후에도 그는 머리를 높이 들고 앞으로 나아갈 수밖에 없었다.

---

schlagartig ['ʃlaːkˌʔaːɐ̯tɪç]
⊜ abrupt, plötzlich

a. 갑작스런, 돌발적인, 급격한

Die Sprachkunst der höfischen Epiker und Minnesänger hörte nicht **schlagartig** auf, sondern lief langsam aus.
궁정 시인과 가인의 화술은 갑작스럽게 멈추지 않고 천천히 진행되었다.

---

erschüttern [ɛɐ̯ˈʃʏtɐn]
⊜ durchrütteln, bewegen

v. 흔들어 움직이게 하다, 진동시키다, 감동을 주다

Das Erdbeben **erschütterte** die Stadt und brachte mehrere große Gebäude zum Einsturz. 지진으로 도시가 흔들리고 많은 큰 건물이 무너졌습니다.

Geschädigte [ɡəˈʃɛːdɪçtə]
Ⓖ *m/f n n*

n. 부상자, 피해자

Die Polizei sucht Zeugen und **Geschädigte** zu einem Vorfall.
경찰은 사건의 증인과 피해자를 찾고 있습니다.

---

verbrechen [fɛɐ̯ˈbʀɛçn̩]
⊜ anrichten, ausfressen

v. 죄를 범하다, 잘못을 저지르다

Das Gulasch kann man ja nicht essen. Wer hat das denn **verbrochen**?
이 굴라시는 먹을 수가 없어. 누가 이랬어?

Sanktion [zaŋkˈtsi̯oːn]
Ⓖ *f - en*

n. 재가, 비준, 인가, 승인

Die **Sanktion** der Beschlüsse ist Voraussetzung dafür, dass sie in Kraft treten können. 의결의 재가는 발효를 위한 전제 조건입니다.

---

verhängen [fɛɐ̯ˈhɛŋən]
⊜ bedecken, anordnen

v. 걸쳐 덮다, 덮어서 감추다, 판결하다

Bei Luftangriffen mussten die Fenster **verhängt** werden.
공습 때는 창문을 덮어서 감춰야 한다.

---

spalten ['ʃpaltn̩]
⊜ auseinandergehen, teilen

v. 쪼개다, 빠개다, 쪼개지다

Der alte Mann **spaltet** das Feuerholz mit einer Axt.
노인은 장작을 도끼로 쪼갠다.

Monotonie [monotoˈniː]
Ⓖ *f - n*

n. 단조로움, 따분함

Die **Monotonie** der Straße macht schläfrig.
도로의 단조로움 때문에 졸린다.

---

auffällig ['aʊfˌfɛlɪç]
⊜ ausgeprägt, extrem

a. 눈에 띄는, 뛰어난, 색다른

Die Frau war sehr **auffällig** und schrill gekleidet.
그 부인은 유난히 눈에 띄었으며 튀는 옷차림 이였다.

resolvieren [ʀevɔl'vi:ʀən]
● beschließen, geloben

v. 결심하다, 결정하다, 분해하다

So wurde es vorige Woche im Bundestag **resolviert**.
그래서 그것은 지난주에 의회에서 결정되었습니다.

---

irritieren [ɪʀi'ti:ʀən]
● verunsichern, verwirren

v. 자극하다, 당황하게 하다, 방해하다

Die Aussage seines gegenüber **irritierte** ihn so sehr, dass er nicht wusste, wie er darauf antworten sollte.
그는 상대편의 진술에 너무 당황해서 어떻게 대답해야 될지 알지 못했습니다.

---

bemerkenswert
[bə'mɛʀkns,ve:ɐ̯t]
● beträchtlich, eindrucksvoll

a. 주목 할 가치가 있는, 중요한, 상당한

Auf der Tagung wurde ein **bemerkenswerter** Vortrag gehalten.
주목 할 만한 강의가 학회에서 거행되었다.

---

entsteigen [ɛnt'ʃtaɪ̯gn̩]
● aussteigen, entweichen

v. 올라오다, 나오다, 발산하다, 유래하다

Dampfschwaden **entstiegen** dem Schornstein.
증기가 굴뚝에서 올라왔습니다.

---

hereinfallen [hɛ'ʀaɪ̯n,falən]
● aufsitzen, hineinfallen

v. 빠지다, 빠져 들어가다, 속다, 실망하다

Ich hätte nie gedacht, dass ich auf so etwas **hereinfallen** könnte.
나는 그런 식으로 속을 줄 전혀 생각 못했습니다.

---

herauslesen
[hɛ'ʀaʊ̯s,le:zn̩]
● auslegen, entnehmen

v. 가려내다, 알아내다

Man kann aus einem Text **herauslesen**, ob es sich um eine Frau oder einen Mann handelt. 여자인지 남자인지 텍스트에서 가려낼 수 있습니다.

überreden [y:bɐ'ʀe:dn̩]
● überzeugen, umstimmen

v. 권유하다, 설득하다

Er **überredete** sie zu bleiben. 그는 그녀가 머물도록 설득했다.

---

sich hineinversetzen in
[hɪ'naɪ̯n,fɛɐ̯'zɛtsn̩]

v. (입장 바꿔서) 생각하다

Ein Pfarrer kann **sich** schwer **in** einen Atheisten **hineinversetzen**.
목사는 무신론자에 대해 거의 공감할 수 없습니다.

---

alsbald [als'balt]
● augenblicklich, demnächst

adv. 즉시, 당장에

Die Scheidung ist eingereicht; sie wird **alsbald** ausgesprochen werden. 이혼이 접수되어 곧 발표될 것입니다.

---

authentisch [aʊ̯'tɛntɪʃ]
● beglaubigt, belegt

a. 진짜의, 확실한, 신빙성 있는

Du wirkst beim Lügen **authentisch**. 너는 거짓말에 정통하다.

---

eingehen ['aɪ̯n,ge:ən]
● einlaufen, abmachen

v. 들어가다, 입장하다, 동의하다, 관여하다

Wenn ich auf diese Frage näher **eingehen** würde, würden wir wohl doch den ganzen Abend darauf verwenden müssen.
이 문제에 대해 더 상세히 토론한다면 우리는 저녁 내내 걸릴 것입니다.

Skrupellosigkeit
['skʁuːpl̩loːzɪçkaɪ̯t]

G *f - en*

n. 주저하지 않음, 거리낌 없음, 파렴치

Seine Cleverness und **Skrupellosigkeit** verbargen sich hinter einem fast gütig wirkenden, sehr dunklen Gesicht mit Vollbart und großen, treu in die Welt blickenden Augen. 그의 영리함과 파렴치함은 선량해 보이는 크고 진실된 눈과 수염 있는 매우 어두운 얼굴 뒤에 숨어 있습니다.

---

unberührt ['ʊnbəˌʁyːɐ̯t]
⊜ rein, ungebraucht

a. 건드리지 않은, 손대지 않은, 순결한

Geplant wird also der Ausschluss der potentiell zerstörerischen Menschen, damit das Geschützte **unberührte** Natur werden kann. 순수한 자연이 보호받을 수 있게 잠재적으로 파괴적인 사람들은 빼고 계획되어야 한다.

---

heraufbeschwören
[hɛˈʁaʊ̯fbəˌʃvøːʁən]
⊜ auslösen, erzeugen

v. 야기시키다, 일으키다

Man möchte es zwar nicht **heraufbeschwören**, doch ein Unfall kann jederzeit geschehen. 야기하고 싶지 않아도 사고는 언제든지 발생할 수 있습니다.

---

greifbar ['ɡʁaɪ̯fbaːɐ̯]
⊜ eindeutig, verfügbar

a. 구체적인, 명료한, 잡을 수 있는

Der Sieg scheint **greifbar** zu sein. 승기를 잡을 수 있을 것 같습니다.

---

fraglos ['fʁaːkloːs]
⊜ bestimmt, gewiss

a. 의심의 여지가 없는, 확실한

Fraglos packte Zack seine Sachen.
의심할 여지없이 Zack 은 자신의 물건을 포장했습니다.

---

fortschreiten ['fɔʁtʃʁaɪ̯tn̩]
⊜ gedeihen, vorangehen

v. 전진하다, 진보하다, 나아가다

Die Vertragsverhandlungen sind schon weit **fortgeschritten**.
계약 협상은 이미 계속 잘 진행되고 있습니다.

---

schrumpfen ['ʃʁʊmpfn̩]
⊜ verkümmern, abnehmen

v. 수축하다, 감소하다, 줄다

Das Budget **schrumpfte** stetig, sodass die Finanzierung des Projekts in Gefahr geriet. 예산은 꾸준히 줄어들어 프로젝트의 자금 조달이 위험에 빠졌다.

---

fesseln ['fɛsl̩n]
⊜ binden, anziehen

v. 묶다, 매다, 매료시키다

Das vergewaltigte Opfer wurde verängstigt sowie an Händen und Füßen an ein Bett **gefesselt** von der Polizei aufgefunden.
강간당한 희생자는 겁먹었고 손과 발이 침대에 묶여 있는 것을 경찰이 찾아냈습니다.

---

abschütteln ['apˌʃʏtl̩n]
⊜ entfernen, entkommen

v. 흔들어 털어 버리다, 뿌리치다

Sollten wir nicht den Materialismus unserer Gesellschaft **abschütteln**? 우리 사회의 물질주의를 떨쳐버려야 되지 않습니까?

---

stellenweise ['ʃtɛlənˌvaɪ̯zə]
⊜ streckenweise, vereinzelt

adv. 곳곳에, 여기저기, 때때로

Es kann sich **stellenweise** Bodenfrost bilden.
서리가 곳곳에 생길 수 있습니다.

---

blass [blas]
⊜ blässlich, fade

a. 창백한, 희미한, 지독한

Er war schon ganz **blass** im Gesicht. 그는 이미 얼굴 전체가 창백했다.

vergriffen [fɛɐ̯'gʀɪfn̩]
⊜ ausverkauft, abverkauft

a. 절판된, 매진된

Alle 4000 Sitzplätze in der Arena sind bereits **vergriffen**.
경기장의 4000 석 모두 이미 매진되었습니다.

---

ergehen [ɛɐ̯'ge:ən]
⊜ ausholen, geschehen

v. 발표되다, 공포되다, 선고되다, 생기다

Wie **erging** es ihr nach dem Zwischenfall von gestern?
어제의 사건 이후 그녀는 어떻게 지냅니까?

---

vornehmen ['fo:ɐ̯ne:mən]
⊜ beabsichtigen, vorhaben

v. 착수하다, 시작하다, 계획하다

Der Arzt **nimmt** eine gründliche Untersuchung **vor**.
의사가 근본적인 검사를 시작합니다.

---

angelangen ['an̩ɡə'laŋən]
⊜ ankommen, erreichen

v. 도달하다, 도착하다

Sobald sie am Ende **angelangen**, beginnen sie von vorne.
끝에 도달하면 다시 처음부터 시작합니다.

---

beschleichen [bə'ʃlaɪçn̩]
⊜ befallen, erfassen

v. 살그머니 다가오다, 엄습하다

Es **beschleicht** uns manchmal ein Gefühl der Wehmut, wenn wir in einen Garten hineinblicken.
때때로 우리는 정원을 들추어 볼 때 우울함이 엄습합니다.

---

verschlingen [fɛɐ̯'ʃlɪŋən]
⊜ verknüpfen, flechten

v. 삼키다, 얽히게 하다, 돈을 많이 쓰다

Sie umschlingen ihre Beute und ersticken sie, um sie dann als Ganzes zu **verschlingen**. 그들은 통째로 삼키기 위해서 먹이를 감싸고 질식시킨다.

Sensation [zɛnza'tsi̯o:n]
Ⓖ *f* - *en*

n. 센세이션, 세간의 이목

Die **Sensation** eines Ereignisses kann sehr unterschiedlich sein.
그 일의 세간의 이목은 매우 다를 수 있습니다.

---

begnaden [bə'ɡna:dn̩]
⊜ beschenken, segnen

v. 은총을 베풀다, 선사하다

Die Natur **begnadete** sie mit einer außergewöhnlichen gesangsstimme. 자연은 그녀에게 특별한 목소리를 선사하였다.

---

aufbieten ['aʊ̯f,bi:tn̩]
⊜ einsetzen, aufbringen

v. 사용하다, 투입하다, 알리다

Er musste eine gesamte Überredungskunst **aufbieten**, um seine Freunde von seinem Vorhaben zu überzeugen.
그는 친구들에게 자신의 의도를 확신시키기 위해 모든 설득술을 사용해야 했습니다.

---

feststellen ['fɛstʃtɛlən]
⊜ bemerken, aufklären

v. 규명하다, 밝혀내다, 인지하다, 고정시키다

Könnte mal jemand **feststellen**, ob wir noch ausreichend Druckerpatronen haben?
누가 우리 프린트 카트리지가 충분히 있는지 확인 할 수 있습니까?

überlaufen ['y:bɐ,laʊ̯fn̩]
⊜ überfluten, überströmen

v. 엄습하다, 덮치다, 몰려들다

Dreh den Wasserhahn ab, der Eimer **läuft** schon **über**!
수도꼭지를 잠궈라, 물통이 이미 넘친다.

Gedränge [gəˈdʀɛŋə]

ⓖ n s x

n. 무리, 군중, 붐빔

Schon seit fast drei Stunden wartete er im **Gedränge** der Passanten auf den Zug. 그는 거의 3 시간 동안 군중 속에서 기차를 기다렸다.

---

sanitär [zaniˈtɛːɐ̯]

⊜ gesundheitlich, hygienisch

a. 위생의, 보건의

Sie kehrten aus den **sanitären** Anlagen zurück, verschwitzt und lachend, das Küken mit seinem zerknitterten Minirock.
그 둘은 땀에 흠뻑 젖은 채로 웃으면서 화장실에서 돌아왔고 소녀의 미니 스커트는 구겨져 있었다.

---

unlängst [ˈʊnlɛŋst]

⊜ kürzlich, letztens

adv. 최근, 얼마 전에, 요즈음

Die vielen Windräder seiner ostfriesischen Heimat vermisse er, bekannte er **unlängst**.
그는 최근에 동 프리슬란트 조국의 많은 풍차들이 그립다고 고백하였다.

---

genehmigen [gəˈneːmɪgn̩]

⊜ erlauben, zusagen

n. 수락하다, 동의하다, 허가하다, 즐기다

Das Ordnungsamt hat die Sanitärräume in diesem Restaurant nicht **genehmigt**. 시청은 이 식당의 위생 시설을 승인하지 않았습니다.

---

abheben [ˈapˌheːbn̩]

⊜ abnehmen, abstechen

v. 들어 올리다, 떼어내다, 인출하다

Das Flugzeug **hebt ab**, wenn es die nötige Geschwindigkeit erreich hat. 비행기는 필요 속도에 도달하면 날아오릅니다.

---

verwählen [fɛɐ̯ˈvɛːlən]

⊜ verzählen, vertippen

v. 잘못 돌리다 (누르다, 선택하다)

Entschuldigen Sie, ich habe mich **verwählt**, auf Wiederhören.
죄송합니다, 잘못 걸었습니다, 안녕히 계세요.

---

ausrichten [ˈaʊ̯sˌʀɪçtn̩]

⊜ abstimmen, abhalten

v. 개최하다, 이행하다, 안부를 전하다

Die Firma **richtet** jedes Jahr eine Weihnachtsfeier **aus**.
이 회사는 매년 크리스마스 파티를 주최합니다.

---

auftanken [ˈaʊ̯fˌtaŋkn̩]

⊜ auffüllen, nachfüllen

v. 연료를 보급하다, 급유하다

Im Urlaub kann man verlorene Energie wieder **auftanken**.
휴가를 보내면서 잃어버린 에너지를 재충전할 수 있습니다.

---

ausgebrannt
[ˈaʊ̯sˌgəbʀant]

⊜ abgearbeitet, erschöpft

a. (불에) 탄, 덴, 화상을 입은, 탈진한

Fast jede dritte bayerische Lehrkraft gab bei einer Umfrage an, sich **ausgebrannt** zu fühlen. 바이에른 주에 있는 선생들 중 거의 세 명중 한 명꼴로 완전 녹초가 되었다고 설문조사에서 진술했다.

---

abverlangen [ˈapfɛɐ̯ˌlaŋən]

⊜ abfordern, beanspruchen

v. 요구하다, 청구하다

Wir erwarten einen spielstarken Gegner, der uns fordern und alles **abverlangen** wird. 우리에게 도전하고 모든 것을 걸 강력한 상대를 기대합니다.

---

einströmen [ˈaɪ̯nˌʃtʀøːmən]

⊜ fluten, hineingehen

v. 흘러 들다, 밀려 들다, 쇄도하다, 유입하다

Die vielen visuellen Informationen, die täglich auf uns **einströmen**, zwingen unser Gehirn, sich auf die wichtigen Dinge zu konzentrieren.
매일 우리에게 흐르는 수 많은 시각적인 정보의 홍수는 중요한 것들에 집중하는 우리의 두뇌를 억누른다.

ausschließlich [ˈaʊsʃliːslɪç]
⊜ ausgenommen, außer

a. 배타적인, 독점하는

adv. 제외하고, 오직

Der Sender MBN besitzt die **ausschließlichen** Übertragungsrechte für das Sportereignis.
방송국 MBN 은 스포츠 이벤트에 대한 독점적인 송신 권한을 가집니다.

hineinreichen
[hɪˈnaɪnˌʀaɪçn̩]
⊜ übergehen, fortwähren

v. 넣어주다, 가져다 주다, 뻗어오다, 이어지다

Die Maßnahme soll bis in das neue Schuljahr **hineinreichen**.
이 조치는 새 학년까지 이어져야 한다.

begünstigen [ˌbəˈɡʏnstɪɡn̩]
⊜ befördern, bevorteilen

v. 은혜를 베풀다, 총애하다, 지지하다, 조성하다

Die trockene Witterung und der starke Wind **begünstigt** die Ausbreitung der Waldbrände.
건조한 날씨와 강한 바람은 산불의 확산을 조성합니다.

zusätzlich [ˈtsuːˌzɛtslɪç]
⊜ außerdem, darüber hinaus

a. 부가의, 추가의, 보충의

Mit **zusätzlichen** Betten können wir leider nicht dienen.
불행히도 추가 침대는 제공할 수 없습니다.

neues

프리마 독일어 단어장

체크리스트

2800

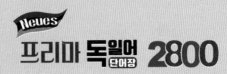

0001	Fachschaft	동업 단체, 학생회, (학과) 단체
0002	sich wandeln	
0003	im Hinblick auf	
0004	im Zusammenhang mit	
0005	bezüglich	
0006	Nebentätigkeit	
0007	verlängern	
0008	hilfreich	
0009	sich einschränken	
0010	meteorologisch	
0011	vertikal	
0012	verfügbar	
0013	Klausur	
0014	absichern durch	
0015	Begriff	
0016	darlegen	
0017	Gegenstand	
0018	lauten	
0019	sich befassen mit	
0020	übergehen	
0021	abschließen	
0022	abschließend	

0023 offenbleiben

0024 zuletzt

0025 zusammenfassend

0026 vor allem

0027 im Rahmen

0028 sowohl ~ als auch

0029 im Auftrag

0030 befragen

0031 Liniendiagramm

0032 x-Achse

0033 Säulendiagramm

0034 stagnieren

0035 Höhepunkt

0036 gemäß

0037 angeben

0038 anmerken

0039 Abschnitt

0040 Darstellung

0041 Exkurs

0042 Abnahme

0043 Aktivität

0044 Defekt

0045 grafisch

0046 Gleichung

0047 insbesondere

0048 lateinisch

0049	oberhalb
0050	organisch
0051	primär
0052	physikalisch
0053	proportional
0054	quadratisch
0055	sogenannt
0056	Übergang
0057	Alternative
0058	bestehen
0059	vorantreiben
0060	ungeachtet
0061	Rohstoff
0062	nachvollziehen
0063	pendeln
0064	entgrenzen
0065	unangefochten
0066	trostlos
0067	reizvoll
0068	Pulsfrequenz
0069	Sinneseindruck
0070	erachten als
0071	autonom
0072	bizarr
0073	Endlichkeit
0074	erkunden

0075 mitreißend

0076 seitens

0077 Bionik

0078 lästern über

0079 provisorisch

0080 missionieren

0081 verherrlichen

0082 Mittelalter

0083 Stimmrecht

0084 soziologisch

0085 Digitalisierung

0086 verkümmern

0087 störanfällig

0088 treffsicher

0089 universell

0090 Raster

0091 Metapher

0092 inflationär

0093 sich häufen

0094 Emigration

0095 zurückdrängen

0096 getreu

0097 Privileg

0098 Ironie

0099 Globalisierung

0100 herausarbeiten

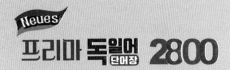

0101 versorgen mit

0102 langfristig

0103 Gelassenheit

0104 belehren

0105 hapern

0106 leistungsfähig

0107 einhergehen mit

0108 unbedenklich

0109 definieren durch

0110 krankschreiben

0111 statistisch

0112 Belegschaft

0113 andeuten

0114 belächeln

0115 provozieren

0116 umstellen

0117 warnen vor

0118 sich etablieren

0119 florieren

0120 gnadenlos

0121 aufwendig

0122 praxisnah

0123	sich verbauen
0124	sich einlassen auf
0125	sich arrangieren mit
0126	verblüffend
0127	Anteilnahme
0128	Verlässlichkeit
0129	Zurückhaltung
0130	bildhaft
0131	sich auszeichnen
0132	Schablone
0133	Sensibilisierung
0134	Stereotyp
0135	Vorwissen
0136	mangeln
0137	feilschen
0138	abschaffen
0139	elliptisch
0140	idiomatisch
0141	fatal
0142	tagsüber
0143	infizieren
0144	einstellen
0145	offensichtlich
0146	vorliegen
0147	zusammenfassen
0148	genetisch

0149 erläutern

0150 zurückgehen auf

0151 rasant

0152 gestikulieren

0153 plündern

0154 zerschlissen

0155 fruchtbar

0156 erodieren

0157 stolpern

0158 furchtbar

0159 ausgesprochen

0160 beeinflussen

0161 zurückführen auf

0162 vorkommen

0163 erzeugen

0164 verzeichnen

0165 absehen

0166 umstritten

0167 schwerwiegend

0168 beitragen

0169 auftreten

0170 betroffen

0171 besiedeln

0172 gefährden

0173 verschärfen

0174 anhaltend

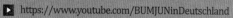

0175 erwerbstätig

0176 gefährdet

0177 sich anpassen an

0178 berücksichtigen

0179 basieren auf

0180 opfern

0181 ungewöhnlich

0182 ausführen

0183 erweitern

0184 rauben

0185 unablässig

0186 verknüpfen

0187 gewiss

0188 feindlich

0189 auslösen

0190 chronisch

0191 tragisch

0192 ergreifen

0193 seelisch

0194 rastlos

0195 komponieren

0196 loben

0197 beachtlich

0198 überwältigend

0199 vielfältig

0200 sich beschränken auf

0201	hinweisen auf
0202	fiktiv
0203	fördern
0204	konfrontieren
0205	stehen vor
0206	durchführen
0207	herrschen
0208	bestrafen
0209	verzichten
0210	ignorieren
0211	spontan
0212	verfügen über
0213	verwandt
0214	sich verständigen
0215	dienen
0216	abzielen
0217	beeindrucken
0218	schätzen
0219	erleiden
0220	liefern
0221	fehlen
0222	entsprechen

0223 sich beziehen auf

0224 bedrohlich

0225 geraten in

0226 sich ergeben aus

0227 zitieren

0228 stützen

0229 währen

0230 gewähren

0231 angeboren

0232 täuschen

0233 verwenden

0234 beweisen

0235 betrachten

0236 absolvieren

0237 herausgeben

0238 vertreiben

0239 übertragen

0240 beliebig

0241 übermitteln

0242 erforderlich

0243 geben in Auftrag

0244 mühsam

0245 vermitteln

0246 expandieren

0247 drohen

0248 darstellen

0249 überflüssig

0250 potenziell

0251 virtuell

0252 bewirken

0253 hervorbringen

0254 kommerzialisieren

0255 akut

0256 ausschütten

0257 beschleunigen

0258 anfällig

0259 vermutlich

0260 rational

0261 annehmen

0262 erfordern

0263 vollbringen

0264 ablaufen

0265 möglicherweise

0266 vermögen

0267 reichhaltig

0268 erweisen

0269 anhand

0270 letztlich

0271 geistig

0272 bedienen

0273 vertreten

0274 zusammenstellen

0275 sich lohnen

0276 öffentlich

0277 faktisch

0278 strahlen

0279 ähneln

0280 Basar

0281 Erfüllung

0282 Symptom

0283 Hemmung

0284 Wachstum

0285 Wohlstand

0286 Ausstattung

0287 Beschleunigung

0288 Fragebogen

0289 Homonym

0290 Synonym

0291 Antonym

0292 Schnurrbart

0293 Achsel

0294 Erscheinung

0295 Vorgang

0296 Antriebskraft

0297 Ausprägung

0298 Spurengas

0299 Eigenschaft

0300 Verstärkung

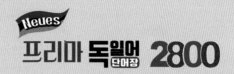

0301	Anlass
0302	Niederschlag
0303	Waldbrand
0304	Krise
0305	Versorgung
0306	Einigung
0307	Abkommen
0308	Identifikation
0309	Identifizierung
0310	Defizit
0311	Zerstreuung
0312	Flagge
0313	Gebiet
0314	soviel
0315	sich versetzen in
0316	hindeuten auf
0317	ausgehen von
0318	dicht
0319	herauskommen
0320	konkret
0321	räumlich
0322	vollständig

0323 labil

0324 zufällig

0325 konservativ

0326 wehen

0327 liberalisieren

0328 einseitig

0329 Umfang

0330 Bedarf

0331 Schicksalsschlag

0332 Wahrnehmung

0333 Ausdauer

0334 Genuss

0335 Ansicht

0336 Erregung

0337 Vers

0338 Sehnsucht

0339 Ehrfurcht

0340 Beziehung

0341 Debatte

0342 Vormacht

0343 Verhalten

0344 Nachahmung

0345 Gattung

0346 Dürre

0347 Konzern

0348 Mittel

0349 Währung

0350 Bestechung

0351 Einrichtung

0352 Korruption

0353 Fälschung

0354 Betrug

0355 Angabe

0356 Übermüdung

0357 Aufhebung

0358 Hindernis

0359 Enzym

0360 Widerspruch

0361 Laut

0362 Anweisung

0363 Erbanlage

0364 Vokal

0365 Klang

0366 Abschluss

0367 Dozent

0368 Wüste

0369 Spur

0370 Schicht

0371 Vortrag

0372 Gespür

0373 Umgang

0374 Begabung

0375 Denkvermögen

0376 Vorurteil

0377 Veröffentlichung

0378 Priorität

0379 Befragte

0380 Aussicht

0381 Kriterium

0382 Abwehrkraft

0383 Gehirn

0384 reißen

0385 vergüten

0386 veranschlagen

0387 untauglich

0388 lahmlegen

0389 zuvorkommend

0390 dämlich

0391 unfassbar

0392 einschüchtern

0393 vor sich hin dösen

0394 starren

0395 sich begeben

0396 unabdingbar

0397 tonangebend

0398 ermahnen

0399 zugunsten

0400 fahrig

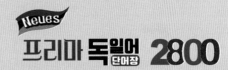

0401	ersehen
0402	schlottern
0403	schmiegen an
0404	nunmehr
0405	vorrangig
0406	fachkundig
0407	restaurieren
0408	gruselig
0409	scheuen
0410	sprühen
0411	gebürtig
0412	randalieren
0413	erwischen
0414	erneut
0415	tatenlos
0416	fluchen
0417	plagen
0418	gleichermaßen
0419	unterhalb
0420	ehrenamtlich
0421	pedantisch
0422	verschonen

0423 kegeln

0424 betteln

0425 schnallen

0426 hofieren

0427 ebenbürtig

0428 verschieben

0429 verhältnismäßig

0430 bekleiden

0431 berufen

0432 halbwegs

0433 zubereiten

0434 abrupt

0435 hartnäckig

0436 konzipieren

0437 wackelig

0438 mittels

0439 mithilfe

0440 emanzipieren

0441 kursiv

0442 drängen

0443 schwindeln

0444 akustisch

0445 ablenken von

0446 stapeln

0447 zersetzen

0448 hegen

0449 kahl

0450 nieseln

0451 imposant

0452 prunkvoll

0453 errichten

0454 nachvollziehbar

0455 nämlich

0456 rege

0457 beiseite

0458 verwirrt

0459 stottern

0460 nagen

0461 altertümlich

0462 demnächst

0463 zwischendurch

0464 flott

0465 prompt

0466 optisch

0467 bürgen

0468 turnen

0469 rühren von

0470 anlässlich

0471 schlank

0472 sich bewähren

0473 verlässlich

0474 hervorragend

0475 anschneiden

0476 verhaften

0477 unschlüssig

0478 vernehmen

0479 nacheinander

0480 abwechseln

0481 läuten

0482 ausweichen

0483 vorbeugen

0484 gegeneinander

0485 herum

0486 umher

0487 umliegend

0488 drüben

0489 sich auskennen

0490 abbiegen

0491 geschickt

0492 schwören

0493 schwänzen

0494 eingliedern

0495 ums Leben kommen

0496 abhalten

0497 sich vertragen

0498 sich versöhnen

0499 reizen

0500 flirten

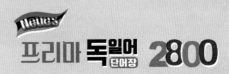

0501	anmachen
0502	würdig
0503	niesen
0504	epidemisch
0505	schweben
0506	aufstoßen
0507	sich verrenken
0508	sich vertreten
0509	sich verstauchen
0510	lähmen
0511	schwellen
0512	aufgedunsen
0513	sich ausruhen
0514	sich unterziehen
0515	sich mäßigen
0516	sich aufhellen
0517	unbeständig
0518	unerträglich
0519	welk
0520	hinnehmen
0521	behaglich
0522	antiquarisch

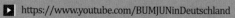

0523 vorzüglich

0524 vortrefflich

0525 ausgezeichnet

0526 matt

0527 stumpf

0528 nebenbei

0529 wählerisch

0530 kitschig

0531 freilich

0532 pikant

0533 ausführlich

0534 verseuchen

0535 unentbehrlich

0536 herumschnüffeln

0537 ungelegen

0538 furzen

0539 spinnen

0540 blühen

0541 beruhigen

0542 frittieren

0543 ernten

0544 unzulässig

0545 gestehen

0546 ätzend

0547 gierig

0548 rächen

0549 vergelten

0550 zuzüglich

0551 behalten

0552 vage

0553 rücken

0554 exotisch

0555 diskret

0556 unweigerlich

0557 sich besinnen

0558 schief

0559 intim

0560 perplex

0561 winken

0562 plaudern

0563 verneinen

0564 knistern

0565 krachen

0566 knallen

0567 glitzern

0568 gleißen

0569 glühen

0570 vorbildlich

0571 inmitten

0572 anfügen

0573 einäugig

0574 zaghaft

0575 sich beschäftigen mit

0576 adaptieren

0577 adoptieren

0578 flüstern

0579 murmeln

0580 stammeln

0581 übersiedeln

0582 debütieren

0583 sich befassen mit

0584 von klein auf

0585 zischen

0586 salopp

0587 souverän

0588 aufdecken

0589 rinnen

0590 zerrinnen

0591 narrativ

0592 herausgreifen

0593 wirr

0594 empfinden als

0595 sich begnügen mit

0596 heranziehen

0597 involvieren

0598 befolgen

0599 ausweglos

0600 zickig

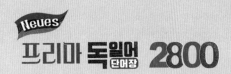

07 *Tag*

체크리스트

★ 복사해서 연습하세요.

0601	spicken
0602	necken
0603	feig
0604	hektisch
0605	zynisch
0606	betreuen
0607	straffällig
0608	adäquat
0609	sich abwenden
0610	sich aufreiben
0611	aufbringen
0612	Kompromiss
0613	Eingriff
0614	Küste
0615	Schild
0616	Saurier
0617	Filiale
0618	Besen
0619	Anmerkung
0620	Tal
0621	Fürst
0622	Auswanderung

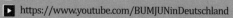

0623 Frist

0624 Säule

0625 Jenseits

0626 Diesseits

0627 Verhaftete

0628 Stab

0629 Rohr

0630 Zweig

0631 Wurzel

0632 Nagel

0633 Faden

0634 Auswertung

0635 Zutat

0636 Terminus

0637 Vorwand

0638 Kürzel

0639 Durchfall

0640 Rivalität

0641 Verfasser

0642 Vorhaben

0643 Abtreibung

0644 Sinnbild

0645 Erschaffung

0646 Einstellung

0647 Aussage

0648 Auseinandersetzung

0649 Zuschlag

0650 Kloster

0651 Mönch

0652 Nonne

0653 Herkunft

0654 Haufen

0655 Ableiter

0656 Vorrichtung

0657 Leiter

0658 Leiter

0659 Vereinbarung

0660 Befürchtung

0661 Umstellung

0662 Schlauch

0663 Schmied

0664 Held

0665 Angehörige

0666 Untergang

0667 Mitglied

0668 ruhebedürftig

0669 kollektiv

0670 beharren

0671 plausibel

0672 einsetzen

0673 anführen

0674 kreisen

0675 lauten auf

0676 erstaunen

0677 offenbar

0678 beheben

0679 allzu

0680 zudem

0681 ausweiten

0682 laut

0683 gemäß

0684 mittlerweile

0685 beleben

0686 gewaltig

0687 ankündigen

0688 Schaden anrichten

0689 somit

0690 schleudern

0691 sich ableiten aus

0692 ablösen

0693 suggerieren

0694 bereuen

0695 sich zuwenden

0696 verehren

0697 zurückgreifen auf

0698 grob

0699 anregen

0700 abschneiden bei

0701	widmen
0702	ausfallen
0703	sanft
0704	klischeehaft
0705	ästhetisch
0706	gelangen
0707	veranlassen
0708	abgenutzt
0709	anheften
0710	haften für
0711	inzwischen
0712	erteilen
0713	unumgänglich
0714	ablegen
0715	betten
0716	beten
0717	imstande
0718	durchfallen
0719	überbrücken
0720	fällig
0721	erschließen
0722	eindeutig

0723 unmittelbar

0724 überlassen

0725 anderthalb

0726 entnehmen

0727 zufolge

0728 galaktisch

0729 hervorbrechen

0730 übereinstimmen

0731 herausfinden

0732 hervorrufen

0733 verüben

0734 erbeuten

0735 steil

0736 beurteilen

0737 temporär

0738 vorübergehend

0739 verrichten

0740 sich berufen auf

0741 wesentlich

0742 oftmals

0743 auftauchen

0744 belanglos

0745 hingegen

0746 bislang

0747 sich aufhalten

0748 versehen mit

0749 erfüllen

0750 ausüben

0751 abschätzen

0752 im Verlauf

0753 verdampfen

0754 gefrieren

0755 in der Tat

0756 festlegen auf

0757 außergewöhnlich

0758 hervorheben

0759 gebunden

0760 nirgends

0761 vollkommen

0762 hintereinander

0763 bezüglich

0764 aufwenden

0765 sich auswirken auf

0766 feucht

0767 voneinander

0768 einzeln

0769 einzig

0770 eigen

0771 einsam

0772 gemeinsam

0773 allgemein

0774 übertreiben

0775 unterschätzen

0776 erraten

0777 weitaus

0778 unterschiedlich

0779 eintragen

0780 verwinden

0781 verdanken

0782 selbstverständlich

0783 benachteiligen

0784 dennoch

0785 zuvor

0786 sich beunruhigen

0787 ausstellen

0788 bedauern

0789 angesichts

0790 infolgedessen

0791 scheu

0792 erfassen

0793 egoistisch

0794 vorschlagen

0795 demgegeüber

0796 beitreten

0797 schnupfen

0798 zugeben

0799 beschließen

0800 ratsam

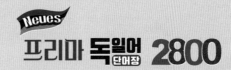

Tag
체크리스트

★ 복사해서 연습하세요.

0801	empfehlenswert
0802	ratifizieren
0803	tippen auf
0804	gerissen
0805	schräg
0806	agieren
0807	reiten
0808	aufführen
0809	stets
0810	sich zurückhalten
0811	zurückhaltend
0812	eingeschränkt
0813	verblüffen
0814	gestatten
0815	entkommen
0816	verwurzeln in
0817	umkommen
0818	stoßen auf
0819	sich anschließen
0820	anschließend
0821	beantragen
0822	daraufhin

0823	gedenken
0824	gedenken zu
0825	lebenstüchtig
0826	kurios
0827	unnütz
0828	vergeuden
0829	verhindern
0830	sämtlich
0831	gehorchen
0832	unbefugt
0833	abscheiden
0834	überschuldet
0835	eintreiben
0836	gehorsam
0837	ausscheren
0838	klemmen
0839	stinkig
0840	sich umziehen
0841	sündig
0842	sich anlehnen an
0843	verwöhnen
0844	sich verlaufen
0845	trampen
0846	sich verwachsen
0847	schüchtern
0848	glänzen

0849 entgegensetzen

0850 weglassen

0851 trösten

0852 teilen

0853 zucken

0854 sich aneignen

0855 spezifisch

0856 assoziieren

0857 verlegen

0858 peinlich

0859 abziehen

0860 ernsthafte Probleme

0861 immerhin

0862 demnach

0863 sichtlich

0864 visuell

0865 bedingen

0866 entgegenkommen

0867 üblich

0868 auf rätselhafte Weise

0869 böswillig

0870 erklettern

0871 gegebenenfalls

0872 anstecken

0873 kratzen

0874 ausbeuten

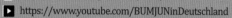

0875 zart

0876 ausgerechnet

0877 beibringen

0878 sich reimen

0879 seriös

0880 auf der Hut sein

0881 auf dem Kopf stehen

0882 pfeifen

0883 zuständig

0884 gemein

0885 frech

0886 kneten

0887 schmieren

0888 für die Katz sein

0889 taub

0890 überwachen

0891 fummeln

0892 konstant

0893 auffliegen

0894 strecken

0895 verdrehen

0896 einleuchten

0897 insgeheim

0898 vorhin

0899 versehentlich

0900 aus Versehen

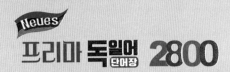

Tag
체크리스트

★ 복사해서 연습하세요.

0901	heikel
0902	stöbern
0903	unter Umständen
0904	Mensa
0905	einigermaßen
0906	vergebens
0907	anhaben
0908	großzügig
0909	brüllen
0910	übrigens
0911	roh
0912	wie sonst
0913	schleunig
0914	schleichend
0915	wach
0916	auflassen
0917	angehen
0918	anscheinend
0919	nachsehen
0920	knusprig
0921	sympathisch
0922	sparsam

0923 stiften

0924 einbegreifen

0925 inbegriffen

0926 sich verloben

0927 vorankommen

0928 aufklären

0929 ausverkauft

0930 verleihen

0931 miserabel

0932 sich abfinden

0933 einwandfrei

0934 obenan

0935 anklagen

0936 tadellos

0937 schaukeln

0938 wackeln

0939 wedeln

0940 einnicken

0941 kneifen

0942 übereinander

0943 verraten

0944 entfalten

0945 falten

0946 verschränken

0947 sorgfältig

0948 prall

0949 schlaff

0950 hastig

0951 voraus

0952 tappen

0953 belagern

0954 drängeln

0955 rau

0956 wickeln

0957 Tastatur

0958 Habilitationsschrift

0959 verschwommen

0960 zuverlässig

0961 Vereinigte Staaten

0962 nebensächlich

0963 behindern

0964 Konsequenz

0965 ahnen

0966 anhaften

0967 sich halten an

0968 Kommilitone

0969 Verfassung

0970 zunächst

0971 auseinandersetzen

0972 herausnehmen

0973 um - herum

0974 aneignen

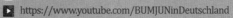
0975 schlicht

0976 Anhäufung

0977 ohne roten Faden

0978 Eifer

0979 abgesehen von

0980 verschaffen

0981 Standardwerk

0982 Lektüre

0983 Haltung

0984 Wust

0985 Trugschluss

0986 Vorgehen

0987 sich entpuppen als

0988 quälen

0989 Qual

0990 wiedergeben

0991 Epoche

0992 kitzeln

0993 aufweisen

0994 ethisch

0995 Gewissensbisse

0996 verwalten

0997 drosseln

0998 leuchten

0999 platzen

1000 steif

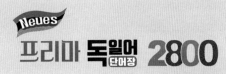

11 Tag

체크리스트

★ 복사해서 연습하세요.

1001	kondolieren
1002	umständlich
1003	Sirene
1004	Anführungszeichen
1005	Tonfall
1006	Krampf
1007	Dominanz
1008	Ausgeglichenheit
1009	Drohung
1010	Pantomime
1011	Würfel
1012	Barriere
1013	Inhaber
1014	Sternzeichen
1015	Schwalbe
1016	Schwall
1017	Kater
1018	Initiative
1019	Ressort
1020	Gemüt
1021	Falle
1022	Plagiat

1023 Resultat

1024 Fußnote

1025 Modalität

1026 Didaktik

1027 Karikatur

1028 Absurdität

1029 Jubiläum

1030 Blitz

1031 Bewältigung

1032 Mandant

1033 Buchführung

1034 Ermittlung

1035 Routine

1036 Einarbeitung

1037 Beförderung

1038 Gehalt

1039 Stelle

1040 Teilzeitstelle

1041 Umschulung

1042 Bündnis

1043 Brett

1044 Trittbrettfahrer

1045 Paraphrase

1046 Solidarität

1047 Ruder

1048 Interjektion

1049 aufschluchzen

1050 Besprechung

1051 Spalt

1052 Stall

1053 Grat

1054 Antritt

1055 Prämie

1056 Schreiner

1057 Kantine

1058 Plunder

1059 Broschüre

1060 Akquisition

1061 Aufwand

1062 Liegestütz

1063 Schema

1064 Armut

1065 Reichtum

1066 UN-Vollversammlung

1067 Wiese

1068 Übergriff

1069 Epidemie

1070 Senior

1071 Substantiv

1072 Misstrauen

1073 Unterdrückung

1074 Manier

1075 Gatte

1076 Mücke

1077 Spitzenreiter

1078 Lemma

1079 Kerze

1080 Elend

1081 Befragung

1082 Diener

1083 Schwelle

1084 Gravitation

1085 Prinzip

1086 Weide

1087 Balkendiagramm

1088 Schach

1089 Orden

1090 Kittel

1091 Gips

1092 Baumwolle

1093 Gießkanne

1094 Haube

1095 Molekül

1096 Spalte

1097 Junggeselle

1098 Fräulein

1099 Anglistik

1100 Politologie

1101	Herde
1102	Rudel
1103	Schwarm
1104	Strohhalm
1105	Mikroskop
1106	Erhebung
1107	Klotz
1108	Kern
1109	Atommeiler
1110	Ruine
1111	Laus
1112	Kakerlake
1113	Damm
1114	Kunststoff
1115	Draht
1116	Benehmen
1117	Wiege
1118	Eule
1119	Gewächshaus
1120	Mäppchen
1121	Stillstand
1122	Schlitten

1123 Krug

1124 Feldfrüchte

1125 Gelenk

1126 Rinde

1127 Sternschnuppe

1128 Beerdigung

1129 abwegig

1130 zittern

1131 Fledermaus

1132 sich anhören

1133 Schall

1134 Kletterpflanze

1135 antun

1136 verleiten

1137 aufspüren

1138 Tropen

1139 Bestäubung

1140 prächtig

1141 anbringen

1142 betrachten als

1143 abstatten

1144 in Kauf nehmen

1145 Manöver

1146 Flügel

1147 flattern

1148 düsen

1149 mittels

1150 inmitten

1151 betören

1152 Gewächs

1153 naschen

1154 überragend

1155 Paraboloid

1156 konkav

1157 einzigartig

1158 Gefilde

1159 erschweren

1160 halbrund

1161 Schüssel

1162 Ortung

1163 anweisen

1164 Anziehung

1165 Fang

1166 Beute

1167 reklamieren

1168 Konjunktur

1169 Klettverschluss

1170 Raumfahrt

1171 Murks

1172 Konsumgüter

1173 zerbröseln

1174 übrig

1175 schlau

1176 begreifen

1177 Bon

1178 Lamento

1179 betreffen

1180 unterschieben

1181 Anspruch

1182 ohnehin

1183 Entbindung

1184 wachsen

1185 eigenhändig

1186 Aufwand betreiben

1187 Gebrauch

1188 aufbewahren

1189 befeuern

1190 Wahn

1191 umgehend

1192 Bruch

1193 unsachgemäß

1194 Notwehr

1195 sich abspielen

1196 auflehnen

1197 Regress

1198 namhaft

1199 beharrlich

1200 unentgeltlich

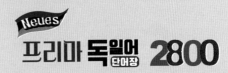

1201	bewandert
1202	verfassen
1203	dotieren
1204	Rezension
1205	entwerfen
1206	Sparte
1207	gegenwärtig
1208	Verband
1209	Endausscheidung
1210	Manuskript
1211	Band
1212	Band
1213	Band
1214	Ausschreibung
1215	Lyrik
1216	Schnittmenge
1217	alteingesessen
1218	sich beteiligen an
1219	ausloben
1220	nominieren
1221	Jury
1222	beiliegen

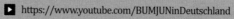
1223 Viertel

1224 eintauchen

1225 zierlich

1226 Kabine

1227 oberhalb

1228 Tagung

1229 einlassen

1230 simultan

1231 Sachverhalt

1232 einarbeiten

1233 Einfühlung

1234 hinterher

1235 schwirren

1236 Schleife

1237 konsekutiv

1238 zurückgehen

1239 Anrecht

1240 bescheren

1241 Retter

1242 Verarmung

1243 Verwitterung

1244 gravierend

1245 ausgelaugt

1246 schier

1247 roden

1248 Dünger

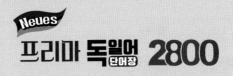

1249 übertünchen

1250 Wiederherstellung

1251 Ebene

1252 Fleck

1253 Ernte

1254 karg

1255 Ast

1256 verrotten

1257 gehaltvoll

1258 Archäologe

1259 einst

1260 Scherbe

1261 Gefäß

1262 anrichten

1263 Fäkalien

1264 fermentieren

1265 porös

1266 Unterschlupf

1267 Fäulnis

1268 beisetzen

1269 dezentral

1270 im großen Stil

1271 intakt

1272 pflügen

1273 propagieren

1274 Kompost

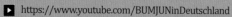
1275 divers

1276 aufbrauchen

1277 punktförmig

1278 eher

1279 flächig

1280 Substrat

1281 taugen

1282 Senat

1283 Abwasser

1284 Kanalisation

1285 Stickstoff

1286 Hintergrund

1287 Schraube

1288 Reichstag

1289 Verein

1290 Begründer

1291 Antrieb

1292 Gemeinde

1293 Gewerkschaft

1294 Narbe

1295 Abfolge

1296 Bescheid

1297 Zugehörigkeit

1298 Gedanke

1299 Schelle

1300 Spaten

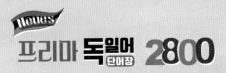

1301	Klee
1302	Mord
1303	Zwerg
1304	Witwe
1305	Hölle
1306	Abhilfe
1307	Lid
1308	Kompositum
1309	Stange
1310	Aufsehen erregend
1311	aufgeklärt
1312	verstauen
1313	mutmaßlich
1314	ausschließen
1315	auswaschen
1316	aufspannen
1317	verstreuen
1318	Maßstab
1319	Authentizität
1320	Integrität
1321	bestehend
1322	verpflichten

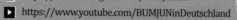

1323 verzieren

1324 gewollt

1325 Fortsetzung

1326 subtil

1327 präzise

1328 schlüpfen

1329 bewundern

1330 lagern

1331 einweihen

1332 sich befinden

1333 veröffentlichen

1334 Anstoß

1335 Reformation

1336 Kurfürst

1337 umfassend

1338 Weisheit

1339 ursprünglich

1340 aussterben

1341 vererben

1342 überwiegend

1343 voranschreiten

1344 schlagartig

1345 erschüttern

1346 Geschädigte

1347 verbrechen

1348 Sanktion

1349 verhängen

1350 spalten

1351 Monotonie

1352 auffällig

1353 resolvieren

1354 irritieren

1355 bemerkenswert

1356 entsteigen

1357 hereinfallen

1358 herauslesen

1359 überreden

1360 sich hineinversetzen in

1361 alsbald

1362 authentisch

1363 eingehen

1364 Skrupellosigkeit

1365 unberührt

1366 heraufbeschwören

1367 greifbar

1368 fraglos

1369 fortschreiten

1370 schrumpfen

1371 fesseln

1372 abschütteln

1373 stellenweise

1374 blass

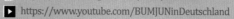
1375 vergriffen

1376 ergehen

1377 vornehmen

1378 angelangen

1379 beschleichen

1380 verschlingen

1381 Sensation

1382 begnaden

1383 aufbieten

1384 feststellen

1385 überlaufen

1386 Gedränge

1387 sanitär

1388 unlängst

1389 genehmigen

1390 abheben

1391 verwählen

1392 ausrichten

1393 auftanken

1394 ausgebrannt

1395 abverlangen

1396 einströmen

1397 ausschließlich

1398 hineinreichen

1399 begünstigen

1400 zusätzlich